本书系西华师范大学国家级一般培育项目"西部县域行政诉讼率研究（1989-2014）"（编号：15C003）及四川大学纠纷解决与司法改革研究中心2015年一般项目"行政诉讼率变化的因素研究——以新《行政诉讼法》实施为背景"结题成果。

罗苟新 著

徘徊的困惑
R区行政诉讼率变迁研究（1987~2016）

THE CHANGING RATE OF
ADMINISTRATIVE LITIGATION ABOUT
R MUNICIPAL DISTRICT FROM 1987 TO 2016

社会科学文献出版社
SOCIAL SCIENCES ACADEMIC PRESS (CHINA)

摘　要

全国行政诉讼一审案件数量在三大诉讼总量中的占比曾经长期徘徊不前，这在一定程度上反映出基层行政审判实践的"三难"困境。自20世纪80年代中后期参照民事诉讼法开启实践以来，基层行政审判已经有30多年的发展历程。R区法院1987~2016年共30年行政诉讼案件量曲线走势及其在三大诉讼总量中的占比与全国有多年相似。R区虽为西部市辖区但经济发展水平居于全国中等，可作为具有一定代表意义的样本来"管中窥豹"，考察基层行政审判实践发展历程。

从诉讼数据变化着手考察实践样态是实证研究的一种进路，因而行政诉讼率可引入作为考察审判实践发展的线索。由于存在多元行政纠纷解决机制，行政诉讼率直接体现公民诉讼救济选择的变化，也同时反映诉讼制度运转的变化。依据诉讼流程的变化，行政诉讼率又可依次解构为起诉率、立案率、判决率、胜诉率、执行率以及撤诉率。沿着"行政诉讼率是什么""怎么变化""为什么""有何启示""未来会怎样""如何应对带来的问题"的逻辑思路，本书共分为四个部分。

第一章提出问题，介绍研究方法，并对行政诉讼率进行界定。

该章在梳理国内外诉讼数据研究方法以及行政诉讼制度文本研究的基础上，说明了从法社会学视角考察R区行政诉讼率的意义以及研究方法。依据行政诉讼率在中国语境的界定和关联指标解构，确定了分析模型，将起诉量变化、案件类型变化以及审判处理变化（后文界定为层级变化）作为分析诉讼率变化的主线。

第二章对R区的行政诉讼率变迁进行全面的现象描述和细节解释。

在对统计数据来源进行说明后，本章第一部分将1987~2016年全国、S

省、T市、R区中的每万人中的每年提起行政诉讼的数量进行了对比，发现R区的情况历年都比T市、S省高，而年平均数据比全国数据略高，增长呈现波动，说明R区行政诉讼率的变化具有全国的共性与地域的个性。为了进一步分析数据呈现的个性，本章第二、三、四部分分别对案件起诉量变化、案件类型变化、层级变化进行了描述。

首先，从起诉量来看，在参照民事诉讼法开启了从无到有的审判实践记录后，R区行政案件的起诉量自1990年行政诉讼法实施的25年期间经历了长期徘徊不增及个别年限出现集团诉讼引发剧增的情况，在2014年行政诉讼法修订后实施的两年里出现了骤增剧减的情形。

其次，从案件类型来看，随着时间的推移从单一的治安案件转为多种类型，总量上百的案件类型依次为城建、公安、劳动与社会保障、资源类案件，这与全国情况趋同，但每种典型案件中各小类型案件的变化与全国有所不同，体现了R区城镇化进程建设的共性与个性。

最后，从层级变化来看，30年来出现了立案率高、撤诉率高、裁判上诉率高而判决率低、原告胜诉率低的三"高"两"低"变化趋势，而到新行政诉讼法实施后才出现了审判案件的执行问题。说明理论普遍所达成共识的"立案难、审判难、胜诉难、执行难"现象，在R区的体现有其个性的特殊原因。

第三章对影响R区行政诉讼率变化的因素进行了全面分析和阐述。

R区行政诉讼率30年的变化，实际反映了"自上而下"的行政诉讼制度在基层实践的发展势态。需要在特定的社会发展背景中去考察其形成机理。本章遵循在地域不变的观察视角下，在第一部分分析了案件形成过程的各影响因素后，分别在第二、三、四部分以三条主线分析影响R区行政诉讼率变化的因素。

首先，公民的起诉是从争议到诉讼的连接点。从行政诉讼量的变化可以去追寻公民诉讼认知和诉权行使的变化。1987~2016年，因受到传统文化的影响以及信访、复议的削减，公民对行政诉讼从排斥到逐渐接受而使用的进度较慢。其中，律师起到了一定的"刺激"作用，更重要的是经济发展促使R区的"熟人社会"在2000年前后逐渐转为"市民社会"，"自上而下"的普法宣传使法律规则逐渐替代"人情""关系"，成为调整社会生活的准则，而2010年后网络信息便捷传播较快提升了公民诉讼认知水平，随后，2014年立法的修改和诉讼便民服务增强了公民行使诉权的意愿。在社会变迁下，多种因素影响公民起诉选择从而影响案件数量。

其次，诉讼案件的类型是在行政管理活动中已经形成。从诉讼类型的变化可以去追寻不同时期行政机关管理重点和执法规范的发展。在1987年开始的R区地方经济发展中，政府的管理活动变化引发了不同时期流入诉讼的争议类型变化。同时国家从1993年提出并开始"自上而下"推进的依法行政进程，带来了基层执法规范的变化，在一定程度上减少了争议的发生从而影响了诉讼量的增长。然而地方治理"变通"使得基层执法问题变得复杂，加上立法的变化、民众维权意识的提升和法院具体操作变化等因素共同作用带来了案件类型的多样化。

最后，法院的具体操作直接影响诉讼率的变化。从诉讼不同阶段处理的层级变化可以去探索法律在基层实践中贯彻的力度和效果的演绎。1987~2016年三部诉讼法实施的不同变化，带来了R区法院收案、立案、审判的方向转变。最高法院司法政策的变化直接影响了R区法院的操作，尤其是上下级监督、绩效考核文件的变化和执行，使得诉讼统计数据因编案号的不同而产生量的直接起伏。而R区法院历经采用参照民事审判方式、借鉴刑事审判方式（与被告同审原告）、行政协调模式、行政判决模式处理案件，对诉讼率的层级变化产生了直接影响，尤其是协调经验的传承使得该区并没有出现执行难的问题，但出现了超高的判决上诉率。而在原被告之间的对抗和法院处理案件的过程中，实际留下了国家和地方、司法和行政、立法和行政互相博弈而又形成合力共同推进的印记。

第四章对R区行政诉讼率的变迁进行了总结和启示的思考。

第一部分总结了R区行政诉讼率的变化实际反映了公民诉讼认知、行政机关执法以及法院解决争议能力的变化，印证了立法主体、行政主体、司法主体和公民的法治实践变化，是一种受经济发展、人口变化、文化发展、制度变迁等多种因素影响的社会现象，同时又会带来不同时期不同背景下，公民权、行政权、司法权、立法权的相互博弈，以及在一定情况下形成推动行政法治进步的"自上而下"和"自下而上"的推动合力。

第二部分在评价的基础上认为理论研究应该基于基层实践，提出了对"如何正视诉讼立法与基层实践客观存在的差距""如何实现'自上而下'与

'自下而上'的融合""如何让基层实践达到实质化解争议"三大问题的反思意义。

第三部分基于新行政诉讼法立法范围的扩大，R 区行政机制改革时期基层行政运转的特殊以及公民维权意识增强和司法改革集中管辖的推行，预判 R 区行政诉讼率将出现增长趋势。

第四部分，在增势预判的前提下，对新行政诉讼法实施过程中，案件在法院的"入"和"出"的问题进行了探讨。立案登记制度实施下，案件大量"入"，对法院产生了价值取舍和操作权衡的双重压力，采用以保障诉权为价值引导的分类分层过滤方式可以缓解压力。对于诉讼"案结事了""出"法院的问题，结合 R 区 2015 年判后强制执行产生困境导致案件"出"不了法院引发矛盾的案例，建议强化法官的理论学习和重视"协调"经验的传承以及建立判后强制执行保障措施来促进"出"的问题的解决。

最后，笔者在结语中提出了学术研究应当承担起为基层实践提供理论动力的希望，认为无论基层行政诉讼实践如何变化，最终承受结果的是普通公民。在新一轮司法改革中应该基于"自下而上"的行政争议解决需求和"自始到今"诉讼操作实践经验承接，更有力地全面保障公民诉讼权利救济，使基层法院能在诉讼率增长的趋势下更加重视法官主动性的发挥和履职保障，更好地显示出诉讼"定分止争，案结事了"的争议化解优势，让公民感受到司法正义和社会公平，同时提升法院行政审判公信力，促进行政机关依法行政水平的提高。

Abstract

The occupancy rate of first instance administrative litigation in three litigations in China is always not very high in long time, that is reflect the dilemma of "three difficulties" in the practice of administrative trial by primary court. Since the middle and late 1980s, the administrative procedure begin to imitate the civil procedure law in practicing, the administrative trial by primary court has been developing for more than 30 years. The changing rate of administrative litigation about R district and its occupancy rate in three litigations in China is similar to the rate of country. Although the R district in the west of China while its level of economic development is in the middle of the country, so it can be used as a representative sample to research the development of primary court's administrative trial.

From research the date change about administrative litigation is a good way to empirical research, so the administrative litigation rate can be introduced as a clue to the development of the trial practice. Because of the multi-administrative dispute resolution mechanism, the administrative litigation rate directly reflects the change of people's lawsuit relief selection, and also reflects the change of the operation of the lawsuit system. According to the changes of the litigation process, the administrative litigation rate can be deconstructed in order to be the prosecution rate, the case rate, the judgment rate, the rate of appeal, the rate of execution, and the rate of withdrawal. What is along the "administrative litigation rate", "how to change", "why", "what is enlightenment", "what the future holds" "how to deal with" logical train of thought, this paper will be divided into four parts.

The first chapter introduces the problem, introduces the research method, and defines the administrative litigation rate.

The chapter on the base of studying the research methods of litigation date fromhome and abroad and the text of administrative litigation, illustrates the sociological perspective method R area administrative litigation rate as well as the significance of the research methods. According to the definition of administrative litigation rate in the Chinese context and relevance index deconstruction, determines the analysis model, to Sue quantity changes, the types of cases and the change of trial processing (later level change) is defined as a analysis the thread of the litigation rate changes.

The chapter two provides a comprehensive description and detailed explanation of the change of administrative litigation rate in R district.

After the show the source of statistical data, the first part of this chapter will be the period 1987 - 2016 national, province, city of T, R, S area of each of the ten thousand people each year the number of administrative litigation are compared, found that R than T city area, S province is high, and slightly higher than the national average annual data, growth, fluctuated, explain R area changes in the rate of the administrative litigation with common throughout the country and regional character. In order to further analyze the personality of data presentation, the second, third and fourth parts of this chapter describe the changes of lawsuit quantity, type change and hierarchy of cases.

First of all, from the point of prosecution amount, in reference to the civil procedure law opened up from scratch, R zone administrative cases of prosecution in 1989 on the implementation of "administrative procedural law" during the period of 25 years has experienced long-term stagnate does not increase, and the life of a group litigation caused a surge in "administrative procedural law" in 2014, the implementation of two years appeared in collapse.

Second, from the point of case type, with the passage of time the case type into many types from a single case, concentrated amount outstanding cases involving hundreds of types of urban construction, public security, labor and social security, resources cases, convergence with the national condition, but each of the typical case of each small type case changes with the different, embodies the commonness and individuality of the construction of the R area urbanization.

Moreover, from the perspective of level changes in 30 years the rate of register high, dropped rate is high, the rate of appeal is high while the judgment rate is low, the low success, three "high" and two "low" trend, and the new administrative procedure law implementation before the trial execution problems. It is stated in the theory that "the case is difficult, the trial is difficult, the victory is difficult, theexecution is difficult" in the R region there is also the situation that has not occurred.

The third chapter makes a comprehensive analysis and elaboration on factors influencing the change of administrative litigation rate in R district.

The change of administrative litigation rate in R district in 30 years reflects the development of "top-down" administrative litigation system in the grass-roots practice. The formation mechanism needs to be investigated in the context of specific social development. This chapter follows in the area under the same point of view, in the first part analyzes the influence factors of formation of case after, respectively in the second, three, four parts are divided into three main analysis the influencing factors of R area administrative litigation rate change.

Firstly, a citizen's indictment is a link between a controversy and a lawsuit. From the change of administrative litigation quantity, the change of the cognizance and the right of action of citizen litigation can be sought. During the period 1987 – 2016, due to the influence of traditional culture and the reduction of letters and visits and reconsideration, citizens have been slow to use the administrative proceedings from the exclusion to the gradual acceptance. Which lawyers have played a role in "stimulus", more importantly, economic development promotes R area before and after "acquaintance society" in 2000, gradually to "civil society", "top-down" to make the rule of law gradually replace the franco-prussian propaganda "favor" relationship "has become" adjust the principles of social life, and convenient network information spread rapidly increased after 2010 civil litigation cognitive level, changes in legislation in 2014 and subsequently litigation convenient service to enhance the citizens' readiness to the exercise of litigation. In the social transition, various factors affect the choice of citizens' prosecution and influence the number of cases.

Secondly, the type of litigation cases is formed in the administrative activities. The change of litigation type can be traced to the development of administrative and law enforcement of administrative organs at different times. Since 1987, the change of management activities in the regional economic development of R district has led to the change of the type of litigation in different periods. Put forward at the same time, countries from 1993 and began to "top-down" to promote the process of administration according to law has brought the change of the law enforcement standard, at the grass-roots level to a certain extent, reduce the occurrence of the dispute and to affect the growth of the amount of the lawsuit. However local governance "flexible" makes the grass-roots law enforcement problem is complicated, and the change of legislation, the ascension of the consciousness of the masses and court concrete operation change and other factors work together to bring the case type of diversification.

Furthermore, the specific operation of the court directly influences the change of litigation rate. The change of level from different stages of litigation can be used to explore the strength and effect of law in grassroots practice. Different changes in the implementation of the three procedural laws during the period 1987 – 2016 brought about the change in the direction of the court closing, filing and trial of R district court; Supreme Court justice policy changes directly affect the operation of the R district court, especially the supervisor to supervise, the change of the performance review file and execution, makes the statistics of litigation directly from a make up case, different discharge and ups and downs. R district court after using comparable civil trial mode, draw lessons from criminal trial mode (with the defendant to the plaintiff), administrative coordination, administrative verdict processing cases, has a direct influence to the hierarchy of the litigation rate change, especially the coordination experience of inheritance, the difficulty of execution of the area does not appear, but the ultra-high rate of appeal of judgment. And the confrontation between adversaries and the processing of the court, left a national and local actual, judicial and administrative, legislative and administrative game with each other and form a resultant force to promote the mark.

The fourth chapter summarizes and enlighten the vicissitude of administrative litigation rate in R area.

First part summarizes the R area actually reflects the changes of the administrative litigation of civil litigation, administrative law enforcement and the change of the court to settle ability, confirms the subjects of the legislative, administrative, judicial and growth rule of law of the citizens, is a kind of economic development, population change, cultural development, institutional change and other factors influence the social phenomenon, at the same time will bring different times background, citizenship, executive power and judicial power, legislative power of the gaming, and form of administrative rule of law progress in certain circumstances "top-down" and "bottom-up" driving force.

The second part, on the basis of the evaluation thought theory should be based on the basic practice, proposed to the "how to face the litigation legislation and practice objective existence of the gap at the grass-roots level", "how to implement the" "top-down" and "bottom-up" "fusion" and "how to make the practice at the grass-roots level to achieve real resolve dispute" three problems of reflection.

The third part, based on the new scope of administrative procedure law legislation to expand, R grassroots administrative operation of the special zone administrative mechanism reform period and civil rights protection consciousness enhancement and the implementation of the jurisdiction of the judicial reform focus, anticipation R area administrative litigation rate there will be a growth trend.

In the fourth part, under the precondition of the increase of the new administrative procedure law, the question of "entry" and "out" of the case in the court is discussed. For filing registration system, the case of a large number of "into", has a value choice and operation on the court weighed the double pressure, based on the classification of the guarantee of litigation as the value guidance stratification filtering method can relieve stress. For litigation "case" happened "and" out "the court's problems, combining with R area 2015 new enforcement difficulties appears after the verdict, a court case" a "is not given rise to challenge the case, judge is put forward to strengthen theoretical study and pay attention to" coordination " experience and set up after its enforcement safeguard measures to promote the" out " problem solving.

Finally in the conclusion proposed academic research should assume provide theoretical motivation for grass-roots practice, we should believe that whatever grassroots administrative litigation practice changes, the final result is under ordinary citizens. In a new round of judicial reform should be based on "bottom-up" administrative dispute resolution requirements and "from the beginning to now" litigation practice experience to undertake operation, more effectively guarantee of citizen's procedural rights relief, can make the grass-roots court in litigation rate growth under the trend of more attaches great importance to the exertion of judge initiative and started security, to better show the lawsuit "fixed points check, case" happened dispute resolve advantage, let the citizens feel the judicial justice and social justice, enhance administrative trial court credibility at the same time, promote the administrative authority for raising the level of administration according to law.

目　录

第一章　绪论：问题与方法 …………………………………… 001
　一　问题的提出 ……………………………………………… 001
　　（一）诉讼量的长期徘徊需要关注 ……………………… 001
　　（二）"自下而上"的基层实践需要重视 ……………… 002
　　（三）理论研究与基层实践需要交流融合 ……………… 002
　二　文献综述 ………………………………………………… 003
　　（一）国外诉讼数据研究概况及其借鉴 ………………… 003
　　（二）国内诉讼数据研究概况及其不足 ………………… 005
　　（三）行政诉讼文本变迁研究及启示 …………………… 007
　三　研究方法 ………………………………………………… 008
　　（一）研究思路 …………………………………………… 008
　　（二）样本的选择 ………………………………………… 009
　　（三）主要研究方法 ……………………………………… 013
　　（四）主要解释理论 ……………………………………… 014
　四　基本概念界定 …………………………………………… 016
　　（一）诉讼率的定义 ……………………………………… 017
　　（二）行政诉讼率的定位 ………………………………… 017
　　（三）行政诉讼率的逻辑分层 …………………………… 017
　　（四）研究分析模型的确立 ……………………………… 018

第二章　R区行政诉讼率变迁描述 …………………………… 019
　一　R区行政诉讼率变化 …………………………………… 019

  （一）行政诉讼率数据来源 …………………………………… 019
  （二）R 区行政诉讼率的样本典型意义 ……………………… 022
  （三）R 区行政诉讼率变化特征 ……………………………… 026
 二 R 区行政案件起诉量变化 …………………………………… 029
  （一）R 区行政起诉量研究意义 ……………………………… 029
  （二）R 区行政案件起诉量的趋势变化特征 ………………… 031
  （三）不同期间 R 区行政案件起诉量的变化及其解释 …… 032
 三 R 区行政诉讼的类型变化 …………………………………… 057
  （一）R 区行政诉讼分类的依据 ……………………………… 057
  （二）R 区行政诉讼案件类型变化总特征 …………………… 058
  （三）R 区行政诉讼案件类型变化的解释 …………………… 062
  （四）R 区行政诉讼典型案件变化及其解释 ………………… 064
 四 R 区行政诉讼率的层级变化 ………………………………… 078
  （一）数据统计说明 …………………………………………… 078
  （二）历年案件结案类型 ……………………………………… 080
  （三）立案率的变化及其解释 ………………………………… 082
  （四）判决率的呈现及其解释 ………………………………… 093
  （五）撤诉率的呈现与解释 …………………………………… 109
  （六）上诉率的呈现与解释 …………………………………… 116
  （七）判后执行率的简要说明 ………………………………… 122

第三章 R 区行政诉讼率变迁的因素 ……………………………… 124
 一 行政诉讼影响因素的逻辑解构 ……………………………… 124
  （一）行政诉讼的演绎过程 …………………………………… 125
  （二）行政诉讼实践变化的影响因素 ………………………… 128
  （三）行政诉讼率变化因素的考察思路 ……………………… 133
 二 R 区行政诉起诉量变化的因素 ……………………………… 134
  （一）原告认知变化直接影响起诉量 ………………………… 136

（二）国家普法提升原告诉讼认知 …………………………… 152
　　（三）律师代理影响原告起诉选择 …………………………… 157
　　（四）其他争议解决路径消减起诉 …………………………… 164
三　R 区行政诉讼类型变化的因素 ………………………………… 178
　　（一）地方经济发展引发典型案件变化 ……………………… 178
　　（二）基层行政执法发展影响案件类型变化 ………………… 188
　　（三）其他因素共同带来案件类型多样化 …………………… 204
四　R 区行政诉讼率层级变化的因素 ……………………………… 207
　　（一）诉讼立法变化带来基层审判的方向变革 ……………… 207
　　（二）司法政策变化影响基层审判操作 ……………………… 214
　　（三）基层法院审判操作的变化影响诉讼结果 ……………… 221
　　（四）多元博弈导致实践变化呈现徘徊趋势 ………………… 230

第四章　R 区行政诉讼率变迁启示 ………………………………… 234
一　R 区行政诉讼率变化的评价 …………………………………… 234
　　（一）反映基层诉讼解决争议的效能变化 …………………… 234
　　（二）印证多元实践主体成长 ………………………………… 237
　　（三）聚合多因多果的社会现象 ……………………………… 239
二　诉讼率研究的理论追问 ………………………………………… 241
　　（一）如何正视诉讼立法与基层实践客观存在的差距 ……… 241
　　（二）如何实现"自上而下"与"自下而上"的融合 ……… 243
　　（三）如何能让基层诉讼实践达到实质化解争议 …………… 244
三　R 区行政诉讼率增势预判 ……………………………………… 244
　　（一）立法范围扩大后新增案件进入诉讼 …………………… 244
　　（二）基层行政运转低效引发诸多行政争议 ………………… 245
　　（三）公民诉讼意识增强 ……………………………………… 245
　　（四）司法改革案件集中管辖 ………………………………… 245
四　新法实施后案件"入"和"出"问题探讨 …………………… 246

（一）"入"：立案登记制产生的压力及其消解 …………… 246
（二）"出"："案结事了"新检视及其改进 …………… 251

结　语 ……………………………………………………… 263

参考文献 …………………………………………………… 266

后　记 ……………………………………………………… 277

图表目录

表2-1	1987~2016年R区、T市、S省、全国一审行政收案统计 …… 023
表2-2	1987~2016年R区、T市、S省及全国人口 …………… 024
表2-3	1987~2016年R区、T市、S省及全国行政诉讼率对比 …… 025
表2-4	1987~2016年R区与全国每万人中案件的量及行政诉讼率逐年增幅对比 ………………………………………… 027
表2-5	1987~2015年R区与全国行政案件在一审收案中的占比 …… 030
表2-6	1987~2016年三部诉讼法实施期间R区行政案件起诉情况及增幅 ………………………………………… 033
表2-7	1990~2014年R区法院行政诉讼起诉案件每五年增量统计 …… 037
表2-8	R区法院2000~2014年行政赔偿案件统计 ……………… 049
表2-9	R区法院2001~2014年循环诉讼基本信息统计 ………… 052
表2-10	1987~2016年R区行政诉讼各类型案件数量统计 ……… 059
表2-11	1987~2016年R区公安行政管理案件类型统计 ………… 066
表2-12	1987~2016年R区城乡建设行政管理案件类型统计 …… 070
表2-13	1987~2016年R区劳动与社会保障行政管理案件类型统计 …… 074
表2-14	1987~2016年R区法院行政结案类型数量统计 ………… 081
表2-15	1987~2016年R区法院行政立案率统计 ………………… 083
表2-16	1987~2016年R区法院行政案件判决率统计 …………… 094
表2-17	1987~2016年R区法院行政判决类型统计 ……………… 099
表2-18	1987~2016年R区法院判决原告胜诉案件占比变化统计 …… 102
表2-19	1987~2016年R区法院行政案件撤诉情况统计 ………… 109
表2-20	1987~2016年R区法院行政撤诉案件类型统计 ………… 113

表 2-21	1987~2016 年 R 区法院行政判决和裁定上诉数量统计	118
表 2-22	1987~2016 年 R 区法院行政案件上诉率统计	119
表 3-1	1987~2016 年 R 区行政起诉案件、人口、GDP 增幅对比	135
表 3-2	1987~2016 年 R 区行政案件起诉原告类型及其占比	137
表 3-3	1987~2014 年 R 区抽样行政案件原告起诉时年龄分布	139
表 3-4	1987~2014 年 R 区抽样行政案件原告起诉时住址离 R 区法院直线距离分布	139
表 3-5	1987~2016 年 R 区抽样行政案件律师代理统计	158
表 3-6	1987~2016 年 R 区信访、政府复议、行政诉讼收案量变化对比	165
图 2-1	1987~2016 年 R 区与全国行政诉讼率对比	027
图 2-2	1987~2016 年 R 区与全国行政诉讼率逐年增幅对比	028
图 2-3	1987~2015 年 R 区与全国行政案件占一审收案比例对比	031
图 2-4	1987~2016 年 R 区行政案件起诉量	031
图 2-5	1987~2016 年 R 区历年行政起诉案件种类数量变化	061
图 2-6	1987~2016 年 R 区各类行政起诉案件总数占所有案件总量的比例	061
图 2-7	1987~2016 年 R 区四类主要行政案件数量变化	065
图 2-8	1987~2016 年 R 区公安行政管理案件占比变化	065
图 2-9	1987~2016 年 R 区城乡建设行政管理案件占比变化	069
图 2-10	1987~2016 年 R 区劳动与社会保障行政管理案件占比变化	073
图 2-11	1987~2016 年 R 区资源行政管理案件占比变化	076
图 2-12	R 区法院 1987~2016 年行政结案类型占比	082
图 2-13	1987~2016 年 R 区行政立案率变化	085
图 2-14	1987~2016 年 R 区行政案件驳回起诉占立案百分比变化	090
图 2-15	1987~2016 年 R 区行政案件不符合起诉的案由类型对比	090
图 2-16	1987~2016 年 R 区行政案件不符合起诉条件类型对比	091
图 2-17	1987~2016 年 R 区法院行政案件判决率变化趋势	095
图 2-18	1987~2016 年 R 区法院行政判决类型总量分布	101

图 2-19　1987~2016 年 R 区法院判决原、被告胜诉案件数量
　　　　变化 …………………………………………………………… 102
图 2-20　1987~2016 年 R 区法院判决原告胜诉案件占收案
　　　　百分比 ………………………………………………………… 103
图 2-21　1987~2016 年 R 区法院判决原告胜诉案件类型占比 ……… 104
图 2-22　1987~2016 年 R 区法院行政案件撤诉率变化 ……………… 110
图 2-23　1987~2016 年 R 区法院行政案件上诉率与撤诉率对比 …… 121
图 3-1　1987~2016 年 R 区行政起诉案件、人口、GDP 增幅对比 … 136
图 3-2　1987~2016 年 R 区行政案件量增幅与 GDP 增幅对比 ……… 181
图 3-3　1987~2016 年 R 区历年 GDP 增幅 …………………………… 181

第一章 绪论：问题与方法

一 问题的提出

（一）诉讼量的长期徘徊需要关注

1. 行政诉讼案件量在三大诉讼中占比少

我国的行政诉讼制度相比刑事诉讼、民事诉讼起步晚，行政诉讼的实践发展相比其他两大诉讼也比较缓慢。自1983年法院依据1982年民事诉讼法草案受理行政案件以来，全国一审行政诉讼案件在三大诉讼中的占比一直未超过2%。而一审案件多数由基层人民法院进行审理，考察基层人民法院的行政审判实践发展历程是一种能发现真问题的方法，有助于学术与实践进行针对性交流融合，探索现象背后的机理。

2. 占比少背后体现基层审判困境

与行政诉讼占比少同现的是公认的"立案难，审判难，执行难"的多年实践困境。研究全国的诉讼量是一个抽象且难以全面深入细致的论题，选择一个"麻雀"样本进行深入考察和全面的剖析是一种"以小见大"的发掘审判困境的研究方法。R区作为西部一个中等水平的市辖区，从改革开放之初以乡、镇为主扩展成为如今的城市中心区域。在这个发展的过程中，R区行政主体的管理活动发生了改变，产生的行政争议也在不断变化。1987～2016年，R区行政诉讼量与民事、刑事的比例走势与全国相似，20多年与全国诉讼案件量的曲线走势也一致，诉讼率长期处于徘徊不升的状态，是具有一定代表意义的样本。

3. 徘徊形成的追问

俗话说"三十年河东，三十年河西"，R区行政审判实践为何会出现诉讼率的长期徘徊？究竟这30年间行政诉讼在基层的运作实践哪些产生了变化，哪些又没有产生变化？是什么导致了变与不变？结合相应时空社会背景考察R区诉讼率的变化及探究背后的社会原因，探索基层行政诉讼实践的发展历程，可以为新行政诉讼法"自下而上"的实施完善提供经验参考。

（二）"自下而上"的基层实践需要重视

一种诉讼制度的推行，一种顶层设计的逐层落实，基层是关键。自下而上的需求反映、权力行使的逐层下沉，以其内在逻辑交织在基层审判实践中，使国家规范变成一种鲜活的问题解决规则并产生效用。基层审判的实践弥足重要，但是在制度制定的过程中，基层实践主体鲜有直接的参与权，当然也少有全面而深刻的直接话语权。制度能否根源于基层、适应基层，主要靠上级的推行。上级的考量有多少，对基层的现实了解有多透彻，真正替基层发言的度有多大，直接涉及制度对基层问题的回应程度和经验积累的吸收程度，从而也会影响制度在基层的落实程度。

（三）理论研究与基层实践需要交流融合

在行政诉讼研究中需要法学理论与实践进行有效沟通和交流，对"理论期待与实践现实差距有多大，理论研究与实践交流是否有屏障，理论能否指导实践或实践能否验证理论"进行解答。笔者查阅文献发现新中国成立后对行政诉讼实践研究普遍表达出对行政审判的困惑：如龚祥瑞、张树义等早在1993年就提出过行政诉讼法实施存在重大困扰；[1] 应星也通过田野调查于2009年提出对行政诉讼率的徘徊的疑惑；[2] 何海波也在曾2012年提出行政诉讼法实施二十多年仍然没有摆脱困境，[3] ……近30年，行政诉讼制度本身与其实施的社会环境均发生了变迁，行政审判实践究竟走过了一个怎样的历程，产生了什么样的变化？

---

[1] 龚祥瑞：《法治的理想与现实——〈中华人民共和国行政诉讼法〉实施现状与发展方向调查研究报告》，中国政法大学出版社，1993，第2页。
[2] 应星、徐胤：《"立案政治学"与行政诉讼率的徘徊：华北两市基层法院的对比研究》，《政法论坛》2009年第2期。
[3] 何海波：《困顿的行政诉讼》，《华东政法大学学报》2012年第2期。

为何学界对行政诉讼的困惑感仍在延续？

寻求疑惑的解答成为选择 R 区作为样本开展田野调查最基本的动机。考察 R 区行政诉讼实践的历程，通过数据等呈现样本实践的变迁及其变迁的影响因素，以探寻其发展机理及启示，即成为形成命题并写作的初衷。

二　文献综述

学界对国内外民事诉讼数据的研究都比较成熟，可以为行政诉讼数据的研究提供理论分析模型和调查研究方法的参考。基于中国行政诉讼与国外行政诉讼制度与理论的差别，国际上并未形成界定行政诉讼率的统一概念，相对于民事和刑事司法制度，行政诉讼数据的研究起步较晚，行政诉讼数据研究需要一个从借鉴到发展完善的过程。在"大政府小市民"背景的延续下，民告官的行政诉讼是一个让学界和实务界都存在诸多困惑的制度，它需要从社会变迁的视角去解读诉讼数据变迁背后基层实践的发展动态，以一种反映基层"自下而上"的实证研究去探索制度改革完善的本土化进路，以基层经验充实理论研究，为"自上而下"的司法改革推进提供实践经验的融合、印证与支持。

然而就中国大陆学界而言，行政诉讼理论研究非常丰富，实践的探索也在逐渐加大，但是对基层法院行政诉讼数据进行持续动态追踪的学术研究少，从微观视角和基层实践出发去作演绎逻辑和研究发展机理的成果更少。另外还没有学者完整地阐述过行政诉讼率的系统指标。因而行政诉讼理论文本的规范研究需要诉讼数据的充实和实践动态的印证，对于行政诉讼数据的研究梳理需要从追述诉讼数据的研究开始。

（一）国外诉讼数据研究概况及其借鉴

早在 1959 年美国的历史社会法学派出版的有关 Chippewa County 法院民事诉讼数据变化著作的序言中，Willard Hurst 就指出，"案件数据不仅反映了司法系统自身的历史，也反映法与该社会的普遍价值和变化过程的活生生关系"，[1] 该著

---

[1] Hurst, J. Willard, "Introduction" in Francis W. Laurent, *The Business of a State Trial Court*, Madison: University of Wisconsin Press, 1959.

作成为该学派最早开始诉讼数据历史研究的代表作,诉讼数据研究就此在美国开始,但学术研究成果却没有很快出现。直到 1974 年西班牙裔学者 Jose Juan Tocharia 通过研究西班牙法院 1900~1970 年的诉讼统计数据,发现法院民事诉讼率和经济发展不同步,[1] 这一成果的公布引起欧美学界的关注与诉讼数据研究的兴起。

例如：Friedman 和 Lawrence 通过对美国加利福尼亚州两个地方基层法院 1890~1970 年民事诉讼数据的分析,发现随着经济社会的发展,城市化、工业化的完成,地方基层法院在纠纷解决上侧重结果平息,在民事案件的类型上经济财产类案件的比例在不断减少,人身侵害和家庭类案件的比例在不断上升,而且结案方式上判决的使用率在不断地下降;[2] 而 McIntosh 对美国圣路易斯地方基层法院 1820~1970 年民事诉讼的数据研究也验证了案件类型和结案方式的这种发展趋势;[3] F. Van Loon 和 E. Langerwerf 对比利时在 1835~1980 年社会经济发展与民事诉讼数据变化也进行了经验研究;[4] Christian Wollschlager 考察了德国 Bremen 法院 1549~1984 年的诉讼数据变化与社会现代化发展的关系;[5] 等等。相关社会发展与诉讼数据变迁的关系研究都在法院尤其是地方法院诉讼档案整理的基础上提出分析模式和理论假设而展开。这种研究范式在 20 世纪后期从欧美扩展到拉美和日本,掀起了域外法社会学研究民事诉讼数据的浪潮。

但由于域外对行政诉讼的界定差异,基本上没有学者将诉讼数据尤其是诉讼率实证研究范式应用到行政诉讼研究中,就更少有学者能从中国现状中去关注中国行政诉讼率问题,但域外学者通过分析法院历史数据,建

---

[1] Toharia, Jose Juan, *Cambio Socialy Vida Juridica en Espana*, Madrid: Edicusa, 1974.

[2] Friedman, Lawrence M. & Robert V. Percival, "A Tale of Two Courts: Litigation in Alameda and San Benito Counties," *Law &Society Review*, 1976, (10).

[3] McIntosh, Wayne, "150 Years of Litigation and Dispute Settlement: A Court Tale," *Law & Society Review*, 1980-1981, (15).

[4] F. VanLoon & E. Langerwerf, "Socioeconomic Development and the Evolution of Litigation Rates of Civil Courts in Belgium, 1835-1980," *Law&Socirty Review*, Volume24, mumber2 (1990), pp. 283-295.

[5] Christian Wollschlager, "Civil Litigation and Modernization: The Work of the Municipal Courts of Bremen, Germany, In Five Centuries, 1549-1984," *Law& Society Review*, Volume24, mumber2 (1990), pp. 261-282.

立关联模型研究经济社会环境变化对民事诉讼率产生影响的方法值得借鉴。本书也是由此受到启发选择从地方基层法院的数据档案着手进行考察研究。

（二）国内诉讼数据研究概况及其不足

域外诉讼数据研究的方法与范式于21世纪初开始在域内学术研究领域得到应用。台湾地区学者陈聪富通过考察台湾地区1949~1998年民事诉讼数据的变化与该区域社会经济发展变化之间的关系提示了法院诉讼与社会变迁的关联，突出了台湾法律文化对诉讼的影响;[①] 大陆地区学者冉井富考察了1978~2000年社会经济发展与民事诉讼率变迁的关联,[②] 并从实证及比较法社会学的视角探讨了现代化等对民事诉讼率的影响，认为我国的变化在一定程度上重复美国历程;[③] 随后学者朱景文系统地描述了我国民事诉讼自改革开放以来数据升降的情况并进行了全面的原因分析，同时为做对比还简要提及了行政诉讼中工商案件及治安案件的类型化情况;[④] 香港地区学者贺欣考察了近几年我国内地经济案件下降及其原因;[⑤] 汤鸣等还从法律文化等方面分析我国大陆民事诉讼数据变化的原因;[⑥] 韩波将中国大陆与印度民事诉讼数据进行对比提出了诉讼率变化的地域差异。[⑦]

纵观以上诉讼数据研究，民事诉讼领域成果显著，行政诉讼数据的研究也在不断发展，不少学者都以官方公布或者田野调查的法院数据作为展开研究的基础，并对数据的挖掘做出了努力。在早期成果较少，最早有龚祥瑞组织年轻学者对1989年行政诉讼法的运作进行了全面的社会

[①] 陈聪富：《法院诉讼与社会发展》，台北：《"国家科学委员会"研究汇刊：人文及社会科学》2000年第10卷第4期，第435~492页。
[②] 冉井富：《现代进程与诉讼——1978~2000年社会经济发展与诉讼率变迁的实证分析》，《江苏社会科学》2003年第1期。
[③] 冉井富：《当代中国民事诉讼率变迁研究——一个比较法社会学的视角》，中国人民大学出版社，2005。
[④] 朱景文：《中国诉讼分流的数据分析》，《中国社会科学》2008年第3期。
[⑤] 贺欣：《我国经济案件近年意外下降的原因考察》，《现代法学》2007年第1期。
[⑥] 汤鸣、李浩：《民事诉讼率：主要影响因素之分析》，《法学家》2006年第3期。
[⑦] 韩波：《民事诉讼率：中国与印度的初步比较》，《法学评论》2012年第2期。

调查;① 姜明安组织北大法官学员进行了行政法治状况的社会调查②等。近期主要有国内学者何海波通过全国撤诉、判决、胜诉的数据分析司法政策与诉讼的关系,③ 包万超以1991～2012年全国行政诉讼的数据宏观分析行政诉讼情况,④ 同样吴琪也进行了系统的阐述。⑤ 以地方法院诉讼数据作为依据,马清华描述并分析了山东某地方法院行政诉讼的撤诉情况;⑥ 应星等通过华北两市行政诉讼立案数据变化对比得出1998～2007年主要是选择性立案导致诉讼率变化不大的结论;⑦ 贺欣、苏阳以上海和湖南法院为样本提出农民为原告的民事和行政诉讼的胜诉率低;⑧ 吴卫军等对某F基层法院1987～2011年的案件受理情况做了统计和类型分析,并没有进行深层次探讨;⑨ 而汪庆华从法律社会学的视角对行政诉讼进行了考察;⑩ 林莉红带领团队从搜集的数省2008～2010年的裁判文书与调查问卷的数据着手分析,呈现了行政诉讼法实施状况;⑪ 黄启辉也采用分析文书数据考察行政诉讼一审情况。⑫ 另外还有研究成果从税务、专利等方面的行政诉讼数据着手进行类型分析研究。⑬

---

① 龚祥瑞:《法治的理想与现实》,中国政法大学出版社,1993。
② 姜明安:《中国行政法治发展进程调查报告》,法律出版社,1998。
③ 参见何海波《行政诉讼受案范围:一页司法权的实践史(1990～2000)》,《北大法律评论》2001年第2期;《行政诉讼撤诉考》,《中外法学》2001年第2期;《困顿的行政诉讼》,《华东政法大学学报》2012年第2期。
④ 包万超:《行政诉讼法的实施状况与改革思考——基于〈中国法律年鉴〉(1991～2012)的分析》,《中国行政管理》2013年第4期。
⑤ 吴琪:《中国当代行政诉讼研究》,硕士学位论文,苏州大学,2015。
⑥ 马清华:《行政诉讼撤诉二十年考量——淄博市法院行政诉讼撤诉情况调查》,《山东审判》2009年第2期。
⑦ 应星、徐胤:《"立案政治学"与行政诉讼率的徘徊——华北两市基层法院的对比研究》,《政法论坛》2009年第6期。
⑧ Xin He and Yang Su,"Do the 'haves' Come Out Ahead in Shanghai Courts," *Journal of Empirical Legal Studies*, 2013 (01)。
⑨ 吴卫军、李倩:《基层法院行政诉讼受案情况的历史、现状与进路》,《重庆大学学报》(社会科学版)2013年第4期。
⑩ 汪庆华:《政治中的司法:中国行政诉讼的法律社会学考察》,清华大学出版社,2011。
⑪ 林莉红:《行政法治的理想与现实(行政诉讼法实施状况实证研究报告)》,北京大学出版社,2014。
⑫ 黄启辉:《行政诉讼一审审判状况研究——基于对40家法院2767份裁判文书的统计分析》,《清华法学》2013年第4期。
⑬ 崔威:《中国税务行政诉讼实证研究》,《清华法学》2015年第3期;梁正、尹志锋:《专利行政诉讼审判结果及其影响因素分析》,《知识产权》2016年第10期。

综观这些研究虽然成果建树突出，已经形成了一定的行政诉讼数据研究框架，但对基层审判实践关注不够。首先在数据搜集上有时空断点，实践研究未能化零为整。国内基层法院行政审判实践实际普及始于1987年，以上研究少了1990年之前数据样本的同时也没有延续至今的完整呈现的数据。在样本的地域上也缺少西部基层法院样本，地域覆盖不够全面。其次，未从社会变迁的视角深入解读审判实践，未能对行政诉讼率进行全国范围的学术界定和理论探讨，因而缺少理论支撑研究框架的完整和谱系的形成。由此需要从社会发展变迁的视角去解读数据、挖掘诉讼数据，对西部基层法院实践进行连续完整的实证研究来充实内容，尤其需要对行政诉讼率进行全国范围的学术界定及专题理论探讨来支撑行政诉讼数据研究形成体系。

（三）行政诉讼文本变迁研究及启示

国内对行政诉讼法制文本的研究成果非常丰富，尤其在2014年行政诉讼法进行修改前后，更是涌现了大量行政诉讼文本变迁及实践总结的研究成果。其中，不少学者对近现代行政法及诉讼法制发展历程做了梳理，如：胡建淼等梳理了中国近现代行政诉讼百年法制的文本变化；[1] 林莉红也对中国行政诉讼的历史进行了回顾和现状梳理；[2] 范忠信考察了传统行政法制文化的延续；[3] 宋智敏揭示了近代中国行政诉讼制度的变化；[4] 熊文钊对中国行政诉讼制度实施二十年进行了反思；[5] 应松年[6]、张树义[7]、姜明安[8]、江必新[9]、何海波、何兵[10]、赵

---

[1] 胡建淼、吴欢：《中国行政诉讼法制百年变迁》，《法制与社会发展》2014年第1期。
[2] 林莉红：《中国行政诉讼的历史、现状与展望》，《河南财经政法大学学报》2013年第2期。
[3] 范忠信：《官与民：中国传统行政法制文化研究》，中国人民大学出版社，2012。
[4] 宋智敏：《从行政裁判到行政法院：近代中国行政诉讼制度变迁研究》，法律出版社，2012。
[5] 熊文钊：《中国行政诉讼制度实施二十年的反思》，《南京大学法律评论》2009年第2期。
[6] 参见应松年《中国行政法学60年》《行政法学研究》2009年04期；中国行政法学研究会论文集《中国行政法之回顾与展望：中国行政法二十年》，2005；应松年、薛刚凌：《行政诉讼十年回顾：行政诉讼的成就、价值、问题与完善》《行政法学研究》1999年04期。
[7] 参见张树义《寻求行政诉讼制度发展的良性循环》，中国政法大学出版社，2000。
[8] 参见姜明安《从人治走向法治——中国行政法十年回顾》，《求是学刊》1997年第6期。
[9] 参见江必新《完善行政诉讼制度的若干思考》，《中国法学》2013年第1期。
[10] 参见何兵《现代社会的纠纷解决》，法律出版社，2003。

大光[①]章志远[②]等学者都曾从不同视角阐述了行政诉讼制度变迁并对相应行政法治理论做了总结和探索，同时辅以行政审判实践的宏观考察作为佐证。

国内行政诉讼立法制度和理论问题的研究丰富，但涉及制度实践的研究多从宏观进行定性分析，缺乏行政审判基层运作的探究，需要实践动态定量分析研究予以印证和充实。而这些文本变迁的研究成果也同时为基层诉讼实践的定量研究奠定了梳理线索和考察依据。

党的十八大报告为解决1989年行政诉讼法实施过程中的立案难、审判难、胜诉难，提出了立案登记、集中跨区域管辖等顶层设计，随后行政诉讼法相应的修改内容也在2015年生效。在各地的实践正在探索尝试创新的同时，将行政诉讼运行实践历程进行全面呈现并运用理论进行分析也是取得历史经验的捷径。现有的国内外诉讼数据研究的方法，运用到中国行政诉讼率研究问题上都需要整合及改进。本章将尝试在行政诉讼文本变迁研究成果的基础上，将已有诉讼数据研究方法运用到行政诉讼基层实践的实证研究中进行考察和探索。

自1982年民事诉讼法试行、民众可以依据民事诉讼程序提起行政案件起，按照理论预设法院就该逐渐开启改革开放后相应的审判实践，但是我国是在1983年才始有行政诉讼审判的尝试，基层法院普遍是在1987年才开始行政案件的审理。因此，行政审判实践并非只在1990年行政诉讼法实施后才出现。本书将基于实践，从诉讼数据入手，考察自1987年起基层法院行政诉讼实践的运行情况。考虑到全国地方差异以及各地完整实践材料和真实数据难以全面获得，以实证研究呈现行政诉讼率变迁问题具有巨大挑战。因此，如何借鉴国内外现有诉讼率研究的方法，化现有研究成果为知识体系并通过第一手实践资料进行验证是本书面临的挑战也是价值所在。

三 研究方法

（一）研究思路

本书遵循"行政诉讼率是什么""如何变化""为什么""有何启示""未

[①] 参见赵大光《六十年行政审判工作发展历程与基本经验》，《法律适用》2009年第12期。
[②] 参见章志远《个案变迁中的行政法》，法律出版社，2011。

来会怎样""怎样应对"的逻辑思路,以问题作为导向,以调研获取的第一手资料作为依据,呈现基层行政诉讼数据变迁,并在搜集整理现有文献基础上解读数据、分析原因,寻求数据启发下司法改革中基层行政审判实践的本土完善进路。为此,本书首先需要在对现有诉讼数据理论研究进行学习借鉴的基础上,寻找样本进行深入调研搜集整理资料,随后运用理论分析方法进行探究。因此,寻找一个鲜活的样本是第一要务。

(二) 样本的选择

现有行政诉讼数据(甚至是诉讼数据的研究)多来自官方发布的全国统计数据,或者由研究团队在发达地区进行的田野调查和经验访谈。比如朱苏力在《送法下乡:中国基层司法制度研究》中对基层法院审判的实践进行了较为系统和深刻的描述、探讨,[1] 但是涉及行政诉讼的较少,虽然也还有学者进行了基层法院的采样,但数据的来源鲜涉及西部基层法院。少数著作,如学者丁卫在《秦窑法庭:基层司法的实践逻辑》一书中也以西部派出法庭为样本,以延续中国革命法律传统而提出的"政法传统"的分析思路,[2] 将宏观历史溯源与微观实证分析结合,对基层法庭的审判实践运作进行了深入描写和细致分析,其研究方法和风格极具启发性,但是很遗憾由于派出法庭不审理行政案件,其中并未涉及行政审判实践。基层人民法院是审理一审行政案件的主要阵地,本书构思从地域上弥补现有诉讼数据研究的采样代表性,拟选择西部的基层法院充实诉讼数据样本来源,位于西部 S 省的 R 区法院及相关部门的实践提供了考察样本。

1. R 区[3]及其档案情况

R 区位于 S 省东北部,是历史文化古城,为所属 N 市的政治、经济、文化中心,位于连接西部 C 直辖市与 S 省经济开发区北部的城市核心区,是 S 省认定的首批特大城市之一。全区面积 555.5 平方公里,城区建成面积达 50 平方公里,辖 11 个城区街道办事处、18 个乡镇,截至 2014 年,户籍总人口

---

[1] 参见朱苏力《送法下乡:中国基层司法制度研究》,中国政法大学出版社,2000,第 9 页。
[2] 丁卫:《秦窑法庭:基层司法的实践逻辑》,生活·读书·新知三联书店,2014,总序第 6 页。
[3] 该区概况来源其政府网站。

65.4万，常住总人口70.5万。1949年人均GDP 45元，1987年达到1004元，2006年达到11089元，2008年达到15356元，2016年已近2万元。经济发展在S省中一直属于中上水平，截至2016年底，其经济综合发展水平和人均GDP位列西部非省会市辖区前列，在全国市辖区（城市基层政权组织的行政区域）和县级行政区中位于中等水平。①

该区自20世纪80年代初开始被S省确定为统筹城乡发展试点区逐步进行城镇化建设，截至2014年城镇化率已超过80%，远远高于全国水平。随着城镇化进度的加快，从20世纪80年代末开始，R区的官民纠纷逐渐增多，进入诉讼等渠道进行解决的纠纷的数量也同时增加。新中国成立之初就建立的R区法院对档案的保存非常重视，将该院的行政审判档案及其相关文件资料都留存完好，为调研的展开提供了条件。

2. 将R区作为样本的考虑

从前述行政诉讼数据研究的情况来看，采用全国的数据作为分析样本的较多，而本书之所以选择R区作为样本，其是否可以在一定程度上能代表基层行政诉讼审判实践的基本情况，对此，除了资源、精力等方面的因素外，还有以下考虑。

第一，在以往的行政诉讼数据研究中，尚无对西部县域尤其是市辖区的基层法院行政诉讼实践展开的实证研究。虽然将研究范围定位到县域尤其是市辖区由于前无可鉴意味着研究的难度大，但因县域在中国的基础性和重要性，县域尤其是市辖区在城市行政案件纠纷解决中具有关键地位。本书认为有必要去突破难关展开样本的调查和研究。

第二，调查市辖区的行政诉讼纠纷解决，能够从中看到城市基层行政纠纷解决的特点具有典型的意义。中国行政区划之下的县级行政区中，市辖区（简称区）是城市基层政权组织的行政区域，是城市的组成部分和发展区域的中心。一般发达地区的市辖区的区域以街道办事处为主，而西部市辖区从以乡、镇为主逐渐在不断的工业化、城市化发展过程中转变为以街道办事处为主要组成部分。相对于县（市），居民更多以城镇人口为主，人口密度大，流动人口相对集中，社会、文化、金融、贸易等相对比较繁荣。就R区而言，

---

① 数据比对来源于中国统计年鉴。

与全国多数县级行政区划相比,其行政职能、地位及其权力配置上没有明显区别,发展水平为中上,与(截至 2015 年底)全国共计 921 个市辖区(不含香港、澳门、台湾省)[①] 相比,发展水平也居于中等,是西部的典型县域,同时在一定程度上也具有全国的代表性意义。

第三,尽管以 R 区一个单一样本得出的研究结论可能不具有普遍推广性,但至少可以为西部甚至是全国提供参考。R 区从 20 世纪 80 年代开始被列为"统筹城乡发展试点区",不断加快从农业经济为支撑到工业化、城市化转型的进程,经济社会等随之发生变迁和转型,行政纠纷的变化代表西部市辖区的发展趋势,同时也是全国县级行政区域纠纷即将面临的情况。基于此,能使研究具有较长期的实用性和一定的前瞻性,从而推动相关研究的进步,即使仅仅为其他研究提供比较资料,也值得尝试,正如费孝通教授所言:"对一个小的单位进行深入研究而得出的结论并不一定适用于其他单位。但是这样的结论却可以用作假设,也可以作为其他地方进行调查的比较材料。这就是获得真正科学结论的最好方法。"[②]

3. 调研过程与方法

由于官方公布的数据有限,本书研究需要大量的田野调查和经验访谈,虽然早已做好心理准备,但是调研过程的艰难也远远超过了预期。即使笔者单位与 R 区法院有科研项目合作,作为项目执行人员也是经过了长达 6 个月的协商后,才被允许从 2014 年 12 月起间或进入该院档案保管室查阅档案。由于档案保管规定的严格以及对调研伦理的遵守,大量档案由笔者以抄写的方式获得,因而调研及材料整理直至 2016 年 12 月前后才基本完工,后又在写作过程中进行了回访。总体调研方法与主要过程如下。

(1)查阅档案

第一,法院档案的查阅与整理。在该院工作人员协助下调阅该院自 1986 年建立行政审判庭时起的档案。主要包括诉讼卷宗(包括收案登记、起诉状、答辩状、裁判文书、证据目录清单、随案记录、笔录等材料)、行政文件(包

---

① 中国统计局统计数据,http://data.stats.gov.cn/search.htm?s=市辖区,2017 年 1 月 31 日访问。
② 费孝通:《江村农民生活及其变迁》,敦煌文艺出版社,1997,第 15 页。

括上级法院印发的文件、审判指导文件、历年审判总结、人员配备、物质配备等)以及各种单据(包括诉讼费用收取、接访记录清单等等)。随后将所有查阅的内容按照年份和类别进行分类整理并转化为电子资料。

第二,其他档案的查阅与整理。在逐年梳理法院档案后,根据梳理情况,又向政府信访部门、法制部门等申请,查阅通过非诉讼渠道解决行政争议的档案,同时了解各时期政府行政管理的沿革与变化。由于基层政府部门相应档案管理的不完善,2000年以前的部分手写文字材料缺失,需采用于档案馆查阅的年鉴等历史资料予以补充。

(2)访谈

研究涉及被访谈人员较多,主要分为以下三类。

第一,法院工作人员。首先是R区法院自1987年建立行政审判庭后在该庭承办过行政案件的审判人员、书记员及内勤共17人,其中与笔者进行过交流的12名审判人员中有5人接受了深度访谈。这其中包括该庭第一任庭长林某(1987~1989)、第二任庭长王某(1990~1995)[第三任庭长胡某(1996~1998)因在外地没有接受访谈]、前第四任庭长李某(1999~2014)第四任现任庭长陈某某(2014年至今)以及曾任主管院长的龚某(1996~2011),他们通过交流与受访不吝告知办案心得、传授经验,难能可贵地充分介绍了该院行政案件审判的历程。特别需要说明的是前第四任庭长李某自1985年进入法院,先后到民庭、刑庭当书记员,1987年转到行政审判庭后就一直坚守到2016年底满60岁真正退休离开审判岗位,其见证了R区法院整整30年的行政审判历程,为本研究提供了珍贵的素材和许多访谈的线索。

第二,行政诉讼案件当事人。本研究按照行政审判三部法律的实施年份,分阶段联系案件当事人或者代理人(律师)共20多人,其中5人接受了电话询问,7位案件的原告接受了访谈,抽样了解了当事人对行政审判实践变化的看法。

第三,其他曾在政府及其工作部门有过长期从事法务工作经历的公务人员,包括政府法制办、信访办等离退休及现任人员等多人。他们都是笔者在调研过程中接触到的行政诉讼案卷上没有出现过名字的人,但在任职时或多或少参与过当时行政纠纷的解决,笔者与他们进行了一些专题交流,后面章节中会陆续提到。

（三）主要研究方法

本研究秉持"要想让法律真正发展起来，我们应该直面实践"[①] 这一思路，从 R 区行政审判实践出发，遵循以问题为导向，分析方法多元化的学术伦理，采用不同的研究方法对"行政诉讼率"相关问题展开探讨。根据研究内容和框架设计，本研究主要采用的研究方法如下。

1. 实证研究法

行政诉讼率本身是一个实践性问题，需要对大量的实践、数据和材料进行把握，同时也是一个理论性较强的学术命题，需要理论的分析解读方可理解数据背后变迁的机理。本研究在运用实证研究方法过程中特别注意材料的真实和全面性，具体采用了以下步骤。

首先是注重样本的选取与调研的深入。笔者以 R 区为定点观察单位，以基层法学院行政审判为线索，通过数据搜集、史料整理获得实践样本，并通过连续访谈大量审判人员、立案工作人员、档案管理人员、政府法务部门人员（特别是退休、资历长的人员）以及典型个案当事人获得经验资料，补充不能直接获得的数据等材料。

其次是进行定量定性分析。在两年多大量搜集材料的基础上，制作各种统计表对 R 区法院 1987~2016 年审判的案件进行阅卷统计，依据统计数据进行定量分析，结合经验访谈及地方历史资料进行定性分析。

最后是关联理论的深刻阐述。定性分析后在经验感受和总结基础之上进行理论探讨，从基层司法的角度阐述行政审判实践改革自下而上推力的着眼点和面，具有较强的说服力。

2. 比较研究法

以样本法院数据为参照，将其与全国、省、市数据以及该区其他行政争议处理数据进行对比，从不同角度增强行政诉讼率变迁认知。

3. 个案研究法

本研究对不同时间段中出现的典型案例进行全面的材料呈现和剖析，并阐述法理意义和理论价值。

---

① 左卫民：《刑事诉讼的中国图景》，生活·读书·新知三联书店，2010，第263页。

4. 文献研究法

对现有文献进行梳理，总结法律制度、文化传统、实践历史，系统进行对策研究和理论完善。

（四）主要解释理论

从社会发展的角度来看，影响当事人选择法院解决争议的因素在于在当时的社会变化下，立法与司法客观上允许当事人主张权利的范围和当事人主观上对诉讼成本与利益的计算，[①] 研究方法是一个动态观测研究对象的方法，而解释理论是一种静态检测研究对象的方式。

1. 法社会学理论

在法社会学视野中，法律除了法律规范本身作为载体之外，还包括规范从无到有、从有到用的整个过程、结果以及相应的社会环境。为了对此进行描述和解释，借助于统计学的指标和运算进行因果分析，从量的方面对法律现象和社会环境的联系进行研究就成为一种研究法律制度运行的视角和方法。布莱克（Donald Black）曾提出法律是一个变量，它随时间和空间的变化而增减，在一种条件下会比在另一种条件下多，法律的量可以用多种方式测定，比如和法律有关的活动。[②] 而用法律解决纠纷的诉讼过程，是与法律有着直接关联的活动。虽然社会纠纷并非全部通过诉讼解决，但是法治已成为当代文明国家的典型特征，法律成为现代社会重要的规范，借由国家的司法权力介入，通过法院解决纠纷是社会纷争解决的最后以及最权威手段。通过考察法院诉讼的量可以窥见法律的量以及探究法律运行环境的变化。换言之，社会发展引起法律运行的环境变化会在法院诉讼过程中留下影响痕迹，法院诉讼的变化与社会的发展变化存有互动关系。在描述这种互动关系的量中，诉讼数据尤其是诉讼案件数量随着社会向现代化进行变迁的过程不断增长的现象引起了学者广泛的关注。

[①] see Vago. Steven, *Law and socirty*, 1991, p185.
[②] 参见〔美〕布莱克《法律的运作行为》，唐越、朱苏力译，中国政法大学出版社，1994，第2~5页。

2. 社会变迁理论

法院诉讼的变化因素在于社会的复杂度、分化程度、社会结构的规模以及技术科技化的变迁。由于社会发展与社会结构变迁，社会逐渐走向复杂化、高度分化，社会规模更加扩大，依赖法院或其他正式裁判机构的必要性也随之增加。在较低发展的社会，人与人之间具有持续而稳定的接触，并存在某种程度的相互关系而产生互信基础。争议当事人间具有持续存在的依存关系，解决争议未必在于评价谁对谁错，而是使正常关系得以恢复。因而争议发生时，由于当事人有共同的规范基础和价值观念，可以通过非法院诉讼的路径解决，法院在争议解决中扮演不了重要的角色。反之，在较为复杂和发展的社会，人与人的接触变为陌生、短暂而频繁，争议当事人之间除因争议而发生接触外并无其他关联，争议的解决无法由非正式法定路径解决，只得依靠法院判决裁断。当社会高度发展，人们很少有像传统农耕社会那样场域固定持久群居的生活形态，也就很难有共同所认可的支配性习惯或者单一价值观念，对于同一争议，不同团体会有不同的价值判断。因此，法院或其他从事正式争议解决的主体在争议解决中扮演重要的角色。

3. 文化传统论

一个行政诉讼案件在司法统计中除了代表案件自身计数以外，还关联着与诉讼相关的系列活动，包括原告的起诉、被告的答辩、法院的审理、双方的举证乃至判决后的执行等等各个环节的统计。然而在中国一个行政诉讼案件还远不止这些深义。在官本位思想传统、惧官思想、百姓"厌讼"文化以及拒讼价值导向的影响下，近代从西方传入中国的以诉诸法院解决行政纠纷运作方式是在上告、信访、行政复议、裁决等多种路径化解不了的情况下当事人才会做出的选择。由此可见，行政诉讼并不代表社会所有的行政争议，但是对于其他渠道没有化解的剧烈纷争，行政诉讼案件的统计能在一定程度上验证这些渠道纠纷的化解力度。正如美国法社会学家 Donald Black 所言"不可将每天有案件进入法律系统处理视为理所当然。不法案件或纷争并非自动地进入法律机构进行处理或解决。若无人愿意利用法律制度，则法律控制体系将无法对所要规范的人类问题发生作用"。[①] 公民愿意使用法律解决问题

---

① Donald Black, *The Mobilizationg of law*, Journal of Legal Studies, 1973, pp. 125–126.

法律制度才能起作用。观测公民使用行政诉讼解决行政争议的情况，案件数量的变化是一个直接的观测量，可以通过案件数量的变化和差别来了解法律的实施效果，检验经验进行促进制度合理化的反思。

4. 博弈论

现代博弈理论为人们理解法律规则如何影响人的行为提供了非常深刻的洞察力。[①] 博弈理论的引入，为观察法律实践在一定社会、政治、经济环境中的样态提供了一种观察视角。早在 2003 年罗豪才教授就撰文提出了从博弈论的角度考察行政诉讼，指出："就行政诉讼过程而言，原告、被告以及其他诉讼参与人为了最大化自身利益，通常都会积极研究对策，预测对方的行为，并通过法律规则所提供的程序作出理性选择。理性的当事人在寻求博弈均衡的过程中有利于推动作为博弈规则的行政法制的平衡发展。不仅如此，它还有力地推动司法公正原则的全面实践，使得司法公正不限于停留在原则标准之上，而且还可以直接付诸实践。就此而言，将博弈论引进行政诉讼具有非常重要的意义，它有可能在司法审查过程中作为基础性机制而发挥传统诉讼机制所不可比拟的独特功能。"[②] 为了方便找寻和描述引发基层审判实践变化的主体及其行动的变化，本研究并不关注博弈论某个时期内在基层行政审判中运用的细节，而是侧重从博弈变化特写来呈现年代变化，以找寻不同时间阶段数据背后诉讼实践徘徊的"前因后果"。

四 基本概念界定

"概念乃是解决法律问题所必需的和必不可少的工具。没有限定严格的专门概念，我们便不能清楚地和理性地思考法律问题。没有概念，我们便无法将我们对法律的思考转变为语言，也无法以一种可以理解的方式把这些思考传达给他人。"[③]

[①] 〔美〕拜尔等:《法律的博弈分析》，严旭阳等译，法律出版社，1999，导论第 1 页。

[②] 罗豪才:《行政诉讼的一个新视角——如何将博弈论引进行政诉讼过程》，《法商研究》2003 年第 3 期。

[③] E. 博登海默:《法理学：法律哲学与法律方法》，邓正来译，中国政法大学出版社，1999，第 486 页。

(一) 诉讼率的定义

仅仅进行一定地域行政诉讼案件数量变化的研究不能明确人口变化比如数量增减或多少带来的变化。为了排除这个不利影响，国外自20世纪70年代以来就使用了诉讼率这样一个指标概念，指一定时期内一定人口中拥有的案件数量，其中一定时期主要以年计算，一定人口的单位数量则较随意，万、千、百等均可，只是进行统计的前后时间内的计算口径须一致。比如，冉井富就以每一年每十万人口中提起民事案件的数量来界定全国的民事诉讼率，并描述了1978~2006年的情况；[①] 应星、徐胤则采用每一年每一百万人口中提起行政诉讼案件的数量来描述全国1998~2006年的行政诉讼率以及两个（华北）样本市2001~2007年的行政诉讼率情况。

(二) 行政诉讼率的定位

本研究将借鉴诉讼率研究理论，把行政诉讼率引为考查R区行政诉讼案件变化的一个线索指标，而R区的人口目前并未突破百万大关，以万作为单位人口进行统计比较容易观测对比。因此，本研究中的行政诉讼率指的是在每一年的每万人中行政诉讼案件的数量。由于目前中国存在多元行政纠纷解决机制，它只是用来对诉讼解决行政争议运行机制进行经验研究的一个概念工具和基本指标，并不能直接反映其他纠纷解决机制的运行，但是能直接反映人们诉讼救济取向的变化，体现诉讼制度运转的实效变化情况。

与以往单独以提起案件的数量作为全部描述统计指标的方法不同，根据诉讼不同阶段的处理记录产生的案件数据变化，对行政诉讼率进行分层解读，并对关联指标进行变化描述和因素分析，将能更加全面地反映问题。

(三) 行政诉讼率的逻辑分层

依照诉讼的流程，第一，行政诉讼率表现为每一年一定人口向法院提起行政诉讼的案件数量，即行政诉讼起诉率；起诉以后，需要法院受理才能通

[①] 参见冉井富《当代中国民事诉讼率变迁研究——一个比较法社会学的视角》，中国人民大学出版社，2005，第5~6页。

过法院解决纠纷,因此起诉的案件中有多少得到了法院的受理即是第二个重要的分项描述指标,即行政诉讼立案率;对于法院受理的案件有多少经过正式审判得到处理结果是第三个分项描述指标,即行政诉讼审判率;审理的案件中有多少最终通过判决的方式结案是第四个分项描述指标,即行政诉讼判决率;在判决的案件中有多少是原告胜诉的案件是第五个分项描述指标,即行政诉讼胜诉率;在胜诉的案件中有多少案件真正实现了判决的结果是第六个分项描述指标,即行政诉讼执行率。

以往研究结果表明,中国行政诉讼实践中存在一个非常典型的结案方式即撤诉。[①] 因此,在法院受理以后的案件中有多少案件撤诉,即行政诉讼撤诉率是一个需要进行探讨的指标。从撤诉的缘由来看可以分为非原告自己的原因(比如诉讼期间被告行政主体改变行政行为或者通过法院协调等)撤诉和原告自己的原因(比如意识到诉讼耗时、耗力、胜诉把握不大,为节约诉讼成本等)撤诉;从撤诉的结果来看,可以分为原告实现了诉讼请求的撤诉和没有实现的撤诉。由于档案记载较简要,很难进行全部年份所有案件的确切统计。本研究提出这样一个统计指数,但仅仅以抽样考察结合访谈的方式辅证结果。

(四)研究分析模型的确立

R区行政诉讼率30年的变化,实际反映了自上而下的行政诉讼制度在基层实践的发展势态。在地域不变的观察视角下,随着30年时间的推移,诉讼率的高低变化记录了三条研究主线的变迁痕迹:第一条,从行政起诉量的变化可以追寻公民诉讼认知和诉权行使的变化痕迹;第二条,从诉讼类型的变化可以发现不同时期行政机关管理重点和执法规范发展的痕迹;第三条,从行政诉讼不同阶段处理的层级变化可以探索法律在基层审判实践中贯彻的力度和效果的演绎痕迹。本研究的分析模型就以这三条主线为依据,在呈现行政诉讼率总体变化后分起诉量变化、类型变化、案件处理的层级变化,分别描述现象和分析影响因素。

---

① 许多学者对此进行过研究,如解志勇《行政诉讼撤诉:问题与对策》,《行政法学研究》2010年第2期;江必新《完善行政诉讼制度的若干思考》,《中国法学》2013年第1期。

第二章　R区行政诉讼率变迁描述

社会的变化总会以一定的方式留下痕迹。R区行政诉讼实践从1987年开始，随着时间的推移经过了30个春秋。这30年中什么改变了，还有什么没有变？以行政诉讼率数据的变化为切入点进行考察，可以重温基层行政审判实践的发展变迁历程，总结基层实践经验，有助于新行政诉讼法在基层实施的顺利开展。本章主要通过数据、案例和访谈内容，从法院内部的视角呈现变迁及进行说明。

一　R区行政诉讼率变化

（一）行政诉讼率数据来源

1. 行政案件数据来源

（1）1987~2015年全国一审行政案件收案及全国年末人口数据来自《2016中国统计年鉴》；由于本研究做出时2017年统计年鉴尚未发布，2016年全国人口数据来自《2016年国民经济和社会发展统计公报》，[1] 2016年全国一审行政案件收案数据来自最高人民法院院长周强在第十二届全国人民代表大会第五次会议上做的《2017年最高人民法院工作报告》。[2]

---

[1] 国家统计局发布《中华人民共和国2016年国民经济和社会发展统计公报》，http://www.stats.gov.cn/tjsj/zxfb/201702/t20170228_1467424.html，2017年6月5日访问。

[2] 2017年3月5日最高人民法院院长周强在第十二届全国人民代表大会第五次会议上做的《2017年最高人民法院工作报告》中提及："加强行政审判和国家赔偿工作。认真贯彻新修改的行政诉讼法，解决'民告官难'问题，各级法院受理一审行政案件24.1万件，审结19.9万件，同比分别上升59.2%和51.8%。依法审理征地、拆迁等案件，回应群众关切，支持、监督行政机关依法行政。各级法院审结国家赔偿案件5439件，决定赔偿金额2.4亿元。"参见 http://yuqing.china.com.cn/cinfo/1782.html，2017年6月5日访问。

（2）1987～1997年S省年末人口数据以及一审行政案件收案数据来自《S省社会发展二十年（1978～1997）》；① 1998～2014年S省年末人口数据及一审行政案件收案数据来自1998～2015年《S省统计年鉴》和1998～2015年《中国法律年鉴》；2015～2016年S省人口数据来自《2016年S省国民经济和社会发展统计公报》②，2015～2016年S省一审行政案件收案数据来自报纸报道《S高院发布2015～2016年行政审判白皮书》。③

（3）T市1987～2014年行政案件数据来自《T市院志1998》《T市社会发展60年》《T市年鉴》，2015～2016年案件来自T市法院立案庭查询；T市1987～2014年人口数据来自《T市社会发展60年》《T市年鉴》《S省统计年鉴》，2015～2016年人口数据来自T市统计局发布的统计公报。

（4）R区1987～2016年行政案件数据来源于R区法院档案查询，并与《T市院志1998》、1999～2015年《R区年鉴》进行核实；R区1987～2014年人口数据来自《T市社会发展60年》、1999～2015年《R区年鉴》，2015～2016年人口数据来自R区统计查询。

2. R区行政案件的计算说明

R区原为县级R市，自新中国成立以来就是地级市T市（原称地区）政府驻地，尽管经历了1993年由国务院批准改T地区为T市，改R市为T市三辖区之一的R区的名称变化，但是其管辖地域并没有变化。因此，该名称的变更并没有增加或者减少该区管辖面积和人口，同时区、市两级行政机关均驻地该区。按照行政诉讼法的管辖规定，R区法院受理案件范围为：

（1）被告为区、市两级政府职能部门的一审行政案件以及2008年以前的以市、区政府为被告的案件；④

---

① S省统计局：《S省社会发展二十年（1978～1997）》，S人民出版社，2000，第376页。
② S省统计局：《2015年S省国民经济和社会发展统计公报》，http://www.sc.stats.gov.cn/sjfb/tjgb/201602/t20160225_201907.html；《2016年S省国民经济和社会发展统计公报》，http://www.sc.stats.gov.cn/sjfb/tjgb/201703/t20170306_230613.html，2017年4月5日访问。
③ "2015年新收一审行政诉讼案件10457件，比2014年的5786件上升了80.73%，2016年新收一审行政诉讼案件8758件，与2015年相比，下降16.25%。"参见鲍安华《S高院发布2015～2016年行政审判白皮书》，《S经济日报》2017年6月6日，第3版。
④ 2008年《最高人民法院关于行政案件管辖若干问题的规定》颁布前，对市级和区县级政府的一审行政案件一般是由基层法院管辖。

（2）被告驻地在R区的其他行政主体，主要是经法律法规授权的（非行政机关）行政主体；

（3）指定管辖的案件，主要是本应由其他区县法院审理的案件由于法定事由经T市中级人民法院或者S省高级法院指定R区法院管辖；

（4）户籍或者居住地在R区的公民被外地行政机关限制人身自由的案件（这类案件极少）。

按照前文，行政诉讼率是一定区域内每年每万人中提起行政案件的数量。那么，R区行政诉讼率就是每年每万人在R区提起诉讼的行政案件数量。而在R区发生的行政案件除了由R区法院管辖的案件，还应该包括由T市中级法院审理的被告为R区政府及市政府的一审案件，以及本该由R区管辖却被指定其他法院管辖的案件。

为了核实这部分案件数量，经查询1987~2014年T市中级人民法院一审案件目录档案得知T市中院28年中只有11年有此类一审案件，共计21件；被指定由R区同级其他法院管辖的R区行政案件只有13件，年均取值为1件；R区法院30年来被指定管辖的发生在R区区域以外的案件有42件，年均取值也为1件，与前者刚好抵消。在2015~2016年由于新行政诉讼法实施，复议维持案件的管辖权转移，许多原来由T市政府和R区政府复议机关维持的案件，依照新法的规定，由复议机关做共同被告市、区政府做被告的案件都由T市中院管辖。原来经过复议也归R区法院管辖的一部分案件，全都转为T市中院管辖。

经查询，在2015年、2016年T市中院收到的一审起诉案件中，原来归R区法院管辖的被告为R区政府、T市政府复议维持的行政案件数量分别为21件、28件。这两个数据相对两年人口分别都是67万的情况下，都未超过每万人中提出0.5件的起诉比例，同时考虑到与前28年观察点和取样地保持一致的统计方法，没有将其加入2015年、2016年R区行政收案的统计数据中，但是在提到该年份的起诉量情况时会予以说明。因此在计算R区行政诉讼率的收案数据时仅以R区法院收案数据作为主要统计数据。

另外，该法院30年来受理的国家赔偿案件中只有3件涉及行政赔偿，并且已有相应一审案件立案，不重复计算；30年来的再审行政案件只有5件，判决结果都是维持原判，并在该院中有一审立案，没有重复纳入统计数据；非诉审查与执行的行政案件主要出现在2010年以后，多涉及相应一审立案，基于本研究对于行政诉讼率的界定，统计数据也不包括该类案件，仅以 R 区法院一审行政诉讼收案数据为原始数据。

（二）R 区行政诉讼率的样本典型意义

1. R 区的地域样本抽样意义

截至 2015 年底，R 区所在的 T 市管辖 9 个县级行政区域、3 个市辖区，S 省有 183 个县级行政区域、52 个市辖区，全国有 2850 个县级行政区域、921 个市辖区。[①] 从县级行政区域数量来说，R 区是 T 市的 1/12（约 8.33%），是 S 省的 1/235（约 0.43%），是全国的 1/3770（约 0.03%）。R 区的行政地域的抽样占比是否与其行政案件的数量抽样占比一致，还需要进行下一步统计。

2. R 区法院案件数量的统计抽样意义

要了解 R 区法院处理行政争议的情况，首先可以从法院的诉讼案件数据变化着手进行直观考察。自 1987 年受理行政诉讼案件以来，每年收案从几件到十几件，几十件再到上百件，截至 2016 年，R 区法院共收案近 1477 件，年均 49.23 件。选取 R 区作为样本，显然并非只想局限于该区域研究，更希望能将其延伸到更广的领域进行比照和演绎推理，那么 R 区的行政案件数量具有怎样的样本数量抽样意义，需要将 R 区的数据与 T 市、S 省及全国同期行政案件数量进行比对才能更好地进行说明。通过表 2-1 可知，对 1987~2016 年 R 区的案件进行研究，相当于每年分别从 T 市、S 省、全国的一审行政案件收案数中抽取了相应比例样本进行考察。

依表 2-1 的数据计算可知，这 30 年以来，R 区行政案件收案总数分别占 T 市、S 省及全国的 17.57%、1.50%、0.06%，显然比其在行政区域数量抽样的占比都高出 2 倍以上，这是否说明 R 区行政诉讼案件数量在全国县级行政区域中就是偏高的样本呢？从理论角度看，人口越多提起诉讼的可能性越大，因此要考虑人口因素的影响，需将 R 区的人口分别与 T 市、S 省及全国进行对比才能排除，见表 2-2。

[①] 数据来源于中华人民共和国国家统计局数据查询，http://data.stats.gov.cn/easyquery.htm?cn=C01&zb=A0101&sj=2015，2016 年 1 月 20 日访问。

表2-1　1987~2016年R区、T市、S省、全国一审行政收案统计

单位：件，%

年度	R区收案数	T市收案数	R区占T市百分比	S省收案数	R区占S省百分比	全国收案数	R区占全国百分比
1987	4	24	16.67	262	1.53	5940	0.07
1988	3	28	10.71	375	0.80	8573	0.03
1989	2	23	8.70	483	0.41	9934	0.02
1990	8	62	12.90	566	1.41	13006	0.06
1991	6	84	7.14	1218	0.49	25667	0.02
1992	10	72	13.89	1380	0.72	27125	0.04
1993	10	94	10.64	1232	0.81	27911	0.04
1994	14	70	20.00	1286	1.09	35083	0.04
1995	18	146	12.33	2138	0.84	52596	0.03
1996	16	164	9.76	2018	0.79	79966	0.02
1997	13	218	5.96	2656	0.49	90557	0.01
1998	11	201	5.47	2973	0.37	98350	0.01
1999	16	235	6.81	3140	0.51	97569	0.02
2000	16	186	8.60	3357	0.48	85760	0.02
2001	34	237	14.35	3875	0.88	100921	0.03
2002	36	305	11.80	2697	1.33	80728	0.04
2003	21	93	22.58	3219	0.65	87919	0.02
2004	56	435	12.87	4245	1.32	92613	0.06
2005	30	246	12.20	4213	0.71	96178	0.03
2006	106	242	43.80	3506	3.02	95617	0.11
2007	36	193	18.65	3545	1.02	101510	0.04
2008	33	130	25.38	5602	0.59	108398	0.03
2009	27	191	14.14	3871	0.70	120312	0.02
2010	41	277	14.80	3461	1.18	129133	0.03
2011	132	927	14.24	4083	3.23	136353	0.10
2012	311	834	37.29	3997	7.78	129583	0.24
2013	75	849	8.83	4343	1.73	123194	0.06
2014	106	560	18.93	5786	1.83	141880	0.07
2015	168	776	21.65	10457	1.54	220398	0.08
2016	118	505	23.37	8758	1.35	241000	0.05
合计	1477	8407	17.57	98742	1.50	2663774	0.06

表2-2 1987~2016年R区、T市、S省及全国人口

单位：万人，%

年度	R区人口	T市人口	R区占T市百分比	S省人口	R区占S省百分比	全国人口	R区占全国百分比
1987	42	646	6.57	7563	0.56	109300	0.04
1988	43	646	6.72	7665	0.57	111026	0.04
1989	45	645	6.90	7760	0.57	112704	0.04
1990	46	687	6.64	7848	0.58	114333	0.04
1991	47	691	6.78	7920	0.59	115823	0.04
1992	48	694	6.92	7970	0.60	117171	0.04
1993	49	696	7.07	8015	0.61	118517	0.04
1994	50	699	7.21	8068	0.62	119850	0.04
1995	51	704	7.26	8130	0.63	121121	0.04
1996	54	706	7.60	8188	0.65	122389	0.04
1997	54	708	7.68	8240	0.66	123626	0.04
1998	55	709	7.75	8316	0.66	124761	0.04
1999	56	710	7.84	8359	0.67	125786	0.04
2000	56	709	7.90	8408	0.67	126743	0.04
2001	57	710	7.99	8437	0.67	127627	0.04
2002	58	714	8.09	8475	0.68	128453	0.05
2003	59	718	8.24	8529	0.69	129227	0.05
2004	61	725	8.38	8595	0.71	129988	0.05
2005	62	729	8.48	8642	0.71	130756	0.05
2006	62	734	8.51	8723	0.72	131448	0.05
2007	63	742	8.47	8815	0.71	132129	0.05
2008	63	749	8.47	8908	0.71	132802	0.05
2009	64	754	8.44	8985	0.71	133450	0.05
2010	64	752	8.51	9001	0.71	134091	0.05
2011	64	756	8.48	9058	0.71	134735	0.05
2012	64	760	8.49	9097	0.71	135404	0.05
2013	65	759	8.54	9133	0.71	136072	0.05
2014	66	759	8.70	9159	0.72	136782	0.05
2015	67	742	9.03	8204	0.82	137462	0.05
2016	67	741	9.04	8262	0.81	138271	0.05
合计	1702	21494		252473		3791847	

依表 2-2 数据计算可知，30 年以来 R 区年均人口总数分别占 T 市、S 省及全国的 7.91%、0.67%、0.4%，与其行政区域抽样占比和行政案件数量占比都有差距。为贴切地进行样本抽样意义的统计，采用每年每万人口中提出案件数量，即行政诉讼率的统计方法会显得更加直观，如表 2-3 所示。

表 2-3 1987~2016 年 R 区、T 市、S 省及全国行政诉讼率对比

单位：件/万人

年度	R 区	T 市	S 省	全国
1987	0.09	0.04	0.03	0.05
1988	0.07	0.04	0.05	0.08
1989	0.04	0.04	0.06	0.09
1990	0.18	0.09	0.07	0.11
1991	0.13	0.12	0.15	0.22
1992	0.21	0.10	0.17	0.23
1993	0.20	0.14	0.15	0.24
1994	0.28	0.10	0.16	0.29
1995	0.35	0.21	0.26	0.43
1996	0.30	0.23	0.25	0.65
1997	0.24	0.31	0.32	0.73
1998	0.20	0.28	0.36	0.79
1999	0.29	0.33	0.38	0.78
2000	0.29	0.26	0.40	0.68
2001	0.60	0.33	0.46	0.79
2002	0.62	0.43	0.32	0.63
2003	0.36	0.13	0.38	0.68
2004	0.92	0.60	0.49	0.71
2005	0.49	0.34	0.49	0.74
2006	1.70	0.33	0.40	0.73
2007	0.57	0.26	0.40	0.77
2008	0.52	0.17	0.63	0.82
2009	0.42	0.25	0.43	0.90
2010	0.64	0.37	0.38	0.96
2011	2.06	1.23	0.45	1.01
2012	4.82	1.10	0.44	0.96
2013	1.16	1.12	0.48	0.91
2014	1.61	0.81	0.63	1.04
2015	2.51	0.74	1.27	1.60
2016	1.76	0.68	1.06	1.74
年均	0.79	0.37	0.33	0.68

从表2-3中可以看出，R区法院1987~2016年每万人年均行政案件起诉量（0.79）明显高于T市（0.37）、S省（0.33），略高于全国平均水平（0.68），可以作为一个考察的样本尝试"管中窥豹"，同时也代表了T市和S省行政案件偏高地方的水平。

（三）R区行政诉讼率变化特征

R区行政诉讼率的变化与全国相比，有共性也有其特性，下文将在两者对比的基础上描述R区行政诉讼率的特征。

1. 徘徊在1以下年限较长

（1）徘徊期限少于全国

为了方便直观进行描述，将R区1987~2016年行政诉讼诉讼率单独用线性图与全国数值进行对比。从图2-1中明显看出：全国行政诉讼率30年中一直平稳上升，到了近3年才明显高于1，前27年基本徘徊在1以下；R区行政诉讼率近6年才明显高于1，前24年除2006年外有23年徘徊在1以下，R区徘徊在1以下的期限比全国少4年。

（2）徘徊走势分段

2010年（含）以前，除去2004年、2006年突增以外，共计22年。每年每万人中提起行政诉讼案件都徘徊在0.04~0.64，低于30年以来每年每万人中提起行政诉讼案件0.78件的平均数。该徘徊期间可以分成三个阶段：第一个阶段是1987~1989年共3年，每年每万人中提起行政诉讼案件在0.1件以下；第二个阶段是1990~2000年共11年，每年每万人中提起行政诉讼案件在0.35（含）件以下，其中最高的1995年才0.35件；第三个阶段是2001~2010年共10年，除去2004年0.92接近1以及2006年突破达1.7以外，每年每万人中提起行政诉讼案件量在0.36~0.64（含）徘徊。

（3）徘徊后波动增长

2010年以后，R区行政诉讼率明显高于全国均值，并且在出现了2012年的4.82和2015年的2.51两次波峰后，于2016年回落到与全国均值相当的水平。

2. 总体呈现增长趋势

1987~2016年，R区的人口持续增长，但是行政诉讼案件的数量并没有随着人口的持续增长而逐年增多，尽管如此，R区这30年来的行政诉讼率总

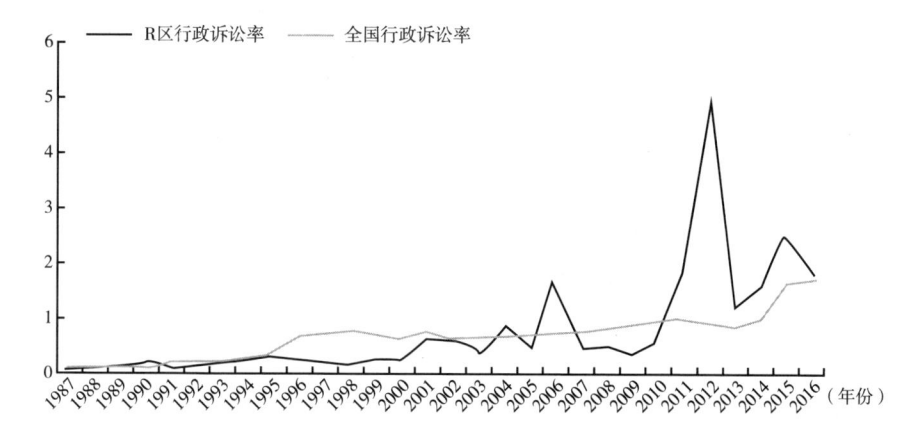

图 2-1 1987~2016 年 R 区与全国行政诉讼率对比

体上呈现增长趋势，观测表 2-4，可知其总体增长趋势有如下特征。

（1）年均增幅高于全国水平

30 年中 R 区行政诉讼率尽管有 14 年是负增长，但因有 16 年涨幅的数值较大（尤其是 1990、2006、2011 年 3 年呈 2 倍以上增长），30 年来的年均涨幅为 37%，高于全国年均 15% 的增幅。

表 2-4 1987~2016 年 R 区与全国每万人中案件的量及行政诉讼率逐年增幅对比

单位：件，%

年度	R 区每万人中案件	R 区增幅	全国每万人中案件	全国增幅
1987	0.09	0	0.05	0
1988	0.07	-22	0.08	60
1989	0.04	-43	0.09	13
1990	0.18	350	0.11	22
1991	0.13	-28	0.22	100
1992	0.21	62	0.23	5
1993	0.2	-5	0.24	4
1994	0.28	40	0.29	21
1995	0.35	25	0.43	48
1996	0.3	-14	0.65	51
1997	0.24	-20	0.73	12
1998	0.2	-17	0.79	8
1999	0.29	45	0.78	-1
2000	0.29	0	0.68	-13
2001	0.6	107	0.79	14

徘徊的困惑：R区行政诉讼率变迁研究（1987~2016）

续表

年度	R区每万人中案件	R区增幅	全国每万人中案件	全国增幅
2002	0.62	3	0.63	-20
2003	0.36	-42	0.68	8
2004	0.92	175	0.71	4
2005	0.49	-47	0.74	4
2006	1.7	247	0.73	-1
2007	0.57	-66	0.77	5
2008	0.52	-9	0.82	6
2009	0.42	-19	0.90	10
2010	0.64	52	0.96	7
2011	2.06	222	1.01	5
2012	4.82	134	0.96	-5
2013	1.16	-76	0.91	-5
2014	1.61	39	1.04	14
2015	2.51	56	1.60	54
2016	1.76	-30	1.74	9
年均	0.79	37	0.68	15

2. 逐年增幅波动较多

纵观图2-2，可见R区行政诉讼率没有出现全国曾经平稳增长的情况，30年中出现了11次高于或等于50%的增长峰值，8次低于或等于-20%的波底值，逐年增幅值波动较多。

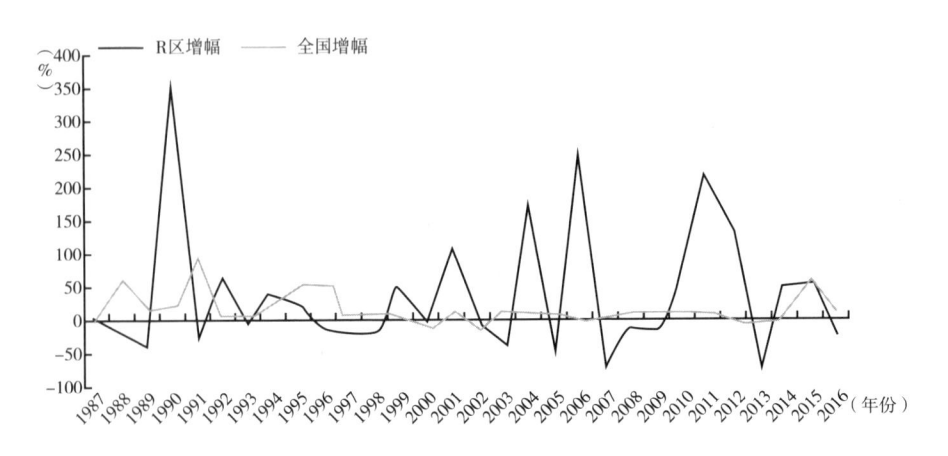

图2-2 1987~2016年R区与全国行政诉讼率逐年增幅对比

（3）增幅高低值相差较大

增幅最低为 2013 年的 -76%，与最高的 1990 年的 350% 相差 426 个百分点，相近两年增幅差值在 150% 以上的有 8 次，增幅高低值相差较大。

3. 波动峰值相差大

依照图 2-1，2000 年以前变化较平缓，波动不大，2001~2016 年有 7 年行政诉讼率高于 1，由此也出现了 5 次波动，分别在 2002 年、2004 年、2006 年、2012 年、2015 年出现增长的波动峰值，尤其是 2012 年达到了 30 年中最高点即每万人中提起行政诉讼的案件达 4.82 件。每次波动后均有回落，由于前两次波动峰值未超过 1 因此波动落差不大，而后三次尤其是 2012 年峰值回落远高于 1 而相对较大。

从上述变化的描述中可以总结出 R 区行政诉讼率总体呈现增长趋势，但是在长期徘徊后才出现波动增长，为什么会出现这样的现象，需要进一步进行特征解析后才能做出解答。

二 R 区行政案件起诉量变化

在行政诉讼率中排除了人口增长的影响后，直接与行政诉讼率增量相关的就是起诉案件的数量变化。

（一）R 区行政起诉量研究意义

1. R 区样本的代表意义

1987~2016 年 R 区行政案件的起诉量发生了较大的变化，这变化与全国情况相比有何异同？由于成文时，全国 2016 年一审案件收案数尚没有公布，将 1987~2015 年 R 区与全国行政案件在一审收案占比进行对比（如表 2-5 所示），发现除个别年份外，R 区的数据与全国相差较小，进一步显示了 R 区与全国情况的共性，具有一定个案推演的普遍样本代表意义。

进一步形象对比两者差异，如图 2-3 所示，除了出现两个较短的波动外，R 区行政起诉量在一审收案中的占比的趋势基本与全国走向相同。R 区有近 17 年略低于全国数据，有 12 年的数据高于全国数据。虽然 R 区的走势与全国基本相同，但也有一定差异。这说明 R 区数据也有自己的个案特殊性。

表 2-5 1987~2015 年 R 区与全国行政案件在一审收案中的占比

单位：件，%

年度	全国一审收案总数	全国行政收案数	全国行政案件占一审收案比例	R 区一审收案总数	R 区行政收案数	R 区行政案件占一审收案比例
1987	1875229	5940	0.32	1481	4	0.27
1988	2290624	8573	0.37	909	3	0.33
1989	2913515	9934	0.34	690	2	0.29
1990	2916774	13006	0.45	2051	8	0.39
1991	2901685	25667	0.88	706	6	0.85
1992	3051157	27125	0.89	1163	10	0.86
1993	3414845	27911	0.82	1250	10	0.80
1994	3955475	35083	0.89	1628	14	0.86
1995	4545676	52596	1.16	1579	18	1.14
1996	5312580	79966	1.51	1119	16	1.43
1997	5288379	90557	1.71	793	13	1.64
1998	5410798	98350	1.82	629	11	1.75
1999	5692434	97569	1.71	982	16	1.63
2000	5356294	85760	1.60	1013	16	1.58
2001	5344934	100921	1.89	1780	34	1.91
2002	5132199	80728	1.57	1989	36	1.81
2003	5130760	87919	1.71	1207	21	1.74
2004	5072881	92613	1.83	3043	56	1.84
2005	5161170	96178	1.86	1596	30	1.88
2006	5183794	95617	1.84	4862	106	2.18
2007	5550062	101510	1.83	2011	36	1.79
2008	6288831	108398	1.72	1908	33	1.73
2009	6688963	120312	1.80	1492	27	1.81
2010	6999350	129133	1.84	2253	41	1.82
2011	7596116	136353	1.80	6226	132	2.12
2012	8442657	129583	1.53	6957	311	4.47
2013	8876733	123194	1.39	5319	75	1.41
2014	9489787	141880	1.50	7162	106	1.48
2015	11444950	220398	1.93	8889	168	1.89

图 2－3　1987～2015 年 R 区与全国行政案件占一审收案比例对比

2. R 区行政案件起诉量直接影响行政诉讼率

将 1987～2016 年 R 区法院每年收到的行政诉讼起诉案件数量的变化制成曲线图（见图 2－4），发现其曲线形状与行政诉讼率的曲线走势相同。由此可见，该区人口虽然从 1987 年的 42 万逐年增加到 2016 年的 67 万，但人口的增长并没有直接带来行政诉讼率的明显增长，而在很大程度上由行政诉讼的起诉量直接决定着诉讼率的变化。

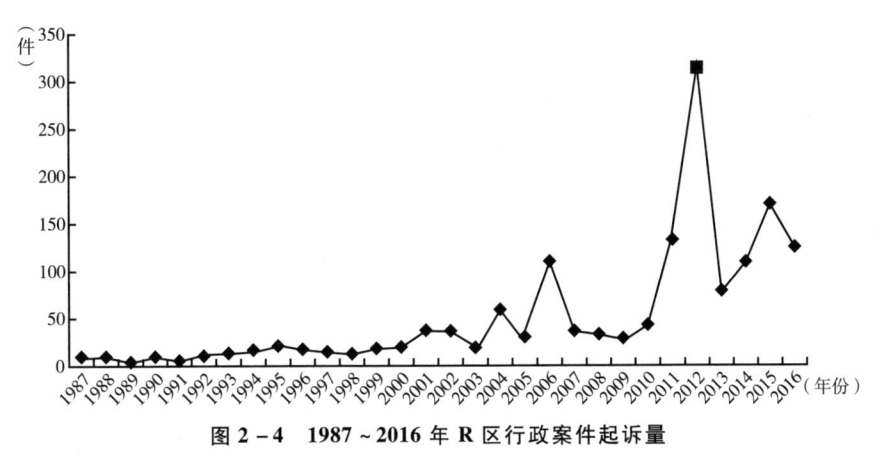

图 2－4　1987～2016 年 R 区行政案件起诉量

（二）R 区行政案件起诉量的趋势变化特征

1. 徘徊中增长

案件起诉量从 1987 年 4 件增加到 2016 年 118 件的过程中，前 14 年连续徘徊在每年20件以下，接着有7年是每年在20~40件徘徊，3年在41~75件徘徊，超过100件的有6年。总体看来在徘徊中增长，尤其是2010~2012年、2013~2015年增长明显。

2. 出现波动

30年中出现了5次波动，分别在2002年、2004年、2006年、2012年、2015年出现了增长波动峰点，尤其是2012年达到了30年中最高点，即311件。每次波动后均有回落，由于前两次波动峰点值较小因此波动落差不大，而后三次尤其是2012年峰点值较高因此回落相对较大。

3. 年起诉量高低差距大

30年中R区行政案件起诉量最高的是2012年，达到311件，最低的是1988年，只有3件，两者相差超过100倍；最终2016年的118件与最初1987年的4件相比，两者相差近29倍。

（三）不同期间R区行政案件起诉量的变化及其解释

从逐年增幅看不出阶段性的明显特征，需要分阶段进行考察。为了考察不同法律实施对R区行政案件起诉量的影响，将该区案件按照三部诉讼法实施期限分阶段汇总，进行数据呈现和说明。

如表2-6所示，第一阶段为1987~1989年，按照民事诉讼法规定受理行政案件，该区法院总共收到起诉案件9件，年均只有3件；第二阶段为1990~2014年，2014年为行政诉讼法自1990年实施以来的第25年，在此期间，总共收到起诉案件1184件，年均47件，是第一阶段年均值的近16倍（虽然2014年行政诉讼法的修正案是2015年5月1日正式生效实施，但由于R区法院早在修正案正式公布后就已经开始进行立案登记，本研究将2015年整年划入第三阶段）；第三阶段为2015~2016年，修正案正式实施两年来，总共收到起诉案件290件，年均145件，是第二阶段的3倍多。整体来看，R区行政案件年起诉量从4件增至145件，增幅为35倍之多。

1. 从无到有：1987~1989年R区行政诉讼量及其访谈说明

（1）1987年R区行政诉讼的开启

①R区行政审判庭的筹建

1982年民事诉讼法草案颁布后，在附则中提出不服行政机关具体行政行

表2-6 1987~2016年三部诉讼法实施期间R区行政案件起诉情况及增幅

单位：件，%

年度	起诉总量	年均数量（取整）	增幅
1987~1989	9	3	0
1990~2014	1184	47	1467
2015~2016	290	145	2086

注：2014年行政诉讼法于2015年5月1日正式实施，但是R区法院实际已经在2014年底就开始试行立案登记，因此2015年度的案件是以立案号登记为2015年的总数进行计算。

为的可以参照民事诉讼程序，提起行政诉讼。自1983年起，全国有个别法院开始了使用民事诉讼程序审理行政案件的尝试。到1986年行政类案件逐渐多起来，最高人民法院发文全国基层法院可以按照民事诉讼程序收案并进行立案审理，但是要单独编号，并通告全国有条件的基层法院均可以筹建行政审判庭。S省高院在1986年初就向辖区法院发文要求筹建行政审判庭。T市中院接到发文后于当年6月召开会议要求辖区9个基层法院调整编制，购置物资，筹建行政审判庭。由于从来没有涉及行政案件的审理，R区法院领导非常慎重，由当年7月委任的当时在法院一线办案人员中唯一有西南政法大学本科正式学历的林庭长着手筹建行政审判庭。1986年12月行政庭筹建完毕后，R区法院委任林庭长、时任副院长的龚某及民庭助理审判员蒋某组成合议庭，负责案件的审理。实际也就只有林庭长一人审理案件，书记员也是由民庭的李某（后为该庭第四任庭长）兼任。

②R区行政诉讼第一案

据林庭长回忆，他在民庭任职时，R区也有过个别人员询问与政府或者政府部门之间的争议的处理，尤其是计划生育处罚以及强制类的案件能否由法院进行受理。由于当时没有上级直接的立案依据，立案庭的回复一般都是无法立案。询问人员通常没有正式提起诉讼，法院也不会有专门收案的记录，但是在来访登记中会将询问并予以记载并向当事人进行说明。很遗憾的是，在调研过程中没有查阅到1986年及以前的来访记录，本研究的起点年份也就定格在1987年。

当有人状告R区内政府及其部门时，不管是民事还是行政，立案庭工作人员都会转交行政庭进行处理。由于行政庭是新成立，领导也都希望能受理较多的案件做出业绩，所以当时凡是写了起诉状甚至是口头起诉到法院的案件，立案庭采取的方法都是先立案。林庭长提到在他任期的三年里，没有出现过起诉到法院，法院既不接受也不记录的情况，只要是沾边的就会先立案，甚至可能严格分析不属于行政纠纷的案件也由行政庭进行处理。比如为了突破从无到有的纪录，1987年受理的第一起纠纷，实际主要是医患纠纷，涉及行政法律的行为只有医院保安协助派出所将患者家属强制带离现场的行为。在R区档案室查阅的案号为R法（1987）法行字第1号的案件简单介绍如下。

案例一：病人家属诉派出所及医院治安案件

　　1987年2月5日某产妇入国营医院产子，但是出现了胎儿死亡的情况。家属一行5人认为医院产护人员失职，围攻医生讨说法；而医院认为医护人员没有责任而是家属闹事，报警后先赶到现场的只有一位派出所民警，制止不了5人。为防止事态闹大，院方负责管理治安的领导令保安协助警察，强制将家属带离现场并隔离在某办公室。家属5人不服，于1987年2月18日将管辖派出所的R区公安分局作为被告、医院作为第三人起诉到了法院。1987年2月26日法院按照行政案件进行了审理，并于当天做出了（1987）法行字第1号的维持判决书。

林庭长回忆说，这个案件按照民事案件还是行政案件立案，当时是有争议的。因为该案实质是医患纠纷，但当时家属坚持写行政起诉状，被告列的是派出所和医院。虽然当时医院是国营，但也不是行政主体，而派出所也不是涉及人身自由处罚权的适格主体。林庭长收到立案庭转送的诉状后，很快就向原告了解情况，通过询问得知原告就是觉得当时丧子还被保安和警察隔离"咽不下这口气"，要让警察和医院做回被告"丢丢脸"。林庭长补充解释说当时R区居民对于诉讼的直观认知主要来自刑事审判，而刑事审判的被告都是犯罪分子，被民众所唾弃，因此人们一听说谁做了诉讼的被告，那作为被告的人就应该感到羞耻，被人嘲笑。原告正是基于此种认知，坚决要告医院以让其名声不好从而"扳回面子"。

鉴于在当时的情况下，医院为国营单位，多有患者认为其服务态度不好，也难得有这样一起涉及治安的案件被正式起诉到法院，林庭长告知原告要变更R区公安分局作为被告，医院作为第三人才能作为行政诉讼进行立案。原告接受了建议重新提交了诉状,才有了按照行政案件进行立案的第一案。

传票送达给 R 区公安分局时,该局对 R 区法院以及林庭长都非常不满,派了干警分别找 R 区院长和林庭长,表示公安机关不能第一个做行政被告,要求维护公安机关形象和权威,撤销立案。林庭长亲自到该局主管副局长办公室说明法律关系,讲解诉讼当事人相关法律知识,说明 1983 年后全国其他地区已经出现了很多公安机关做被告的案件,参加诉讼是进行法律宣传。该局才同意派办公室干警应诉,这才有了后续审判工作的开展。

(2) 1987~1989 年行政诉讼的特点

第一,案件数量少。

1987~1989 年 R 区行政诉讼数量极少,总共才 9 件,但从 3 年的年均诉讼率看起来都高于全国。20 世纪 80 年代末,R 区虽然已经是 S 省东北核心经济区,工业尤其以石油、纺织等为主,农业产品以果蔬尤其是广柑为主,历史上曾以丝绸和水果闻名,而 80 年代末曾经有某品牌的羽绒服闻名全国。当时的产业结构支撑为农业、纺织、石油加工,行政主体对其管理工作的重视体现在许多行政活动中。从理论上来讲,活动越多,与行政相对人发生关联的可能性就越大,产生纠纷甚至诉讼的可能性越大。但是 1987~1989 年 3 年的 9 件行政诉讼都未涉及该行业行政管理。在从无到有探索行政案件审理实践之初,行政案件的起诉量是非常稀缺的。

第二,治安案件为主。

1987~1989 年是依据民事诉讼法和个别行政实体法尤其是《中华人民共和国治安管理处罚条例》受理案件。尽管最高人民法院早于 1986 年 10 月已经下发《人民法院审理治安行政案件具体应用法律的若干问题的暂行规定》到各基层法院,在 1988 年 S 省高级人民法院也转发了最高人民法院发文,告知基层法院可以受理法律、行政法规和地方性法规规定的向法院起诉的行政案件,地方政府决定可以通过诉讼解决的案件,人民法院也应该受理。[①] 但当时诉讼知识在社会的普及度极低,连法院的审判人员对行政管理行为和行政诉讼行为的认知都亟待提升。

---

① 参见《中华人民共和国最高人民法院关于地方政府规定可向人民法院起诉的行政案件法院应否受理问题的批复》,法(研)复〔1987〕40 号。

林庭长认为，在当时的制度限制了诉讼范围的情况下，R 区法院受理行政案件时非常慎重。与全国的趋势保持一致，以有明确判断法律依据和立案依据的治安案件为主，3 年内收到的 9 件起诉案件中有 6 起治安案件，占比为 67%，另外，两起拆迁案件在收了起诉状后裁定不予受理，还有 1 起不服计量管理的案件，收了起诉状后，因原告拒绝交诉讼费用而视为撤诉。

（3）1987~1989 年行政起诉原告的特点

在行政诉讼法没有颁布施行前，在没有明确依据可以判定是否能起诉的制度环境下，民众"怕官""不知告"，难有提起行政诉讼的理念和到法院告官的实践认知。林庭长及后来受访的曾以公职律师身份代理过该区行政第一案的律师蒲某都提到，在当时会提起诉讼的原告一般是有知识对国家政策能看懂的"文化"人，还可能是在当时人际圈里"混得不好""说不起话"的个别"有胆量"的人。

通过查阅卷宗资料发现除前述 1987 年第一个案件外，其余 8 个案件原告的共同特点是文化水平在初中以上且都聘请了公职律师做代理人。对此，林庭长补充提及 20 世纪 80 年代末 R 区的民众将能识字的人均称为"老师"，原告受教育程度为初中及以上已经非常"有文化"了，但对于"是否在人际圈里说不起话"，在诉讼材料中找不到直接证据，只是发现起诉状里都有"不得已起诉"的表达，可能也是一种旁证。也正是由于这些所谓"人际关系不好""有文化知国家政策"的原告，做出了"有胆量"的诉讼实践尝试，使得 R 区行政诉讼从无到有，开启了 R 区通过行政审判程序解决行政争议的实践。

2. 徘徊上升：1990~2014 年行政诉讼量及其访谈说明

（1）数据的总体描述

1989 年行政诉讼法的颁布被学界公认为行政法与行政诉讼法独立的标志。该法尽管在 1990 年 10 月 1 日才生效实施，但当年到 R 区法院起诉的行政案件数量突升至 8 件，比起 1989 年的 2 件增长了 3 倍，是 30 年中起诉量增幅最大的一年。

在 1990~2014 年行政诉讼法实施的 25 年中，R 区的行政诉讼案件年起诉量由最低的 8 件增至最高的 311 件。图 2-4 起诉量的曲线看，可以划分为四个阶段：第一个阶段是在 1990~1999 年共 10 年，案件年起诉量没有超过 20，并出现了或增或减的徘徊缓增；第二个阶段是 2000~2006 年的 6 年，出现了两个增幅小高峰,年起诉量从16件增至2006年的106件,增幅非常明显;第三个阶段是2007~2012年的6年,年起诉量增至2012年的311件,增幅巨大;第四个阶段是2013~2014年,年起诉量出现大幅回落后又继续大幅增长。

总体来看,这25年期间虽然年起诉量出现反复徘徊,但总体上在不断上升,以5年为计量单位进行统计对比,由表2-7可以明显看出无论是案件的总量还是年均起诉量都是一直在大幅增加,截至2014年末,年均起诉量已经超过了1994年以前年均起诉量的13倍。

表2-7 1990~2014年R区法院行政诉讼起诉案件每五年增量统计

单位:件,%

年度	起诉总量	增幅	年均数量	增幅
1990~1994	48	0	10	0
1995~1999	74	54	15	50
2000~2004	163	120	33	120
2005~2009	232	44	47	42
2010~2014	665	184	133	183

(2) R区行政审判庭的发展

随着1989年行政诉讼法的实施,R区法院也在1990年正式为行政审判设立了单独的办公室,并由庭长和两位助理审判人员以及一名专职书记员组成独立合议庭。1990年该法院更换领导后,对法院的中层干部进行了调整。第一任林庭长转任执行庭庭长,原来民庭的副庭长王某被提拔为第二任行政庭庭长(1990~1995),其后又分别有第三任庭长胡某(1996~1999)和第四任庭长李某(2000~2014)、第五任陈某(2015年至今)。由于2015年初进行访谈时,胡庭长已随子女生活在外地,没有能对胡庭长进行访谈。但是在胡庭长任期内,李庭长已经在行政审判庭由最初第一任林庭长在任时的书记员转岗,历经助理审判员、审判员,所以在1990~2014年诉讼量说明的访谈中,以王庭长与李庭长的访谈为主。下文将以数据情况为主结合访谈内容进行阐述。

(3) 1990~2014年起诉量的特点

①1990~1999年徘徊期的情况

1990年行政诉讼法实施,R区法院在前3年工作尝试的基础上,开始

徘徊的困惑：R 区行政诉讼率变迁研究（1987~2016）

积极实践行政诉讼法，虽然没有像媒体和理论界预期的那样剧增，但是该年有 8 件行政争议当事人将案件起诉到了法院，比 1989 年多出了 6 件，但随后并没有像全国的情况一样保持每年增长。在此期间该区年起诉量在 6~18 件徘徊，年均 12 件，还出现过 5 年负增长的情况。这 10 年间该区行政起诉量出现的这种徘徊现象，与全国诉讼量的徘徊趋势相同，反映了 20 世纪 90 年代同其他许多区域相似的原告、被告、审判三方对诉讼的认知情况。

第一，R 区百姓不愿告。行政纠纷的发生在于政府及其部门执法的权威度，其行政行为能够让行政相对人服从，则纠纷发生数量少，起诉量也少。在 20 世纪 90 年代初，R 区行政主体主要是政府及其部门，在当时还是人情味很浓的社会中，政府的权威极高，控制力很强，行政相对人在理念上是绝对服从，很少会想着跟政府及其部门打官司，甚至是想都不敢想。尤其是在 90 年代初政府的活动主要是抓农业，而农民是最老实也是最容易服从且不质疑行政权力的。从 1990~1999 年起诉的 122 起案件来看，提起诉讼的原告住在农村的只有 5 起，占 4%，而据统计资料当时该区人口中农村人口占 52%~57%。[①]

从当时社会风俗来看，即使行政诉讼法颁布实施，民众也还是崇尚"人情"联结，谈关系解决问题。这"关系"并非是找关系枉法，而是解决争议的时候多从考虑维护争议方以及相关主体往后的关系角度出发。民众就算与行政机关发生了争议，也会考虑到以后仍会与行政机关打"交道"而选择找熟人说情，而当时的许多基层行政机关的公务员也亲民，了解社情民意，也会考虑人情，在坚持行政机关绝对权威下，听熟人的撮合意见，协商问题的解决。在这种机制运行还有效并且"谁都不得罪"的道义优势取向下，百姓尤其是行政相对人都不情愿选择对立式的诉讼审判解决问题，把"关系闹僵""面子撕破"。

R 区法院第二任庭长王某对此解释：从案件起诉数量来看，当时只有较少的民众选择诉讼来解决行政争议，其他人都在对行政诉讼进行"观望"，换句话来说就是民众对行政诉讼的知识了解不够，诉讼意愿并不强烈。王庭长

---

① 数据来源于 2000 年 R 区统计年鉴。

回忆说，1989年行政诉讼法颁布后，国家通知要做好宣传普法工作，T市政府将1990年9月定为该法的宣传月。R区法院工作人员连续两年采取的宣传方式都是整理出法律条文油印成宣传单，拿着高音喇叭到街头、菜市场、居民区以及乡坝读条文宣传。不少人都来看热闹，抢宣传单，拿了以后看也不看就包东西了；也有人跑来质问："你们是法官，他们（行政机关）也还是县级官，官官相护，我们还给钱（诉讼费），骗哪个？"还有人说："找你法官做什么，那么远花时间费钱不说，得罪了上头哪个敢？还不如找组长、村主任、村支书做主，去说情，还要撤脱，还有退路。"

王庭长提及此时，仍能原汁原味复述当时的情形，他说当时的直观感受就是民众好拿人情说事，还没有意识到拿法律去规范（行政）行为，用诉讼解决争议。到1991年诉讼案件起诉量才6件，而这都还是很多托"熟人"帮忙才得到的起诉效果。为了打破这种局限，他在1992年12月递交行政审判工作总结的时候，一并给院长写了一份报告，要求法院多走出去，起码让民众知道可以"告官"，愿意来起诉。经王庭长提示，在R区法院档案室行政庭总结文件中还找到了这份报告，部分内容如下：

档案记录一：R区法院王庭长呈报的法制宣传报告摘录

有行政管理就有行政争议，行政争议本身是一种客观存在人民内部的矛盾，行政诉讼的审判为矛盾的解决打开了一条"疏浚"的口子。R区有多少人认识到了诉讼的这个作用？首先要解决有多少人知道这种制度的问题。R区40多万百姓大约70%是小学以下文化水平，60%人口在农村。行政诉讼法颁布后，这些人中有多少人可以知道这部法律，又有多少能看到条文将法律条文的字认完？百姓不知法，不懂法，怎么会知道起诉？提请领导考虑组织干警搜集整理诉讼法律资料，走出法院到百姓中去讲解法律。仅仅是高音喇叭宣读，效果并不是很好，最好联合社区、乡镇村委以百姓可以接受的其他方式向他们讲法律，讲起诉常识，解决"不知道可以告、不敢告、不会告"的问题，这样才有更多人来起诉。起诉案件多了，才能落实国家法律和政策，打开行政审判工作的局面。

由此可见，当时王庭长认为当地民众缺乏行政诉讼法知识，希望法院送法到民，让民众知道行政诉讼。从报告最后的批注来看，当时的主管副院长龚某采纳了该份报告的建议，并添注："更要采取方式走到行政机关中去宣传，让机关人员知道行政诉讼也是支持他们依法行政、教育行政相对人服从行政管理的道理，消除当被告的顾虑。"这引出了当时行政机关也怕被起诉的问题。

第二，地方行政机关不愿意被告。由于民告官的行政诉讼制度是从国家层面往基层"自上而下"推行，并非来自基层自发的强烈需求，地方行政机关对行政诉讼法的监督职能本身是排斥的。当时R区级及T市级不少政府公务人员尤其是具有领导职务的人，都是部队军转干部，形成了百姓一定要服从管理，下级必须服从上级的认知。在行政管理活动中不注重依照法律程序规范，形成了"讲命令""认权大"的行政操作惯例，不知道如何才能做好应诉工作，经得起诉讼检验。在20世纪90年代初的行政管理活动中，都尽量避免向行政相对人提及诉讼救济话语，更多的是依据1990年11月国务院颁布的行政复议条例告知行政相对人复议救济路径，宣传复议的便捷高效、成本低廉的优点，使许多相对人选择复议救济。自1991年该条例实施后到1994年12月底，R区政府复议的案件总数为38件，[①] 接近R区同期行政诉讼起诉量26件的1.5倍，还没有统计市级政府机关处理的复议案件。行政机关很排斥做被告并与法院生摩擦。

就在1992年12月龚院长批示王庭长提请法院走出去宣传法律的报告后，经全体领导商议，向区政府、区人大以及市中院请示后，于1993年初该区法院在原来传统法制宣传的基础上采取了一系列"继往开来""送法到官"的方式和活动。

第一，帮助行政机关整理行政法律规范。主动到行政执法机关召开座谈、联席会，了解行政机关的工作特点，了解行政管理的法律需求。在1990~1994年，全面收集清理行政法规和规章，共收集整理6000多个规范性文件，分类编辑成册，分册印制转送区内行政机关。

[①] 数据来源于1996年R区年鉴。

第二，向行政公务人员讲解诉讼知识。1990年4月开始，会同市政府办培训班，培训地市两级行政执法人员280多人。截至1995年底，累计到行政部门讲课18人次，进行电台、电视台专题讲座40次。1995年，区法院与区政府联合举办国家赔偿法学习培训班，各乡镇及政府部门以及驻区市级执法部门负责人和办案人员共100多人参加学习培训。更重要的是，同时也函送当年的行政审判司法解释文件以及典型案例，让行政机关公务人员了解行政诉讼的积极作用和受案变化等。[1]

第三，加大对合法行政行为的支持。从1992年开始每年召开3次联席会，为行政机关提供法律咨询和司法建议。为了对行政执法活动给予必要的帮助，还常应邀到现场进行法制宣传教育劝导工作，支持行政合法行为，如协助烟草部门查处假烟，协助技监部门查处假冒伪劣商品等。截至1994年12月，陆续在区级各行政执法机关设行政执法室8个，及时提供法律咨询和合法行为联合强制执行帮助。据年鉴材料记载，1995年R区行政审判积极开展延伸服务，深入执法部门及乡镇了解情况，解决问题，提出司法建议，开展法制宣传教育。行政审判的延伸服务成效显著，受到社会的赞扬。如龚副院长亲自带行政庭干警到GX乡向农民宣讲负担提留等有关法律法规，协助乡镇收双提款。在为区交通稽征部门服务中，收回自1988年以来71户拖欠的养路费、车辆购置附加费共42万余元。[2]

法院的以上活动得到了该区行政机关的认可。1995年开始陆续有行政机关公务人员在进行行政管理活动中向行政相对人提及"可以去法院起诉"等话语，在送达给相对人的具体行政行为法律文书中也会附上"可以起诉"的程序告知事项。在一定程度上达到了给相对人进行行政诉讼普法的目的。同时该区及市级政府机关从1995年开始聘请律师代理诉讼，在单位设专人兼顾法律事务。

到了20世纪90年代末，随着城镇化建设的推进和国企改革、公房改商品房供给改革、教育扩招改革等一系列市场经济建设措施的进行，政府在社会经济等活动中的管理介入方式日趋多元化。政府机关做被告的可能性越来

---

[1] 数据材料来源于1996年R区年鉴。
[2] 参见1996年R区年鉴，第122页。

越大，实际做被告的次数也在增加，应诉成为一个不得不面对的问题。政府机关开始普遍对外聘请律师做法律顾问，对内设置法律政策办公室或者专人专岗。

第四，法院行政审判经验积累不足。相比刑事诉讼和民事诉讼，行政诉讼制度在R区法院是一种新的制度。虽然已经有1987~1989年3年的短期实践，但真正作为一种独立诉讼是在20世纪90年代才开启，从抽象法律文本到基层司法实践需要许多相关知识辅助才能落地。法院审判人员一直都在学习摸索中尝试实践。即使从最高人民法院到S省高院都在不断发文指导案件审判，[①]T市中院常常举办学习班，送该区法院审判人员去西南政法大学培训，但审判人员还是无法完全应对不断出现的没有明确法律依据的新情况、新案件，基层实践的审判人员面临极大挑战。比如1990年实施的《行政诉讼法》第1条规定诉讼的目的有"保护公民、法人和其他组织的合法权益，维护和监督行政机关依法行使行政职权"，那么"保护""维护""监督"三者在具体个案中如何把握如何操作才合适？审判人员常常在不确定该如何处理才更好的情况下进行试探式审判尝试，甚至为了解决纠纷超越了审判职责而更像人民调解员。例如1994年有原告因计划生育罚款争议起诉，法院因为没有明确依据而没有立案。

案例二：李某等5人不服计划生育罚款案（档案文书编号〔1994〕R法行初字第3号裁定）

李某所在村组由于紧邻城郊，即将在1994年3月因为T市城市扩建而拆迁。为了多分拆迁安置费用和安置房子，该村村民早在一两年前就普遍超生或不满法定结婚年龄就未婚先生育。李某等5人生了二胎后，被区计划生育委员会于1994年2月做出罚款的处罚决定，李某等5人起诉到法院，法院未予立案。区计划生育委员会却于当月申请强制执行处罚决定书，以便"灭典型"摆平全村超生和未婚先育23户罚款收缴问

[①] 1990年行政诉讼法实施后，最高法下发了诸如《关于贯彻执行〈中华人民共和国行政诉讼法〉若干问题的意见（试行）》等若干司法解释，S省发了诸如《关于办理不服劳动教养决定案件的有关问题》等文件。

题。经法院领导以及审委会讨论后，委派法院行政审判庭人员会同执行庭人员，亲自到村挨家挨户了解情况，进行国家政策的讲解。同时与区政府、公安局以及市政府相关部门协商超生等婴幼儿的落户和安置问题，消除被罚人员后顾之忧。最后终于劝说全村人主动执行了计划生育处罚，政府也处理好了这一群体的安置工作。双方化解了矛盾争议，法院也得到了好评。

不仅如此，R 区法院还派人随区司法局、区司法所组织二五普法（1991～1995）走进社区、村组进行法制宣传教育，讲解行政诉讼法知识和典型案例，主动帮助有困难的行政相对人，尤其是对行政诉讼费用尽量进行减免，使得该区行政诉讼量开始逐年增加，达到了年均 12 件。案件类型也由原来单一涉及打架斗殴的治安管理处罚类，到 1997 年 4 月 21 日《最高人民法院关于人民法院立案工作的暂行规定》（法发〔1997〕7 号）出台时，转变为公安扣押财产、劳动教养、工商、卫生、交管、医药等新类型。发展到 1999 年案件类型更是多元化，治安处罚类案件变少，原告诉求日渐复杂化。其中有 3 件为该法院尚未收取原告诉讼费时就立案审判的典型案例，体现了 R 区法院扶助弱者，保护行政相对人合法权益的宣传特色。

案例三：刘某 2 人不服船舶扣押案〔1996〕R 法行初字第 5 号

1996 年 3 月市港监所对市辖三区的船舶进行清理整顿，查到原告船未年检，并拖欠了各种规费计 1 万元，便将船拖走滞留。3 天后，才向其出了一个限期年检缴费通知。原告去缴清了年检费，未缴纳其他规费，被告为此滞留其船半年。原告无钱又想来打官司，船友们奚落其白日做梦。但我院经调查了解，原告确很困难，同意缓交诉讼费而立了案。经审理，市港监所滞船行为违法，被告亦认可。就行政赔偿之诉中，双方调解，原告胜诉，获 4000 元船舶维修补偿。原告分文未交，告官而胜诉，船友们感慨地说：还是讲法好。

案例四：残疾人不服拆迁案（〔1996〕R法行初字第15号）

原告席某不服被告T市人民政府房屋拆迁补偿安置管理办公室（以下简称市拆迁办）房屋拆迁安置裁决一案。于1996年4月15日向本院提起行政诉讼，本院依法组成合议庭，进行了公开审理，现已审理完结。

查明：T市汽车配件五厂（原市工具厂，以下称拆迁人），1992年12月22日经原南市府（1992）256号国有土地划拨文件批准在T市府街147～155号区域结合厂区改造进行城市建设。府街155号产权人王某、王三，有私房17.05平方米，1993年3月16日王某、王三将该房赠予席某，席某获得了该房的所有权。1992年12月28日席某在该房内经营图书出租业，并在市工商行政管理局办有营业执照。1993年1月市拆迁办进场登记，丈量时，155号房内有部分原告人生活设施及存放部分经营图书，门口至街面有4.5米深的巷道，并在巷道内设有炉灶。1995年5月拆迁还房时，拆迁人给原告席某安置了一套三楼一室一厅，面积56.55平方米的住宅房，原告席某不同意并向市拆迁办申请，要求为其安置营业房。1996年4月2日市拆迁办以T市房拆（1996）字16号做出了关于对席某一户安置情况处理决定，根据国务院《城市房屋拆迁管理条例》第14条、T市府（89）二号令第30条、第37条之规定，对被拆迁人的房屋按住宅房安置处理，不予安置营业房，原告席某不服，在法定期内向本院提起行政诉讼。

本院认为：原告席某系残疾人，全家生活来源靠图书出租，在市府街155号并办有工商营业执照，从事图书出租业。市拆迁办根据T市府（89）二号令第30条、37条规定和没有考虑到原告人的生活来源的实际情况，对原告席某的拆迁房作住宅房安置欠妥。据此，根据《中华人民共和国行政诉讼法》第54条第二项第一、二目之规定，判决如下：

撤销某市府房拆（1996）字16号"关于对席某一户安置情况处理决定"。

本案应征收的诉讼费330元，其他诉讼费300元，由被告市拆迁办承担。

如不服本判决，可在接到判决书的第二天起十五日内，向本院提出上诉状及副本共二份，上诉于 T 市中级人民法院。

案例五：某企业药被公安扣押没收案 [档案文书编号：(1998) R 法行初字第 3 号]

原告李某诉被告 T 市公安局违法扣押财产并申请行政赔偿案，于 1998 年 3 月 24 日向本院提起行政诉讼，本院受理后，依法组成合议庭，公开开庭审理了本案，现已审理完结。

经审理查明：1995 年 11 月 24 日彭州市公安局根据省中药厂销售人员举报，在彭州、T 等地销售假冒我厂"抗病毒冲剂"，彭州市公安局以投机倒把，立为重大刑事案件侦破。1995 年 12 月 9 日彭州市公安局与省中药厂工作人员一行三人在 T 市调查时，邀请市公安局二处协助。查明系合川市（现为合川区）石某在外地印制该厂商标进行销售"抗病毒冲剂"给在 T 市丝绸大世界药品个体户李某。李某在石某处购了"抗病毒冲剂"三十件全部被销售。彭州市公安局与省中药厂工作人员离开 T 市后，T 市公安局于 1995 年 12 月 20 日在无彭州市公安的书面委托和本局无刑事立案的情况下，T 市公安局二处以彭州市公安局的名义，对李某进行传讯，李某也交代了在合川市（现为合川区）石某处购的"抗病毒冲剂"三十件。市公安局对李某宣布取保候审，并交纳了保证金 5000 元。1996 年 1 月 4 日市公安局二处再次传讯，以李某销售"假抗病毒冲剂"三十件，扣押销售款 11248 元，并出具市公安局二处的扣押单（载明：假抗病毒冲剂款 11248 元；交保证金 5000 元）。嗣后，李某多次要求处理，并向有关部门进行申诉，时间长达二年之久没有处理结果。原告李某以违法扣押财产于 1998 年 3 月 24 日向本院提起行政诉讼，请求返还财产和赔偿资金利息。

本院认为：T 市公安局以彭州市公安局的名义以李某销售"假抗病毒冲剂"扣押现金 11248 元、保证金 5000 元，T 市公安局在没有彭州市公安局书面委托事项、权限，也无本局刑事立案的情况下，而对原告李某采取强制扣押财产是违反法律规定的，属违法扣押财产。因此，原告李某的诉讼请求是合法的，本院应予支持。根据《中华人民共和国行政诉讼法》第 54 条第（二）项第五目、第 67 条第一款之规定，判决如下：

一、T 市公安局对李某采取扣押财产强制措施违法；

二、对违法扣押的财产应予返还（保证金 5000 元，销售款 11248 元）；

三、原告李某提出赔偿资金利息，按国家赔偿法的有关规定，本院对资金利息赔偿请求不予支持；

本案应征收的诉讼费 1250 元，由被告 T 市公安局承担。

如不服本判决，可在接到判决书的第二天起十五日内，向本院递交上诉状及副本共三份，上诉于 T 市中级人民法院。

帮助原告起诉，申请诉讼费减免，从道义上解决诉讼，而不是从法理上进行审判。这是根据民情进行的过渡，使法制逐渐融合人情道义，产生消解争议的作用，让民众实实在在体验到"法不外乎人情"，也扶助弱小维护行政机关合法权威，从而接受法律，自觉用法。

②2000~2014 年波动增长的情况

2000~2014 年，R 区行政诉讼案件的起诉量从最低的 16 件增长到最高的 311 件，其中起诉量在 16~41 件的有 9 年；56~75 件的有 2 年，106~311 件有 4 年，达到总共 1060 件，年均 71 件，年均增速 13%。

从图 2-4 可以看出这 15 年期间，行政诉讼案件起诉量经过了四次波动增长：分别在 2002、2004、2006、2012 年这 4 年出现年起诉量 36、56、106、311 件的峰顶值；分别在 2000、2003、2009、2013 年这 5 年出现年起诉量 16、21、30、27 件的峰底值，并在 2013 年回落到 75 件后于 2014 年升到 106 件。从数据上看四次波动峰顶值和峰底值的差不断增大，在 2007~2010 年连续 4 年年起诉量在 27~41 件徘徊后，经 2011 年 132 件过渡后于 2012 年猛增达到 311 件，使得 R 区行政诉讼率比全国平均数值高出了近 4 倍，引起了 S 省高院的重视和最高人民法院的关注，在 2013 年最高人民法院还派人随 S 省调研组专程到 R 区进行调研。

对于这 15 年出现波动增长的趋势，结合统计以及李庭长（2000 年任职）的访谈可以从以下几点进行说明。

第一，总体增势前所未有。

比起以往 1987～1999 年的 13 年行政诉讼量，增长率迈上了一个新的台阶。这增长来自三方面的原因。

一是司法解释明确了诉讼受案范围和具体操作。《最高人民法院关于执行〈中华人民共和国行政诉讼法〉若干问题的解释》于 2000 年 3 月 10 日颁布生效后，还有系列司法解释使得诉讼的操作容易把握，而且随着行政许可法、行政强制法、政府信息公开条例等系列法律法规的制定以及修订，一定程度上扩大了诉讼范围，使更多行政争议案件进入法院。

二是 R 区法院之前审判工作开展积累基础。1999 年以前法院所做的行政审判工作以及法制宣传教育工作，将行政诉讼的理念传播到了当地官民之中，至少让很大一部分民众和公务员改变了诉讼认知。R 区熟人社会随着社会发展逐渐转变，以人情、关系、道义解决纠纷的模式逐渐发生了改变，更多的人顾及利益胜过照应脸面，会考虑用诉讼来解决问题。

三是 R 区城镇进程化建设中行政争议增多。在 R 区经济建设发展过程中，城市建设快速推进，行政管理活动频繁，涉及地产管理的行政纠纷较多。其中涉及的规划、土地确权、拆迁、拆迁强制措施等系列案件就成为案件起诉量快速增长的直接来源。

第二，集团诉讼对案件起诉量贡献大。

将波动增长的峰顶值 4 年起诉案件进行统计观察，发现：2002、2004、2012 年拆迁案件占比都很高，分别是 58%、45%、90%；2006 年出现了 58 人不服司法局"自愿下岗"公证的集团诉讼案，同样年起诉量上百件的 2011 年和 2014 年也分别出现了 53 人诉规划局、32 人诉房管局的集团诉讼，2012 年更是出现了 53 人分别反复两次诉区政府、住房与城乡建设规划局共计 212 件涉及拆迁的案件。这说明起诉量的高数值是由原告人数多的集团诉讼带来的——总计 408 件，约占总量的 38%。

在 1999 年以前 R 区没有出现过涉及原告如此多的共同诉讼，共同诉讼原告最多也就五六人。为了制作诉讼材料方便，一般合并审理的共同诉讼都是合并立案号。1999 年后，涉及同一行政行为，比如一个行政处罚案件的行政相对人都起诉的作为必要共同诉讼用一个案号，而类似拆迁这样的集团诉讼，是可分的同类共同诉讼，全部分开独立编号立案，根据实际需要合并审理或者分开审理。

不过，李庭长也提及如果这些集团诉讼出现在20世纪90年代，按照当时收案、立案实践，合并审理的案件往往合并为一案进行立案编号；收案后一般是裁定不予受理的，就像1992年计生委的案件一样，受理了法院也做不了主，只能协调各方进行谈判协商，或者通过协调各政府机关说服当事人才能解决。当然如果按照1999年以前R区法院合并共同诉讼立案的方式，会在很大程度上直接改变起诉量的总数。集团诉讼涉及的拆迁或者大面积的不动产，多数不能直接判决。

第三，行政赔偿案件的数量占比明显增高。

1997年4月29日《最高人民法院关于审理行政赔偿案件若干问题的规定》颁布前，R区提出行政赔偿的案件极少，总共只有5件，并且都是附带提出赔偿诉求，并没有单独分案编号。1997年5月以后，凡是提出行政赔偿请求的无论单独提出还是合并提出的，R区法院均依据前述规定第28条单独编号立案。[①] 此后截至1999年12月[②]提出赔偿的案件是16件。1990~1999年122件中提出赔偿的为21件，占比17%。如表2-8，2000~2014年提出行政赔偿的案件总量增加到了339件，年均约23件，总占比约32%。即使减去前述集团诉讼重复计算的106起案件，还有233件，总占比约22%。

对于行政赔偿案件的数量变化，李庭长解释如下：

> 1995年国家赔偿法颁布实施之前，R区行政案件涉及赔偿请求的，一般按照民事诉讼的收费办法进行计算，但都是减免了的，实际也基本没有收取赔偿部分的诉讼费用。从她1990年到行政审判庭工作的体验来看，由于20世纪90年代多数原告提起行政诉讼就是要求纠正行政行为，要法院判个公道，较少会直接提出赔偿请求，除非是行政拘留已经错关的，不过这种案件极少，相对人提出诉讼后公安机关一般

---

① 1997年4月29日颁布的《最高人民法院关于审理行政赔偿案件若干问题的规定》第8条规定：当事人在提起行政诉讼的同时一并提出行政赔偿请求，或者因具体行政行为和与行使行政职权有关的其他行为侵权造成损害一并提出行政赔偿请求的，人民法院应当分别立案，根据具体情况可以合并审理，也可以单独审理。

② R区法院每年度案件立案时间截止日期为12月10日，12月11日以后起诉的案件计入下一个年度。

都暂时中止执行，所以1995年以前的赔偿案件相对极少，到1995年国家赔偿法实施后，提出的案件数量相对有所增加，至1997年《最高人民法院关于审理行政赔偿案件若干问题的规定》实施后，案件就明显增加更多。

在她担任庭长后亲自处理了更多案件后，一个直观的感受就是2000年实行《最高人民法院关于执行〈中华人民共和国行政诉讼法〉若干问题的解释》后，随着起诉范围的扩大和案件的增多，越来越多的原告不仅仅求道义公平，更希望获得直接经济补偿。尽管有许多赔偿诉求很无道理和根据，但因为根据国家赔偿法条文规定不收取诉讼费用，[①] 提出成本极低甚至可以忽略，所以很多案件原告都提出了赔偿要求。加上依据《最高人民法院关于审理行政赔偿案件若干问题的规定》第28条分开立案，就更加凸显了数量增加的问题。

表2-8 R区法院2000~2014年行政赔偿案件统计

单位：件，%

年度	总收案	赔偿案件数量	占比(%)
2000	16	3	19
2001	34	6	18
2002	36	7	19
2003	21	4	19
2004	56	13	23
2005	30	7	23
2006	106	25	24

[①] 参见《中华人民共和国国家赔偿法（1995）》第34条（现行2012年修订后的第41条）的规定：赔偿请求人要求国家赔偿的，赔偿义务机关、复议机关和人民法院不得向赔偿请求人收取任何费用。对赔偿请求人取得的赔偿金不予征税。1995年9月18日最高人民法院关于受理行政赔偿案件是否收取诉讼费用的答复："四川省高级人民法院：你院川高法〔1995〕123号《关于国家赔偿法实施后行政赔偿案件是否收取诉讼费用的请示》收悉。经研究，答复如下：根据《中华人民共和国国家赔偿法》第34条的规定，人民法院受理行政赔偿案件，不得向当事人收取诉讼费用。"

续表

年度	总收案	赔偿案件数量	占比
2007	36	8	22
2008	33	7	21
2009	27	6	22
2010	41	10	24
2011	132	40	30
2012	311	151	49
2013	75	19	25
2014	106	33	31
总计	1060	339	32

案例六：2008年某药品监督局违法许可赔偿案

R某地案例中涉及一个行政许可的问题，以及一些民事问题如继承、合伙经营等问题，所以这个案子比较复杂。原告的儿子经营了一个药店，当时需要挂靠一个药业公司，所以其挂靠了某医药公司，在一次交通事故中原告的儿子和儿媳都死亡，所以药店无人经营，其合伙人就更换了经营者和店名。由于原告的家庭来源都是这个药店，所以更换经营者之后，其失去了生活来源。由于原告打民事诉讼很难，所以就更换为行政诉讼，在现实生活当中，很多人在民事诉讼进行困难的情况下，他们会选择进行行政诉讼来收集证据，证据收集齐全之后再撤诉进行民事诉讼。在这个案例中，原告认为更换经营者侵犯了他自身的利益。首先原告是否有诉讼的主体资格？行政许可是否为具体行政行为？第三给其造成的损害是否应该进行行政赔偿？本案涉及的民事问题有继承，原告以及死者的女儿的继承地位是怎么样的，合伙经营中的合伙纠纷以及结算、借贷纠纷、债权债务关系。此案件涉及的问题众多，这个案件如果要进行审判的话，民事问题在行政诉讼中不予理会，只要求审查行政机关的行政行为是否合法。由于行政诉讼审判的连锁反应很大，所以在审理行政诉讼时需要考虑的问题很多。媒体对行政案件都不怎么宣传，因为行政诉讼的案件不宜宣传,其会影响行政机关的威信,会影响其形象,如冤假错案使得民众对法院的信赖度降低,所以在审理R某地案件时采取了调解的方式。如果要进行审理的话,应该要审查其行政许可是否合法,但是这样的解决方式并不能解决当事人的问题,原告的民事问题还是不能得到解决。而且如此一来行政机关会有报复的心理,药店在以后的经营过程中可能会遭到行政机关的故意刁难,所以调解是最好的解决方式,法院尽量调解行政机关与原告的关系,法院与原告的代理律师、行政机关极力沟通。律师应当以解决当事人的问题为重,不应该跟法院与行政机关较劲,法院在调解时,应该跟行政机关强调其责任,此案件在调解时一并解决了行政问题与民事问题,在协调时制作了调解笔录。

在案件的处理过程中,李庭长等审判人员沿袭上一届审判庭的传统,对弱势群体有"道义帮助"的热心,在解决法律问题时采取的是全面解决问题的方法,但到了2014年后突然出现了这种传承的断裂。

第四,循环诉讼对案件起诉量贡献较大。

2001~2014年这15年期间,蔡某等原告有10年都基于拆迁提出了起诉,共计50起案件;何某等5人自2006年起有6年提出了起诉,共计30件;欧某等53人在2011年、2014年提出状告区政府机关起诉共计106件;在2012年共先后提起状告区政府、市住房与建设规划局的诉讼共计212件。这些案件共计398件,约占15年总量的30%,除去之前集团诉讼已经重复计算的318件以及赔偿重复计算的20件,[①] 还余60件,约占15年

[①] 统计方法:按照案号编号查询诉讼档案材料显示的数量进行计算得知:(1) 2012年,欧某等53人分别状告R区政府信息公开部门并要求赔偿案件分别立案共计106件;状告T市住房与建设规划局违法行政许可并要求赔偿案件分别立案共计106件;2011年状告城市管理行政执法局53件;2014年状告T市国土资源管理局共计53件。(2) 蔡某等5人状告T市公安局、国土资源管理局、城市管理行政执法局、住房与建设规划局、信访局、R区政府、R区公安分局,共计7个被告35件,同时状告T市城市管理行政执法局、R区政府、R区公安分局并要求赔偿共计15件;(3) 何某等5人状告T市国土资源管理局、城市管理行政执法局、住房与建设规划局、信访局、R区某乡政府,共计5个被告行为违法共计25件,同时状告R区政府要求赔偿共计5件。三个循环诉讼组中有欧某等53人提出的诉讼以及其他两组提出的赔偿诉讼数量已经在前文重复计算。

总量的5%。

将案件基本信息汇总如表2-9，发现有两组原告都告过信访局，而另一组原告虽然没有直接状告信访局，但从R区政府2013年转发给R区法院的维稳报告中提及该组原告中有代表"到省政府以及省高院""举牌鸣冤"，"赴北京状告国土资源部不作为"，也能看出这也是涉诉涉访的典型案例。

表2-9 R区法院2001~2014年循环诉讼基本信息统计

统计项/原告	蔡某等5人	何某等5人	欧某等53人
首起诉年	2003	2001	2011
持续年份(年)	10	6	3
被告数量(个)	7	5	4
案件数量(件)	30	30	318
涉及案由	拆迁治安处罚政府信息公开信访行政赔偿	拆迁安置政府信息公开信访行政赔偿	行政强制拆迁安置政府信息公开行政赔偿
诉讼结果	撤诉或不予受理	撤诉或不予受理	53件诉信息公开案胜诉,其余均未获支持

对此类案件，李庭长认为可以从三个方面去解读。

一是为了完成考核任务多立案而收案。

由于S省一直在全国行政诉讼量比较偏少的地域，高院和T市中院绩效考核要求行政诉讼案件尽量多立，而R区法院一直是T市基层法院行政审判先进工作单位。基于上级要求多立案，以及从第一届林庭长就传下来的"有起诉就收案"的传统，对于"可立可不立"的案件都是先立案，充案件数量达到考核要求。

2006年初T市中院转发了S省高院传达的最高人民法院内部文件通知："基于全国行政诉讼量少的情况，要求各级法院有案必收，能立必立。"T市中院行政审判庭庭长曹某随后召集基层法院庭长开会，要求尽量多立案，并提醒超过考核要求的激励方式是按照办理的案件数量计件算酬劳。因而从2006年开始，R区法院已经在践行"立案登记"制，有起诉就先编案号进行立案，收了以后发现不属于行政审判案件就不受理。当年诉讼起诉量就超过了100件，完成了T市中院下达的100件任务。

二是涉诉涉访案件带来了诉讼工作的困扰。

正是这种情况下，这三组诉讼原告在不同的年份，分别对不同的被告提起诉讼，从法律规定和实践操作惯例来说，都要收案立案。因为从起诉材料来看，每一次诉讼标的和被告不同，不立案反而给了原告又去政府、人大、上级法院那里指责法院的理由，因此也就不断立案。案立了以后，原告拿着立案通知书又去找政府，特别是2008年为确保奥运会举办维稳工作的顺利完成，政府就给予蔡某等5人、何某等5人安抚费用。这10人因此只要有什么大活动就想办法去闹访，以立案通知书做凭证就认为可以与政府周旋，引起媒体关注。即使案件起诉费用只有30~50元，他们也经常因不交诉讼费用，被视为撤诉。"这10人提起诉讼之初都已经是56~63岁的人了，告到70多岁还更利落了，一坐到自己办公桌上赖着不走，还不敢动，一动就乱喊法官打人那里又痛"，李庭长自嘲说其耐心也就是这拨人时不时到法院来"闹"，总是由她接访"练"出来的。而视力也是因为他们不断写维稳报告，看电脑"整坏了"。可见涉诉涉访的案件同样也像其他法院一样[①]给R区法院行政审判人员带来了困扰。

三是拆迁集团诉讼诉权的保障受到上级关注。

主要是欧某等53户拆迁诉讼起诉的几次周折非常具有典型性，引起了省高院以及最高人民法院的关注。省高院在2015年曾3次带领外地考察团来调研此组案件。笔者2015年3月正在R区法院调研，有幸参与了该组案件汇报座谈会，了解的情况如下：

> 该组原告所在的南门坝村三组是T市传统依江而生存的渔民村组，村头是T市原来的特色水产交易阶梯码头，村庄建筑都是旧木屋间或青砖仓库，具有清末、民国和新中国之初的江边渔民房居混合特色，并点缀在沿江种植蔬菜瓜果的花红柳绿中，在20世纪八九十年代是T市景点，尤其是R区城市老一辈居民喜欢的城市"风格"。在2007年T市政府打造江景的规划中，南门坝全片区全部拆迁改造为滨江大道风景地产

---

① 林莉红：《信访对行政诉讼的影响分析》，《江苏行政学院学报》2013年第3期。

区，并打造为自然生态公园。2008年初开始政府陆续与当地居民和村民谈拆迁协议，拆了部分房屋，但南门坝村三组村民在组长的带领下没有同意拆迁，而是希望政府规划保留村组特色建筑，并允许他们继续在当地居住。后由于2008年奥运会特殊时期暂缓了拆迁工作，政府陆续与该组个别家庭的3户公务员谈妥了拆迁协议，并拆了房。（这其中就有原行政审判庭庭长林庭长一家。）其他户谈判没有进展。经过2009年一年谈判无果，加上2008年事发时的各级市、区领导都因为某职务犯罪而隔离审查，此事一直拖延无果。2010年有个别村民以当地镇政府为被告起诉，案件没有得到受理。2011年村民终于说动已经退休的林庭长一起起诉，首先告的是T市城市管理行政执法局拆迁违法，没有受理。又在2012年时，每户出了2000元诉讼费用共同聘请了北京的拆迁维权律师，先起诉R区政府规划拆迁信息没有公告，并要求赔偿，同时又委托律师在北京着手起诉国土资源部不作为，没有监管征地手续的合法办理。经请示市政府、市人大后，确认被告信息公告程序违法，但没有支持赔偿。在北京市中院2013年做出不受理状告国土部不作为的案件后，于2014年又状告T市国土资源局批地越权，还是没有被受理。

该案在李庭长看来，政府一开始就有不妥的地方，但已经造成拆迁的事实，作为法律的审判，也就只有事后进行调整和弥补。从内心来说就算政府赔偿再多费用也无法恢复一个值得保留的文化圣地，但是毕竟事情已经出了，问题总要解决，矛盾总要平息。从诉讼制度的角度来说，这是一个超出起诉期限的案件，完全可以刚性裁定不予受理。可是考虑到该组村民一直在持续维权，并非缠诉闹讼，确实需要一个平台让他们可以行使话语权，而且2009~2010年维权期间，2008年事发时的各级市、区领导都因为某职务犯罪而被隔离审查，导致此事一直拖延无果，在此客观情况下，就不能简单判定其诉权过期。同时案件也由法院用司法建议的形式督导政府科学规划，依法拆迁，承担地方建设的一种责任，提醒以后的行政决策以及行政管理活动规范。

3. 骤增急减：2015~2016 年行政诉讼量及其访谈说明

（1）数据的描述与说明

2015 年是新行政诉讼法实施第一年，R 区行政案件起诉量急剧上升到 168 件，年总量是 30 年以来除 2012 年之外最高的，比 2014 年增加了 58%；2016 年又出现急剧的降低，下降到 118 件，减少了近 30%，出现了骤增急减反差。尽管如此，也不影响这两年年均案件起诉量达到 30 年来最高值，即 143 件，比前一部行政诉讼法实施期间年均起诉量高了 20 倍。

对此，第四任李庭长认为：2015 年新法实施以及宣传"立案登记"带来了轰动效应，旧案重诉、新案"凑热闹"出了效果；而 2016 年下降是热闹过后的暂时冷清，往后案件还是会多起来，但不会骤增骤减了。而此时，李庭长已于 2014 年底开始卸任庭长之职，接任的陈庭长考进法院前原是一名医生，后到法院专职审理医疗纠纷案件。在参加了新行政诉讼法实施的专题培训后于 2015 年初正式转任第五任行政庭庭长，全面负责 2015 年以后的行政审判工作。对于这两年起诉量的增减，结合访谈内容解释如下。

第一，2015 年案件增幅很大，主要是在国家和法院宣传保障个人合法权益的前提下，行政诉讼法大修带来的直接结果。

首先，新行政诉讼法将诉讼范围扩大了。除了原来的受案范围外，行政协议和附带抽象行政行为起诉列入受案范围，扩大了案件来源。在新法没有实施前，R 区就有不少的政府协议案件起诉到民庭，由于标的都比较大，诉讼费用较高，许多原告撤了诉，现在纳入行政诉讼，诉讼费也就 50 元，赔偿也不收费用，诉讼成本大幅降低而诉讼标的又相对较大，律师也都喜欢提起行政诉讼，案件数量增加了至少 10%。

其次，新行政诉讼法将原告资格放宽了。从"行政相对人、利害关系人"，扩大到了"相关人"，原告的人数就多了，起诉案件增加的可能性就非常大了。比如其在 2015 年承办的一件文化局查处书店卖盗版书的案件。文化局将书店卖的书认定为侵犯著作权的作品，该书作者和出版商均不服提起行政诉讼，而书店的房东也因为书店被封租约解除受损提起诉讼。依据新法，4 个原告都有起诉权，都同时来起诉，就变成了 4 个案件。

最后，立案登记全面实行。以前是法院自己在要求，现在是国家法律的刚性要求，配套司法的公开宣传，让民众觉得"新法实施，法院肯定要讲法"，支持诉求的可能性更大，加上行政诉讼成本低，涉及诉讼都往行政诉讼靠，想办法提起行政诉讼。而且由于立案登记制度的严格实施，以前起诉过的一些案件原告又来重复诉讼，这种情况约占起诉案件的30%。陈庭长说，某种程度上是给以往不息诉的案件来了个大汇总，是重新复习以前行政审判庭做的功课。

第二，2016年出现下降也是符合常理的。

首先，旧案重诉被隔离。受以前的裁判文书约束，起诉后不会有新的结果，原告的目的达不到，不会在2015年起诉后又来连续起诉。即使来起诉，会告知已有裁判文书约束，不立案。

其次，新案胜诉少。原告期望再高的案件也会受证据和法律约束，法院也很难满足其诉求，虽然胜诉率提高到了10%以上，但胜诉了也并不能完全解决问题。行政诉讼化解行政争议的能力还需要提升是当下客观事实。这对已起诉的原告本身是种打击，对那些怀有高期望的也有提示作用，降低了诉讼选择意愿，促使其转而采用其他方式进行维权。

再次，立案登记编号有一定改变。2016年法官员额制实行后，案件数量计件对入额法官待遇基本不影响。立案登记编案时严格按照一诉讼标的一案号，具体到行政案件，只要是一个行政行为，不管当事人有多少，都立为一案。有当事人先诉先立案其他人又起诉的，都是视情况并案或者出具文书说明前案审判情况建议暂缓起诉或中止诉讼。这样案件在立案时已经进行了新老旧案、共同诉讼等的分类，案号减少案件数量也就减少，节约了审判人力的重复投入和诉讼材料的重复制作。

最后，复议维持案件的管辖转移。许多原来由T市政府和R区政府复议机关维持的案件，由于新法规定复议机关做共同被告，而市、区政府做被告的案件都由T市中院管辖。原来经过复议也归R区法院管辖的一部分案件，全都转为T市中院管辖。在2015年T市中院一审案件就已经开始增多，其中有29件原属于R区法院管辖，2016年更是在全市一审案件都减少的情况下，其一审案件却增加了近一倍达到78件，其中有32件是T市、R区两级政府复议的案件，这些案件原来大部分都归R区法院管辖。因此

2016年案件数量减少，管辖权转移是一个法律改变引发实践改变的重要原因。

（3）起诉案件的特点

原告起诉救济与私力救济并用。原告在起诉前就将有关材料放到网络上，借用媒体的传播，希望引起媒体舆论的关注和上级重视，以给法院施压。比如2016年5月，T市原某花园商业中心上千户商铺业主到各大中央网站投诉，给省长写信状告现任市政府对历史遗留问题的不作为等。

另外，随着2016年S省律师收费指导价格大幅上涨，R区以及T市代理行政案件的律师大量增加，随着房产争议诉讼标的金额的增大，行政诉讼代理的专业化趋势出现。一些新出现的行政案件，体现了公民权利保障向既定的行政模式挑战，诸如车检"捆绑"交罚款类似的案件，复杂且涉及行政法理知识，很难用以往单独的思维去进行评断，需要法官提升理论积累来支撑。

三 R区行政诉讼的类型变化

行政诉讼率是由不同类型的案件的诉讼率相加而成的，通过分析类型占比变化，考察不同类型案件的变化对行政诉讼效率的影响，可以为解释诉讼效率变化的原因找到一个突破的路径。目前，行政诉讼案件的分类是一个极其复杂的问题，学术界分类和司法分类的标准不一致，分出来的类型很容易出现交叉。行政诉讼类型化至今在学术探讨中属热点问题，在司法实践中还没有实际定论。因此在对R区行政诉讼案件类型进行分类之前，有必要对本研究的分类依据先进行说明。

（一）R区行政诉讼分类的依据

依据行政行为是否针对特殊的人和事，学理上将行政行为分为抽象行政行为和具体行政行为，而具体行政行为又依据具体界定可以分为行政处罚、行政强制、行政许可、行政征收、行政裁决、行政确认、行政赔偿、行政给付、行政奖励等，还有一种救济型具体行政行为即行政复议。在这些类别中由于有特别法的明确规定，行政处罚、行政许可、行政强制、行政赔偿在司法实践中常见，但难以穷尽实践分类，而且许多具体行政行为学理界定容易，司法实践中掌握其要素判定的标准不统一，因而导致法院在实际立案分类中经常出现交叉，表述不一的混乱。鉴于此，2004年1月14日发布的《最高人民法院关于规范行政案件案由的通知》首次依据法律和实践经验总结对案件类型做了划分。

依据上述通知，行政诉讼案件可以分作为类案件、不作为类案件、行政赔偿类案件。作为类案件又可以依据行政主体代表国家管理行政事务的领域分为公安行政管理（治安、消防、道路、其他）、城乡建设行政管理（规划、拆迁、房屋登记、其他）、资源行政管理（土地、林业、草原、地矿、其他）、劳动与社会保障行政管理（劳动、社会保障）等42类。[1] 最高人民法院实行的司法统计中依次明确列出的就是城建、资源、公安、劳动与社会保障、乡政府、计划生育、工商、交通等。

鉴于此，下文将选择司法统计的类型进行分类呈现。另外，依据2014年《行政诉讼法》第2条规定，以公民、法人、其他组织提起的诉讼为分类依据对案件进行分类考察，以及以市、区、乡镇（街道办）为被诉对象作为分类依据进行分类考察也是本研究将尝试的方法。

（二）R区行政诉讼案件类型变化总特征

1. 数据的呈现

（1）统计的说明

①基本统计方法：在对1987~2016年R区行政诉讼案件类型进行统计时，根据其单独编号立案登记案由进行分类统计，其中公安包括治安、消防、交通事故认定和处罚以及其他（如行政强制、财产扣押），城建包括规划、拆迁、房屋登记以及其他（如城管拆违建），资源包括土地、林权等，其他同司法统计类型。

②不作为案件的统计：30年中涉及的不作为案件，按照其涉及未履职的行政管理领域统计，比如起诉政府未公开拆迁通告就归入城建，又如起诉道路运输管理局未制止未查处公路交通违法经营归入公路交通管理，如此类推。

---

[1] 具体参见2004年1月14日发布的《最高人民法院关于规范行政案件案由的通知》具体规定。

③行政赔偿案件的统计：附带提出赔偿请求没有分案的按照一案统计，不重复赔偿统计。单独编了案号计入当年案件总量的赔偿案件，按照其涉及行政管理领域进行统计，方法同上。

（2）类型变化的总体特征

1987~2016年R区行政诉讼各类型案件的数量统计如表2-10所示。

表2-10　1987~2016年R区行政诉讼各类型案件数量统计

单位：件

年度	公安	城建	资源	劳动与社会保障	交通运输	工商	司法行政	乡政府	税务	卫生	其他
1987	4	0	0	0	0	0	0	0	0	0	0
1988	1	1	0	0	0	1	0	0	0	0	0
1989	1	0	0	0	0	1	0	0	0	0	0
1990	6	0	1	0	0	1	0	0	0	0	0
1991	6	0	0	0	0	0	0	0	0	0	0
1992	3	6	0	0	0	0	0	0	0	0	1
1993	6	2	0	0	0	0	0	0	0	2	0
1994	4	7	0	1	0	0	0	0	0	0	2
1995	7	7	0	0	3	0	0	0	0	0	1
1996	7	2	0	1	2	1	0	0	1	2	0
1997	4	4	0	0	1	2	0	0	0	1	0
1998	6	1	0	0	2	0	1	0	0	0	1
1999	3	9	1	1	1	0	0	1	0	0	0
2000	3	7	1	1	1	0	1	0	0	0	2
2001	4	14	2	0	1	5	2	0	1	1	4
2002	5	14	7	2	3	2	0	0	0	1	2
2003	2	8	3	0	1	0	2	0	0	0	5
2004	8	16	9	5	1	3	1	1	0	1	11
2005	3	11	2	7	1	2	0	1	1	0	2
2006	16	4	3	9	1	2	59	1	0	0	11
2007	11	3	3	7	2	3	0	0	0	1	6
2008	3	13	3	5	2	2	0	0	1	0	4

续表

年度	公安	城建	资源	劳动与社会保障	交通运输	工商	司法行政	乡政府	税务	卫生	其他
2009	3	6	2	5	5	3	0	0	0	0	3
2010	7	11	4	4	3	3	0	0	2	0	7
2011	19	75	5	13	15	3	0	0	0	0	2
2012	10	270	11	11	2	5	0	0	0	0	2
2013	8	28	4	16	6	2	2	0	2	0	7
2014	5	26	53	11	3	2	0	2	0	1	3
2015	10	81	5	47	10	2	2	2	0	0	9
2016	15	45	2	33	1	3	1	8	3	2	5
总计	190	671	121	180	67	48	71	16	11	12	90

从表2-10的数据看来，随着时间的推移，R区行政案件各种类型的案件数量都在不断变化。观察表2-10可知，R区30年来案件类型变化总体呈现以下特征。

第一，案件类型逐渐由单一变为多样化。

从1987年开始，由以治安案件为主逐渐转变为出现多种类型的行政案件，在1987~1989年案件类型只涉及公安、城建和工商3种；1990~1999年案件类型就增加到包括公安、城建、工商、交通运输、资源等7种以上；2000~2014年，计量监督行政管理、劳动与社会保障、司法行政、民政、新闻出版等新类型不断涌现，2004年出现了大类的下降，变为10种，但是在其他类案件中出现了数量少但具有代表性的类型，如教育、安全、环保等；到2016年又增到11种大类，出现了更多的小类。如图2-5所示，呈波浪形增长趋势，随着2015年新行政诉讼法实施，诉讼范围扩大，新型诉讼案件不断出现，类型数量还会大幅增加。

第二，典型案件数量占比高。

如图2-6所示，30年以来各类型案件起诉数量占总量的比例分布不均匀，有些类型的案件在有些年限并没有出现，但总数后来却占比较高。比如城建案件在前5年基本上没有，但从1992年开始逐渐出现并增多，到2016年该类案件总数约占30年起诉案件总量的45%，位居所有案件类型中的第一；劳动与社会保障案件也是在2003年以前（含2013年）有11年数量为0，但

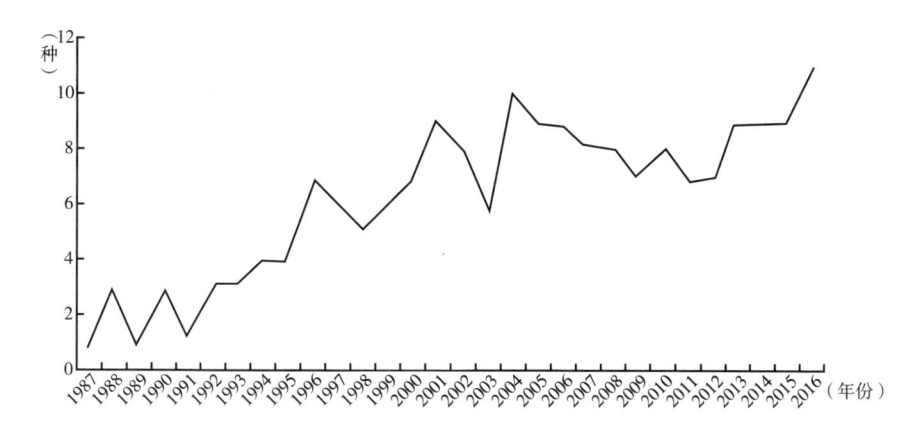

图 2-5　1987~2016 年 R 区历年行政起诉案件种类数量变化

是从 2004 年开始增加，到 2016 年该类案件总数约占 30 年起诉案件总量的 12%，位居所有案件类型的第三；资源案件也是在 1998 年以前有 10 年数量为 0，但是从 1999 年开始增加，到 2016 年该类案件总数占 30 年起诉案件总量的约 8%，位居所有案件类型第四。

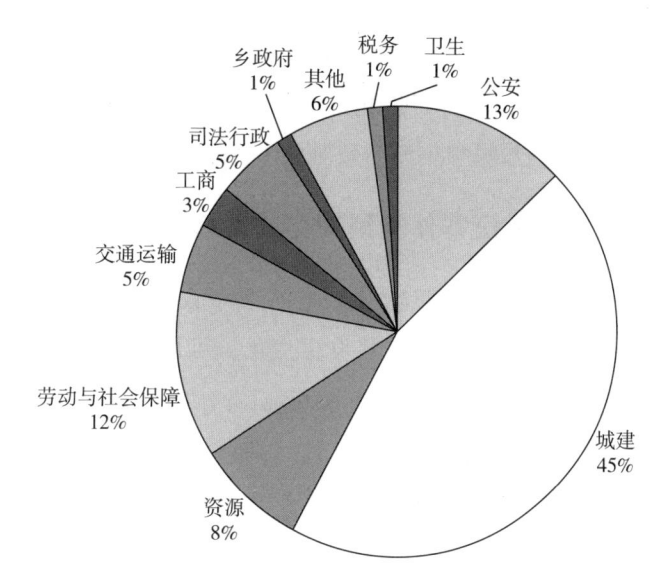

图 2-6　1987~2016 年 R 区各类行政起诉案件总数占所有案件总量的比例

所有案件类型中，每年都有的只有公安一类，在数量上看，除了个别年份以外，从 1987 年开始在逐年增加，但到 2016 年该类案件总数占起诉案件总量的约13%，位居所有案件类型的第二。

交通运输、司法行政类案件的总数均占起诉案件总量的约5%，并列位居所有案件类型的第五。资源类案件的占比为8%，工商类案件的占比为3%，其他类型中汇聚了十多类的案件总量占比约6%。

案件总量超过100件的城建、公安、劳动与社会保障、资源，共计占总量约78%，与全国的情况一致，[①] 典型案件数量占比高。其中，与全国不同的是资源类案件占比少，且主要是土地类资源案件。

第三，诉讼量多的年度出现了同类案件激增。

观察表2-10，发现起诉案件每年超过100件的类型中6年中都有某一类或者几类案件数量突然增加的情况：2006年第一次案件数量增加上百，出现了59件司法行政类的案件，约占当年起诉量的56%；2011年出现了75件城建类案件，约占当年起诉量的57%；2012年出现了270件城建类案件，约占当年起诉量的87%；2014年城建类案件明显下降，资源、劳动与社会保障起诉案件数量分别上升为53、11件，分别约占当年起诉量的50%、10%；2015年出现城建、劳动与社会保障案件数量分别激增为81件和47件，分别约占当年起诉量的48%、28%；2016年出现这两类案件数量分别下滑至45件和33件，但仍排前列，分别约占当年起诉量的38%、28%。可此可见，起诉量多的年份，同类案件的数量集中激增贡献较大。

（三）R区行政诉讼案件类型变化的解释

案件类型的变化在一定程度上反映着行政争议在当年的焦点发生变化，案件主要类型的占比随着时间的推移发生变化，可以主要从以下三个方面进行说明。

1. 起诉范围扩大带来案件类型多样化

从1982年民事诉讼法（试行）到2014年行政诉讼法规定的行政诉讼受案范围在逐渐变大，越来越多的不同类型的行政争议可以通过人民法院的行政审判来解决，从1987年开始到R区法院起诉的案件，由每年几件到几十件再到上百件，案件类型从单一化转向多样化。

---

① 参见何海波《困顿的行政诉讼》，《华东政法大学学报》2012年第2期。

1987年R区法院参照民事诉讼程序单独编号进行行政案件审理时，起诉案件的范围被限定为"法律规定"可以提起行政诉讼的案件。在1990年行政诉讼法实施之前起诉到法院的主要是治安处罚案件，类型单一。

1990年实施的《行政诉讼法》第11条采用了概括加列举式立法，规定了行政处罚等8项可以起诉的行政行为，并兜底"法律、法规规定"的可起诉案件也可以由法院管辖。这样就使得立法规定的起诉范围从以前个别单行法律的规定转变为可以普遍推演适用的一般规定。诉讼受案范围相比以前得到了很大的扩张，1990~2014年到R区法院起诉的案件从单一的治安处罚案件变为包括公安、城建、劳动与社会保障等十多种类型。

2014年《行政诉讼法》第12条采取了不完全列举式立法规定了12种可以起诉的行政行为以及兜底行为。该条款进一步扩大了法院受理行政诉讼案件的范围，尤其是将拆迁领域焦点问题、行政协议、行政机关滥用行政权力排除或者限制竞争等都纳入诉讼管辖范围。在条文的规范逻辑关联层面上，还与第2条规定的授权行政主体行为可起诉以及第53条对规章以下的规范性文件可提出附带审查起诉的规定相呼应，使行政争议进入诉讼解决范围得到扩大，种类得到了前所未有的增加，出现了许多新型行政案件，类型更加多样化。

2. 城镇化进程带来典型案件突出

对R区城镇化进程的数据挖掘，发现其过程中主要是城区建设的不断扩大，房产等不动产的开发建设经济发展模式。每一次出现R区房产增值，法院相应的纠纷就增多，造成诉讼量的增长。1992年后单位改制确权，解决以前城区房产遗留问题，出现了第一次诉讼增长高峰。第二次为1999年建设在R区的T市火车站开通数列到省会城市的线路后，R区与外界的连接不断紧密，R区的经济发展加快，房价随后上涨，于2001年又出现诉讼高峰。第三次为2003年从省会到上海的高速公路修通，省会城市较出名的百货商家都到R区进行投资，商业区房产增值较快，相应的纠纷也在发酵，随后2004年行政诉讼中涉及建设土地规划、房产的案件出现大幅增长，在2006年出现峰值。第四次，2010年R区开通了通往省城的动车组，大大缩短了与省城的路程和时间，加快了人口流动，以及招商政府工作的各项衔接，国内出名的房地产开发公司都到R区进行大规模房产开发建设。R区的房价短期内出现大幅上涨，甚至翻倍。大量的城建扩张与房产开发需要快速拆迁，拆迁及安置、房产系列纠纷膨胀爆发，集团诉讼尤其典型，就一个拆迁安置片区动辄近百人起诉，直接使得2011年、2012年诉讼量达到了30年来的最高值。随后，直到新行政诉讼法实施的2015年，由于立法受案范围的扩大，才迎来了第五次增长峰值。

30年来法院解决地方房产经济发展引发的纠纷展开工作，除了土地规划、买卖转让纠纷、房产确权纠纷，就是城管维护建设秩序、建筑公司工伤认定等系列类型纠纷。经济发展进程的速度以及政府在经济建设发展中活动的开展，影响了行政诉讼量的增长，同时也决定了典型类型变化的突出。

3. 集团诉讼带来年度的同类案激增

出现同类案件年度激增往往是出现了集团诉讼分案编号的情况：2006年出现的是同一个工厂的59个下岗工人起诉《工龄买断协议》司法公证不合法的案件；2011年出现的75件城建类案件中有53人是涉及同一个村组的拆迁案件；2012年出现的280件城建类案件中也有212件是前述53人起诉的涉及拆迁过程中的信息公告、土地规划、城管拆迁及其赔偿的案件。2014~2016年同样在城建类案件中出现了拆迁、房屋确权、社会保障集团诉讼。

（四）R区行政诉讼典型案件变化及其解释

考察类型的改变和改变反映的信息，可以发现哪些行政管理领域的行政争议发生多，相对人选择诉讼解决争议的相对多。将1987~2016年R区行政诉讼案件数量占总量前四的案件数量变化制成曲线图，可以方便对比四者的数量变化情况。如图2-7所示，四类案件数量随着时间的推移在发生变化：城建类案件的增长趋势非常明显；公安类案件数量增长平缓；劳动与社会保障类案件近几年显示出较高的增长趋势，资源类案件近几年经高增长后明显回落。每一类案件数量增长与其本身逐年的占比是否也为这样的趋势，下文将分别进行描述和说明。

1. 公安行政管理案件的变化及其说明

（1）数据的总体呈现

公安行政管理案件是R区法院最早受理的案件类型，1987~2016年共收到起诉案件190件。其历年占当年起诉案件的百分比计算如图2-8所示，可

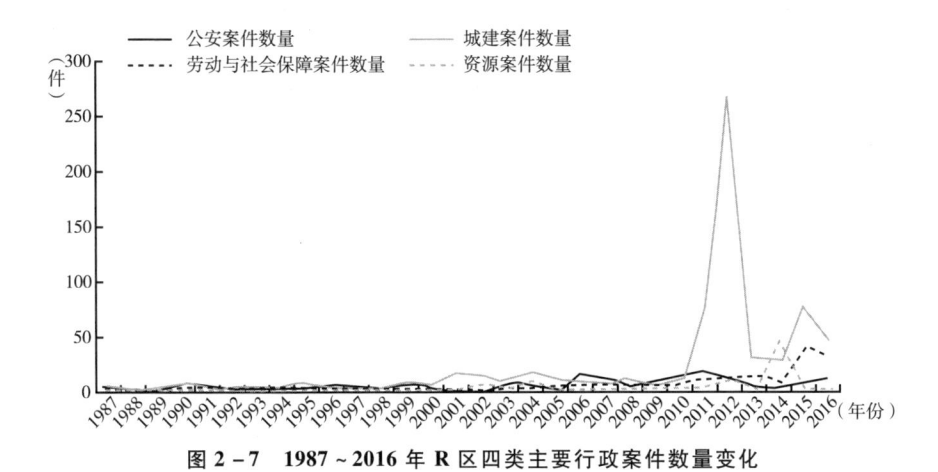

图 2-7　1987~2016 年 R 区四类主要行政案件数量变化

以看出：R 区法院公安行政管理案件占比最低约为 3%，最高约为 100%；2000 年以前有 6 年占比超过 50%，2008 年以后出现 4 年低于 10% 的情况，30 年总量在全部案件中的占比约 13%，总体趋势在不断下降。

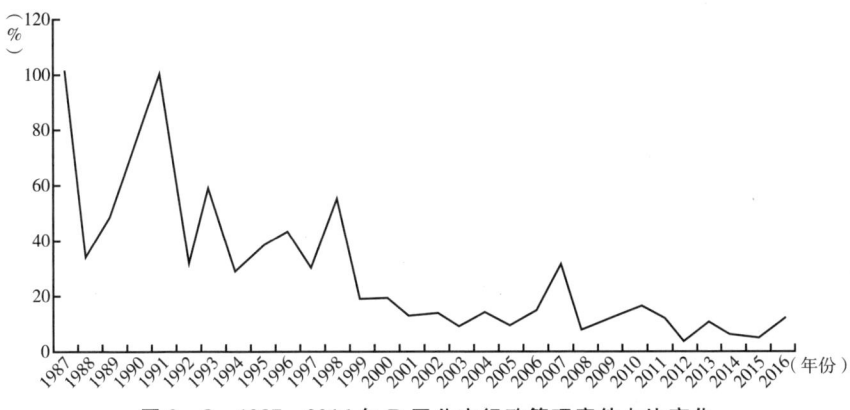

图 2-8　1987~2016 年 R 区公安行政管理案件占比变化

将其占比情况以 10 年为期进行划分，变化周期可以分成三个阶段：第一阶段，1987~1996 年为 29%~100%，年均 56%，说明这 10 年该区起诉的行政案件主要是公安行政管理类案件；第二阶段，1997~2006 年为 10%~44%，年均 19%，明显看出该类案件在起诉量中的占比下降幅度巨大；第三阶段，2007~2016 年为 5%~31%，年均 10%，再次出现下降但还保持了一定比例，突出了该类案的典型。

由此可见公安行政管理类案件在 R 区的起诉量虽然不断在减少,但是每年仍然有一定占比,说明公安行政管理这一传统的行政案件争议中相对人选择诉讼路径救济的意愿一直都在保持,但是类型上在发生改变。

(2) 案件类型的变化

为了观察 R 区公安行政管理中哪些类型的案件更倾向选择诉讼救济,将该类案件按照《最高人民法院关于规范行政案件案由的通知》中的分类进行统计如表 2-11。

表 2-11　1987~2016 年 R 区公安行政管理案件类型统计

年度	总计	治安	消防	交通	其他
1987	4	4	0	0	0
1988	1	1	0	0	0
1989	1	1	0	0	0
1990	6	6	0	0	0
1991	6	4	0	0	2
1992	3	2	0	0	1
1993	6	5	0	0	1
1994	4	1	0	0	3
1995	7	3	0	0	4
1996	7	4	0	0	3
1997	4	1	0	0	3
1998	6	2	0	1	3
1999	3	1	0	0	2
2000	3	2	0	0	1
2001	4	1	0	2	1
2002	5	1	0	4	0
2003	2	0	1	1	0
2004	8	1	2	5	0
2005	3	1	0	1	1
2006	16	3	0	4	9
2007	11	2	0	3	6
2008	3	1	0	1	1
2009	3	1	1	1	0
2010	7	2	0	2	3

续表

年度	总计	治安	消防	交通	其他
2011	19	3	3	7	6
2012	10	2	0	3	5
2013	8	2	2	3	1
2014	5	2	0	3	0
2015	10	2	0	5	3
2016	15	3	3	7	2
合计	190	64	12	53	61

从表2-11可以看出在该类案件中主要的类型及其发展特点是：治安行政案件64件，30年中除2003年外每年都有，年均约2件，占该类案件总量的约34%；有关交通管理行政案件53件，30年中有17年有此类案件，在2005年以前主要是不服交通事故认定的起诉案件，2005年以后逐渐增加的是不服交通管理行政处罚的案件，占该类案件总量的约28%；有关消防管理类行政案件12件，主要是不服消防安全检查及处罚的案件，占该类案件总量的约6%。

其他类的案件中主要包括：早期的劳动教养行政案件共11件，占公安行政管理案件总量的约6%；涉及行政违法行为的财产扣押案件13件，占公安行政管理案件总量的约7%；涉及拆迁中的人身强制措施类案件17件，占公安行政管理案件总量的约9%；其余还有涉及户籍管理、网络监察、河流、森林等管理的20件。其中有一起外地公安机关扣押财产、关押该区企业负责人的案件，由于协调结案，当时的承办人王庭长还受到了上级法院的嘉奖。

（3）变化说明

纵向观察表2-11能明显发现该区公安行政管理案件在发生周期性的变化，查阅相应档案发现，在2000年以前的案件主要集中在治安处罚、劳动教养、扣押财产三类案件中。而治安处罚类主要是针对打架斗殴造成人身伤害的拘留案件以及嫖娼等案件的罚款案件；劳动教养类主要是针对信访闹访等扰乱公共秩序的案件；扣押财产类主要是针对公安机关介入经济纠纷的案件。从2000年前61个案件统计来看，几乎没有判决被告败诉过。从访谈的内容整理得出以下几个原因。

第一，公安机关行使行政职权的程序约束小。由于当时立法规定并不完备，公安机关"抓人""扣物""罚款"很少讲究严格程序约束。R区政府以及T市政府在应对群体上访、涉及政府经济纠纷等事件时，都通过动用公安采取"强压"的方式来实现，不但当事人敢告的不多，法院"惹不起"的也不少。起诉到法院的案件，法院通常出于考虑地方政府治理，维护公安机关行为职能的目的多选择监督。

第二，对相对人的保障意识薄弱。在当时地方的治理过程中，由"集体主义"计划经济逐步转向市场经济，政府采用的方式是"管人""管物"，在理念上认为公民应该无条件服从政府的管理。公安机关作为法律授权最广的社会管理行政执法机关，其行为直接体现地方政府治理理念，对公民权保障并不重视。由此引发了相对人不满，选择诉讼进行救济意愿强烈，所以当时公安行政管理案件的占比相当高。

2000年以后，随着《最高人民法院关于执行〈中华人民共和国行政诉讼法〉若干问题的解释》的实施，R区法院扩大了对公安行政管理案件的审查范围，再加上交通事故责任认定、消防管理案件这些不涉及政府治理的案件类型的出现，该类案件数量有所增加。但到了2005年1月全国人民代表大会常务委员会法制工作委员会的立法答复[1]将交通事故认定排除在了行政诉讼受案范围外后，R区公安行政案件起诉量出现了下降。

随后由于T市、R区政府拆迁工作的广泛性，公安机关在拆迁中对被拆迁人等采取强制措施的案件又涌现出来，公安行政管理类案件数量又有所增加。近几年由于私家车的普及，交通违法处罚事件频发，还出现不服电子眼抓拍违法认定、车辆年审捆绑缴纳交通罚款、环保费用等新型交通行政管理案件，以及网络监督处罚等新职能案件。在这些新型案件中，由于行政管理理念产生了转变，这些领域中在不触动地方政府经济利益发展的前提下，更

---

[1] 《全国人民代表大会常务委员会法制工作委员会关于交通事故责任认定行为是否属于具体行政行为，可否纳入行政诉讼受案范围的意见》（法工办复字〔2005〕1号）："湖南省人大常委会法规工作委员会：你委2004年12月17日（湘人法工函〔2004〕36号）来函收悉。经研究，答复如下：根据道路交通安全法第七十三条的规定，公安机关交通管理部门制作的交通事故认定书，作为处理交通事故案件的证据使用。因此，交通事故责任认定行为不属于具体行政行为，不能向人民法院提起行政诉讼。如果当事人对交通事故认定书牵连的民事赔偿不服的，可以向人民法院提起民事诉讼。"

重视公民权的保障,支持法院以国家立法约束行政机关"捆绑执法"以及加强对不符合程序执法的监督,使得法院判决支持原告的结果更多,但是并没有在根本上改变相关管理的形式,比如以往车辆年审的捆绑缴纳"交强险""交通违法罚款""环保费""路桥费"等仍然继续。而原来居于主要类型的治安案件由于立法的不断完善,程序越来越受到重视,当地两级公安行政机关的行政行为越来越规范使得案件数量变少。

2. 城乡建设行政管理案件的变化及其说明

(1) 数据的呈现

城乡建设行政管理案件是 R 区 1992 年逐渐开始出现增多的案件类型,1987~2016 年共收到起诉案件 671 件。其历年占当年起诉案件的百分比变化如图 2-9 所示,可以看出:R 区法院城乡建设行政管理案件占比最低约为 0,最高为 2012 年约 87%;1992 年以前有 4 年没有此类案件,1992 年以后出现 5 年高于或等于 50% 的情况,在 30 年的总量 671 件中占比约为 45%,总体趋势是在起伏中上升。

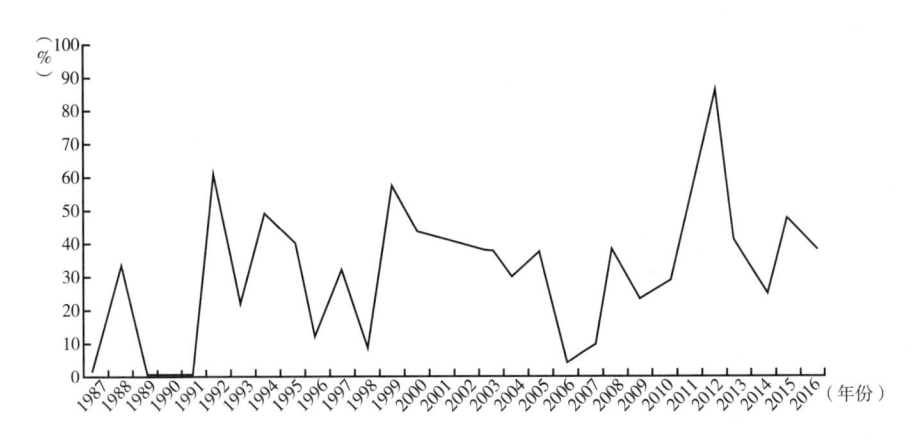

图 2-9 1987~2016 年 R 区城乡建设行政管理案件占比变化

将占比情况以 10 年为期进行划分,变化周期可以分成三个阶段:第一阶段,1987~1996 年为 0~60%,年均 21%,说明这 10 年该类案件开始具有典型性,并且增长非常快速;第二阶段,1997~2006 年为 4%~56%,年均 33%,明显看出该类案件占比已经超过公安行政管理案件,成为该区数量最多的案件类型;第三阶段,2007~2016 年为 8%~87%,年均 42%,再次出现上涨，继续突出了该类案件的数量增势。

由此可见，城乡建设行政管理案件在 R 区的起诉量虽然出现了一定的起伏，但在不断增加，说明城乡建设行政管理主体在 R 区的管理活动相对活跃，这一类的行政争议中相对人选择诉讼路径救济的意愿也比较强烈。

（2）案件类型变化

为了观察 R 区城乡建设行政管理中哪些类型的案件相对人更倾向选择诉讼救济，将该类案件按照《最高人民法院关于规范行政案件案由的通知》中的分类进行统计，如表 2-12 所示。

表 2-12　1987~2016 年 R 区城乡建设行政管理案件类型统计

年度	总计	城市规划	拆迁	房屋登记	其他
1987	0	0	0	0	0
1988	1	0	1	0	0
1989	0	0	0	0	0
1990	0	0	0	0	0
1991	0	0	0	0	0
1992	6	0	3	3	0
1993	2	0	2	0	0
1994	7	0	6	1	0
1995	7	0	5	0	2
1996	2	0	2	0	0
1997	4	0	2	0	2
1998	1	0	0	1	0
1999	9	0	7	2	0
2000	7	2	2	3	0
2001	14	7	2	5	0
2002	14	2	10	2	0
2003	8	2	6	0	0
2004	16	6	6	4	0
2005	11	2	3	6	0
2006	4	2	0	2	0
2007	3	1	2	0	0
2008	13	2	5	6	0
2009	6	1	2	3	0

续表

年度	总计	城市规划	拆迁	房屋登记	其他
2010	11	2	4	5	0
2011	75	11	58	6	0
2012	270	14	245	11	0
2013	28	4	20	4	0
2014	26	1	3	22	0
2015	81	2	7	67	5
2016	45	4	5	25	11
合计	671	65	408	178	20

从表2-12中可以看出在该类案件中主要的类型及其发展特点是：有关房屋拆迁管理案件408件，尽管30年中有6年没有该类案件，但年均仍约14件，占该类案件总量的约61%；有关房屋登记管理行政案件178件，30年中有19年有此类案件，在近5年出现迅速增长的情况，30年平均约6件，总数占该类案件总量的约27%；有关城市规划管理行政案件65件，30年平均约2件，是2000年以后出现的新型案件，占该类案件总量的约10%。

其他类的案件中主要包括：不服城市管理执法局进行违法建筑拆除、城市绿化管理等20件。其中绿化管理类案件是根据T市制定的地方法规进行行政管理产生的新类型。2015年立法法修改，经S省批准，T市获得立法权后陆续制定了3部地方性法规，赋予了城市管理机关在上位法原则下地方管理的灵活处罚权，以后还将不断出现此类案件。

(3) 变化说明

①地产经济发展引发案件起诉量大

R区作为T市政府机关驻地，承载了T市城市发展核心区域的大量建设项目。T市60%左右的城市居民都住在R区，该区的房价是T市辖区内最高的。人多意味着各种公共项目的扩展以及政绩工程的不断开发有了原动力。R区从1992年就开始以不断增加固定资产在该区经济生产总值中的占比来发展地方模式，也就是以征地、卖地、发展地产经济的方式拉动地方产业的发展。在2000年后以辖区内两所承载了近10万师生的省属大学的新区为辐射区，加大了对城市建设扩展的规模和速度，截至2010年，城市建城区域已经增加了5倍。[①] 随后由于R区内房价的快速上涨，房地产开发成为该区主要的经济支撑。围绕房产的土地使用许可、土地转让协议、土地规划许可、拆迁安置、相关信息公开、相关验收等系列行政管理活动非常频繁，发生的争议也非常多。加之随着国家法治建设的不断发展，公民的维权意识以及通过行政诉讼救济的选择越来越多，该类案件出现了剧增。而且由于涉及群体维权的典型和政府治理稳定的敏感，多种因素会影响案件的裁判，法院一般都做协调处理，而非直接判决。

②法院案件的统计方法变化影响案件数量的计算

在该类案件中常常因涉及原告众多而出现共同诉讼、集团诉讼，无论是早期膨胀的拆迁案件、规划案件，还是近5年频繁出现的房屋登记案件，一般涉及的都是一定区域的原告，数量上少则几十人，有时甚至上百上千人。R区法院对此类案件数量的统计方法在不断变化，在2000年以前基本上是数人起诉合并立案，2000年以后尤其是2006年，就以原告数量来计算案件数量，所以会出现一个拆迁行政行为引发数十起行政案件，甚至循环起诉，数量翻倍。比如典型的就有欧某等53位拆迁户反复起诉的案件，此种情况在2012年该类案件中总数达到212件，但在法院内部绩效奖金发放计算案件工作量时仅仅计算为8件。在司法统计与法院实际计算之间明显存在巨大差距。

在2015年、2016年该53人还继续提起过诉讼，但都合并计算成一个案件。然而，2015年某小区32位业主提出的房屋产权证办理诉讼，又分别计算为32件。由此可见，2015年以后该法院不以案件数量来计算年终绩效奖金发放后，其统计案件数量的方法是：新起诉的集团诉讼如果标的可分就分案计算，不可分就合并算一案；反复、循环诉讼都合并成一案处理。

由以上不同的统计方法可以看出，基层法院案件立案编号统计案件与法院自身统计计算工作量考核的计算方法有着较大区别。R区法院内部计算案件数量的方法和标准在不同的领导更换后，都会有所改变，也会由于上级法

---

① 参见《2011年T市年鉴》，第35页。

院管理变化等原因发生改变，至今也没有统一的计算标准将方法稳定进行规范，都由各审判庭在法院的大原则下灵活掌握计算细节。但是将集团诉讼一起开庭的案件合并计算统计结果发放绩效考核奖金，是公认的计算方法。如果采用这样的方法进行统计，那么该类案件的数量会大量减少。但仍然由于其具有时代的典型性，基数多且计算后数量还是位居所有类型占比中的第一位。

3. 劳动与社会保障行政管理案件的变化及其说明

（1）数据的总体呈现

劳动与社会保障行政管理案件是 R 区 1994 年逐渐开始增多的案件类型。从 1987~2016 年共收到起诉案件 180 件。其历年占当年起诉案件的百分比计算如图 2-10 所示，可以看出：R 区法院劳动与社会保障行政管理案件占比最低约为 0，最高为 2015、2016 年约 28%；1994 年以前没有此类案件，1994 年以后还出现 4 年为 0 的情况，30 年总量在行政诉讼总量中的占比为 12%，总体趋势是在起伏中不断上升。

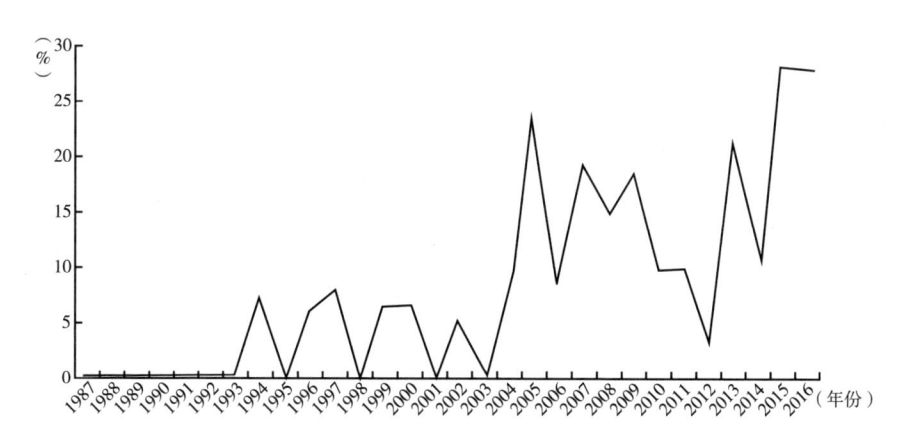

图 2-10 1987~2016 年 R 区劳动与社会保障行政管理案件占比变化

将其占比情况以 10 年为期进行划分，变化周期可以分成三个阶段：第一阶段，1987~1996 年为 0~7%，年均 1%，说明这 10 年该类案件并不具有典型性；第二阶段，1997~2006 年为 0~23%，年均 7%，明显看出该类案件有所增加，但还没有成为该区数量较多的案件类型；第三阶段，2007~2016 年为 4%~28%，年均 16%，再次出现上涨，显示了该类案件占比超过总量

10%的典型性。

由此可见劳动与社会保障行政管理案件在 R 区的起诉量虽然出现了一定的起伏,但在不断增加,说明近几年劳动与社会保障行政管理在 R 区的管理活动相对活跃,这一类的行政争议中的相对人选择诉讼路径救济的意愿也相对强烈。

(2) 案件类型变化

为了观察 R 区劳动与社会保障行政管理中哪些类型的案件更倾向选择诉讼救济,将该类案件按照《最高人民法院关于规范行政案件案由的通知》中的分类进行统计如表 2-13 所示。

表 2-13　1987~2016 年 R 区劳动与社会保障行政管理案件类型统计

年度	总计	工伤认定	工作安排	社会保障	其他
1987	0	0	0	0	0
1988	0	0	0	0	0
1989	0	0	0	0	0
1990	0	0	0	0	0
1991	0	0	0	0	0
1992	0	0	0	0	0
1993	0	0	0	0	0
1994	1	0	1	0	0
1995	0	0	0	0	0
1996	1	0	0	1	0
1997	1	0	0	1	0
1998	0	0	0	0	0
1999	1	0	1	0	0
2000	1	0	0	1	0
2001	0	0	0	0	0
2002	2	0	1	1	0
2003	0	0	0	0	0
2004	5	3	1	0	1
2005	7	5	1	0	1
2006	9	7	0	1	1
2007	7	7	0	0	0
2008	5	5	0	0	0
2009	5	5	0	0	0

续表

年度	总计	工伤认定	工作安排	社会保障	其他
2010	4	4	0	0	0
2011	13	11	0	0	2
2012	11	9	0	1	1
2013	16	13	0	1	2
2014	11	11	0	0	0
2015	47	14	31	1	1
2016	33	19	1	11	2
合计	180	113	37	19	11

观察表2-13看出，在该类案件中主要的类型及其发展特点是：有关工商认定案件113件，尽管30年中有17年没有该类案件，年均仍约4件，占该类案件总量的约63%；有关工作安排的行政案件37件，30年中只有7年有此类案件，出现的频率并不高，30年平均约1件，总数占该类案件总量的约21%；有关社会保障管理行政案件19件，30年中有9年出现了起诉案件的情况，占该类案件总量的约11%。

其他类的案件中主要包括：不服档案管理、劳动监察管理处罚、劳务派遣争议等11件。尤其，其中一件起诉为企业因使用未成年人劳动者受处罚案，还被S省次年选出作为典型劳动维权案例。

（3）变化的说明

查阅档案发现发生变化主要为以下原因。

第一，历史遗留问题引发争议。2002年以前的7件起诉都是由于"文化大革命"时期的动乱等造成档案遗失，相关人员要求恢复公职和社会保险等福利待遇的案件。这些案件到如今都无法查清原来的事实问题，许多原告没有能够得到正式工作人员的社会保险待遇。其中有一起是抗美援朝复员老军人档案遗失未被追认的案件。被告在程序操作上并没有违法，在事实调查方面由于缺乏证据无法查明，最终法院判决原告败诉。直到原告去世3年后终于得到身份认定的证据，但是其已经不能再获得确认后的社会保险待遇。2015年出现了2000年以前毕业的中专生要求安排工作的集团诉讼，也是2000年前后国家出台大中专学生扩招自主就业政策实施留下的历史问题，在立案登记制度实施下起诉到法院。

第二，立法改变增加新型案件。2003年出现案件的断裂后，2004年工伤保险条例颁布，相继出现以工商认定为主要典型的起诉案件。由于近几年经济发展以地产经济为主，R区工伤认定的原告或者第三人约有70%是房地产企业。该类案件的事实判断和法律适用相对简单，也不会涉及社会人数众多以及与政府相关的敏感问题，无论判决被告败诉还是原告败诉，最终责任都不会由被告承担。这与有学者研究的结论相似，[①] 所以法院的判决主要集中于这类案件。而原告胜诉的除了政府信息公开类案件外，也就是此类案件最为典型。2008年劳动合同法实施以后，近几年又出现了劳动监察、购买社会保险等其他类新的案件。由此可见，立法的改变直接引起了案件的类型变化。

4. 资源行政管理案件的变化及其说明

（1）数据呈现

资源行政管理案件是R区1999年典型的数量增多的案件类型，1987~2016年共收到起诉121件。其历年占当年起诉的百分比如图2-11所示，可以看出：R区法院资源行政管理案件占比最低约为0，最高为2014年约50%；1999年以前有11年没有此类案件，1999年以后出现5年高于10%的情况，30年总量为121件占比约为8%，总体趋势是在波动中上升。

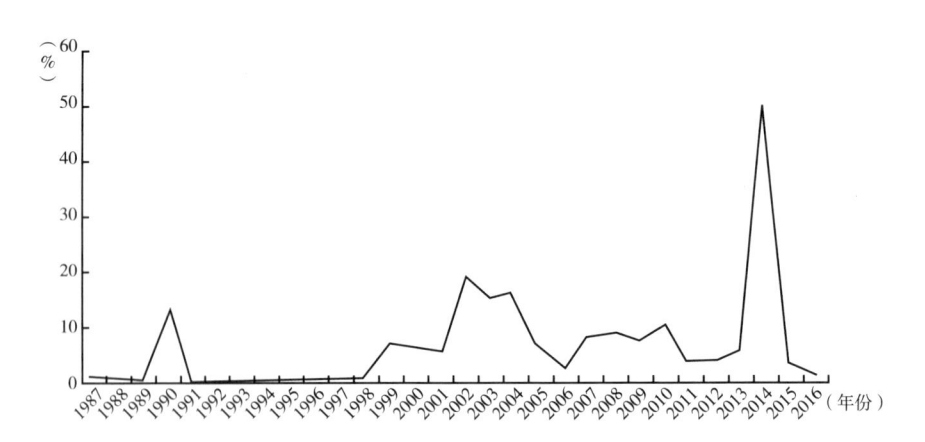

图2-11　1987~2016年R区资源行政管理案件占比变化

[①] 参见应星、徐胤《"立案政治学"与行政诉讼率的徘徊——华北两市基层法院的对比研究》，《政法论坛》2009年第6期。

将其占比以 10 年为期进行划分，变化周期可以分成三个阶段：第一阶段，1987～1996 年为 0～13%，年均 1%，说明这 10 年该类案件极少；第二阶段，1997～2006 年为 3%～19%，年均 9%，明显看出该类案件占比提升，接近占比为 10% 的案件类型性；第三阶段，2007～2016 年为 2%～50%，年均 10%，比上一阶段出现微增，出现了占比典型的特征，但表现出了下降趋势。

由此可见资源行政管理案件在 R 区的起诉量出现了一定的起伏活跃期，说明该类行政管理主体在 R 区的管理活动曾经有一定的突出时期，这一类行政争议中相对人选择诉讼救济的意愿并不是一直非常突出。

（2）变化说明

将该类案件按照《最高人民法院关于规范行政案件案由的通知》中的分类进行统计发现，其中涉及土地资源的案件 112 件，占资源类案件的约 93%，其他涉及河段、林权等仅有 9 件，约占 7%。明显可见，该区资源类案件绝大多数都是涉及土地权属确认以及使用权转让等问题，进一步验证了其与城建类案件的关联性，在某种程度上反映了该区与其他地方发展共有的"土地财政"[①] 行政管理的特点。

2014 年新行政诉讼法将行政协议案件纳入受案范围，行政协议案件多涉及土地资源问题，而且涉及的诉讼标的额都不小，从理论推演来看，此类案件应该在 2015～2016 年明显增多，但是在 R 区只出现了 5 件涉及土地使用权转让协议以及政府招商引资协议的案件，却没有出现明显增多的情况，可能还会延迟才能出现。

5. 其他类型案件变化及其简要说明

1987～2016 年在 R 区提起行政诉讼案件的类型中，还有总量为 67 件占比为 5% 的交通运输案件以及总量为 48 件占比为 3% 的工商管理案件是比较典型的传统类案件。这类案件的变化在一定程度上反映了 R 区交通行政管理和工商业行政管理的执法水平。这两类案件与其他类型中的计量监督、税务、民政、卫生管理类行政案件都是较为传统类型的案件，大多数年份都会出现，

---

① 参见田传浩、李明坤、鄢水清《土地财政与地方公共物品供给——基于城市层面的经验》，《公共管理学报》2014 年第 4 期。

但是数量较少。

另外，总量为 71 件占比约为 5% 的司法行政类案件，由于 2005 年 12 月 10 日后起诉计入 2006 年案件①的 59 人不服公证的集团诉讼占比略显高，但该类案件在 2006 年 3 月公证法实施后，由于公证行为不属于行政诉讼的受案范围，案件数量明显减少。

在其他类的案件类型中其实还包括了多种数量较少的案件类型，比如农业行政管理、计划生育管理、新闻出版管理、教育类行政管理（包括学生状告高校处罚、研究生招生等）、安全管理等等案件类型，说明 R 区行政争议类型的多样化。尤其是近几年街道办事处和乡政府作为被告的案件在增多，说明国家政权下沉到基层的行政管理活动增多，发生的争议也有所增加。

四　R 区行政诉讼率的层级变化

行政诉讼率是一个动态变化的数据，前文从 1987～2016 年的起诉数量变化和案件类型的变化进行了分析，下文主要从案件在法院处理行政诉讼不同环节所体现出来的数据变化，结合访谈说明进行样本的描述及分析。

（一）数据统计说明

从起诉到收案、立案、审判、执行，历年案件数据在行政诉讼的流程中是不同的，如何搜集、整理、分析这些数据，依照流程的先后顺序进行相关工作是一种较好的研究思路。在进行数据呈现之前，为了保证研究的质量，有必要对每一阶段统计指标、统计数据搜集的来源及其局限进行说明。

1. 从起诉数量到收案数量调研说明

按照本研究之初的界定，行政诉讼率是每万人中提起行政诉讼的案件数量。在 R 区，这直接与每年到该区法院提起行政诉讼案件的数量，即起诉总量相关。每年起诉到 R 区法院的案件是否都被该区法院收案，起诉数量与收案数量之间是否等同？对于此，通过调研访谈和 3 年的抽样档案数据核对发

---

① 在 S 省统一每年 12 月 10 日以后收到的案件都计入下一年案号，也就是说案号为 2006 年度的案件实际收案时间为 2015 年 12 月 11 日至 2016 年 12 月 10 日，历年如此类推。

现，两者虽然不能绝对等同，但误差值不大，将收案数视为起诉数进行统计，是一个绝大多数样本的抽取，不影响数据的主要变化趋势，因此本研究不单独讨论从起诉数量到收案数量的变化。

(1) 相关访谈内容摘录

R区法院立案庭的倪庭长（1981～1995）在接受访谈时提到："一要看起诉如何认定，如果是递交起诉状，只要交来，立案庭都会收。如果是口头起诉，说得清又确实要起诉的，也肯定收；有些说不清，无法记录，被立案庭工作人员多问几句就放弃了，也就不算真的要起诉，收案记录里就没有；或者说得清，说着说着又放弃了的，也不会有记录。这种情况当时（20世纪90年代）有少数，尤其是民事案件，但在行政案件中基本少。"

R区法院立案庭张庭长（1996～2005）接受访谈时说："在任职期间有原告起诉到法院，法院没有收案的少数情况，主要是起诉的事项明显不是法院能管的，比如直接要求法院判决别人的结婚证无效等，工作人员请其变更补充完善资料没有完成的，不会收案。"

R区法院行政审判庭李庭长（2000～2014）接受访谈时说，2000年前行政起诉材料是立案庭、行政庭都在收，立案庭收了材料还是全转给我们处理，后来立案庭就让原告全将起诉材料交到行政庭了。2003年最高人民法院在行政庭庭长培训中提出"严把立案关"①后，行政起诉材料就都交到行政庭，包括立案编号、出具立案文书、收费票据等全部都由行政庭处理，反正行政案件诉讼费用也少。

收到起诉材料后，我们一般会分情况进行处理：符合起诉的，法定期间内立案；不符合的会不予立案；暂时定不了的会先收材料再讨论；而那些明显不符合行政诉讼起诉条件的，我们是会给原告讲清楚的，原告接受意见拿走起诉材料的就没有记录，坚持要起诉的，一般都是裁定不予受理。不收案就不记录也不登记，从法律程序上是过不去的。材料

---

① 参见沈德咏《坚持改革创新规范立案职能努力开创立案工作新局面》，《人民法院报》2003年2月22日，第1版。

都收上来了，庭上的收案登记簿以及法院前台（或门卫）处来访登记簿应该有记录，不会没有凭据就直接退回去，程序上是行不通的。当然不立案就不收材料不记录也不给凭据的情况不能说没有，但在我的印象里主要确实是明显不是行政诉讼管辖的案件。

（2）抽样查证核实记录

由于在档案里没有全部找到1987～2014年的收案登记簿和来访登记簿，只发现2005年该院启用法院案件管理系统登记案件之前，1993、1998、2003年两种登记簿有整年的。经核对来访登记簿中由来人选择来访事由为"行政起诉"的记录次数分别是：13、15、28次；行政庭的收案登记簿的记录案数分别是：10、11、21件，3年里来访记录备注里都有勾选"有当事人来问行政起诉事项，但未提交起诉材料"的情况，而3年分别的行政案件档案材料确有对应的10、11、21件。由此可视作一个抽样数据的代表性旁证。

2. 其他统计说明

（1）收案数量的来源：1987～1989年的数据来自档案室保管的行政审判庭收案登记簿；1990～2004年的数据来自立案庭和行政收案庭登记簿；2005～2016年的数据来自法院案件管理系统的统计。

（2）立案数量的来源：1987～1989年的数据来自档案保管的诉讼材料；1990～2004年的数据来自该院的司法统计表，2005～2016年的数据来自法院案件管理系统的统计。

（3）判决数量、撤诉数量数据来源：1987～2004年数据来自档案文书等材料记录；2005～2016来自法院案件管理系统的统计。

（4）开庭审理数量数据来源：1987～2014年数据以档案文书中有"开庭"记录的案件数量为准；2015～2016年数据以该院行政庭记录和网上该院行政裁判文书记录数量为准。

（二）历年案件结案类型

1. 数据的总体呈现

按照档案记录的结案方式有裁定（包括不予受理、驳回起诉、撤诉、移送管辖、终结诉讼）、判决［包括维持、部分或全部撤销（重作）、驳回诉讼请求、赔偿］，将 R 区法院 30 年的情况进行统计，如表 2-14 所示。

表 2-14　1987~2016 年 R 区法院行政结案类型数量统计

单位：件

年度	收案	不予受理	驳回起诉	撤诉	移送管辖	判决	终结诉讼
1987	4	0	0	0	0	4	0
1988	3	1	0	2	0	0	0
1989	2	0	0	1	0	0	1
1990	8	0	0	3	0	5	0
1991	6	0	0	4	0	2	0
1992	10	0	0	2	1	7	0
1993	10	0	0	5	0	5	0
1994	14	2	0	4	1	7	0
1995	18	1	0	10	2	5	0
1996	16	2	0	8	0	6	0
1997	13	2	0	7	1	3	0
1998	11	1	0	5	0	5	0
1999	16	1	0	8	0	7	0
2000	16	1	0	9	1	5	0
2001	34	4	1	15	1	13	0
2002	36	4	0	17	8	7	0
2003	21	7	0	8	1	5	0
2004	56	4	1	19	9	23	0
2005	30	5	4	12	0	9	0
2006	106	11	3	46	1	45	0
2007	36	8	3	16	2	7	0
2008	33	4	4	11	0	14	0
2009	27	4	0	5	0	18	0
2010	41	3	8	10	0	20	0
2011	132	73	6	31	3	19	0
2012	311	4	56	141	0	110	0
2013	75	24	11	20	0	20	0
2014	106	17	5	39	0	45	0
2015	168	28	8	48	11	73	0
2016	118	16	16	32	12	42	0
合计	1477	227	126	538	54	531	1

2. 各结案类型总比例

将各年结案方式类型分别汇总相加后发现如图 2-12 所示的两大部分。首先，除了判决结案占 36% 外，都是以裁定方式结案，占比超过一半。其次，裁定结案中依照占比高低依次是：撤诉（36%）、不予受理（15%）、驳回起诉（9%）移送管辖（4%）。而裁定终结诉讼的只有一个案件。从总量上看，R 区法院行政案件审理也具有撤诉率高的特点，这与全国其他法院相比具有共性，但其还有特殊的个性，下文将逐一呈现并予以说明。

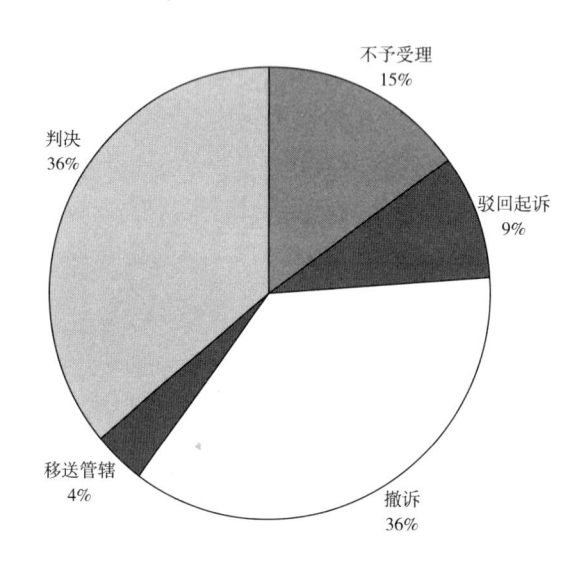

图 2-12　R 区法院 1987~2016 年行政结案类型占比

（三）立案率的变化及其解释

1. 数据的呈现

对案件进行立案是法院保障起诉权的第一步。立案阶段的工作是展开后续审判流程的关键环节。当法院收到当事人的起诉材料后，首先是要依据相关诉讼的受理条件对起诉的文书和证据材料进行立案审查。鉴于行政诉讼案件的专业要求，在 R 区法院行政立案审查的分工中，立案庭的工作人员负责查看诉讼材料完整性等形式审查，而案件本身是否符合行政诉讼受案范围等实质审查是由行政审判庭工作人员完成的。按照受访的立案庭的一位法官的说法：在 R 区法院，立案庭只负责收材料，至于是否应该立案以及实际能否立案都是行政审判庭负责出决定，到后来连材料干脆都由行政庭自己收。这类似其他学者所批判的"立审分离形式主义"，[①] 但其1987年以来受理行政案件均依这种实践来操作。

为了方便考察其运作实践效果，下文引入行政诉讼立案率，即立案数量占起诉数量的百分比来进行量化分析。根据前文所述，将每年收案数量视为起诉数量的抽样数据，表2-15中的立案数量为收案数量扣除裁定不予受理的案件数量。计算方式为：

$$立案率 = [(收案案件数 - 裁定不予受理案件数)/收案案件数] \times 100\%$$

依据行政诉讼法的规定，立案后发现案件不符合起诉法定要件，以裁定驳回起诉结案，因此裁定驳回起诉解决立案阶段遗留问题。基于此，考察受理后驳回起诉在立案数量中的比例，可以作为立案审查质量的一种考证，见表2-15。

表2-15 1987~2016年R区法院行政立案率统计

单位：件，%

年度	收案	不予受理	立案	立案率	驳回起诉	驳回起诉占比
1987	4	0	4	100	0	0
1988	3	1	2	67	0	0
1989	2	0	2	100	0	0
1990	8	0	8	100	0	0
1991	6	0	6	100	0	0
1992	10	0	10	100	0	0
1993	10	0	10	100	0	0
1994	14	2	12	86	0	0
1995	18	1	17	94	0	0
1996	16	2	14	88	0	0
1997	13	2	11	85	0	0

---

① 参见应星、徐胤《"立案政治学"与行政诉讼率的徘徊——华北两市基层法院的对比研究》，《政法论坛》2009年第6期；郑涛《司法改革背景下法院立案制度改革的反思——以土地补偿款分配纠纷诉讼为切入点》，《西安电子科技大学学报》（社会科学版）2016年第3期。

续表

年度	收案	不予受理	立案	立案率	驳回起诉	驳回起诉占比
1998	11	1	10	91	0	0
1999	16	1	15	94	0	0
2000	16	1	15	94	0	0
2001	34	4	30	88	1	3
2002	36	4	32	89	0	0
2003	21	7	14	67	0	0
2004	56	4	52	93	1	2
2005	30	5	25	83	4	16
2006	106	11	95	90	3	3
2007	36	8	28	78	3	11
2008	33	4	29	88	4	14
2009	27	4	23	85	0	0
2010	41	3	38	93	8	21
2011	132	73	59	45	6	10
2012	311	4	307	99	56	18
2013	75	24	51	68	11	22
2014	106	17	89	84	5	6
2015	168	28	140	83	8	6
2016	118	16	102	86	16	16
合计	1477	227	1250	85	126	10

2. 变化的解释

将表2-15的立案率制成曲线变化图（见图2-13），可见R区法院这30年以来立案率波动于45%~100%，其中最高在1987~1993年（含1993年，除1988年）有6年都是100%，然后是2012年为99%。出现了4个低值，即2011年最低为45%，1988、2003、2013年3年都约67%，30年来年均值达85%。

（1）高立案率值出现的解释

1993年以前出现高立案率，主要在于：一方面，当时法院重视行政审判业务的开展。1993年以前，行政案件起诉量都很少（没有超过10件），要将诉讼业务开展起来，多立案是最直接的方式，法院以及行政审判庭的法官都希望来案就立"树典型"。正如受访王庭长说的那样："不然行政审判庭编制设的4人（有1人实际给了民庭），人人都'一张报纸一杯茶就一天'，没有

图 2-13　1987~2016 年 R 区行政立案率变化

案件数量自己都不好意思。"

另一方面，当时的案件比较简单。案件基本上都是涉及打架斗殴的治安处罚案件，而且有第一任庭长建立起来的和公安机关的关系，法院也不怕受理这类案件。

然而，王庭长也提及当时到 R 区法院起诉的行政诉状等材料是直接交给行政庭的，有原告到立案庭询问，就转告其材料直接转交行政审判庭，由行政审判庭法官从形式到实质进行立案审查：

> 如果法官觉得不属于行政案件的，会当面给原告说清楚，有些原告听取了意见，也为了不花费用，自己当场就拿走了材料，行政庭就可能也没有收案登记，甚至有原告就是先到行政审判庭，询问了法官觉得法院"真的能管"才交起诉材料。当然这些应该都是互相认识的或者说都处于同一个交际圈的情况。除此之外，对于来访的起诉人，法官进行简单的了解后会直接告知其先交材料再起诉，当时来问的人少，一般来问还是鼓励其起诉。当时法院并没有严格强调立案法定程序，也没有要讲什么的绩效奖惩，但行政审判法官对立案基本程序原理还是懂的，法院的分工还是会顾及，都是非常有觉悟的。

档案中门卫记录 1993 年有 15 次来访记录，而立案庭收案登记只有 10 次符合当时的实践操作惯例。

(2) 低立案率出现的解释

最低值出现的"必然"与"意外"。对于 2011 年出现了最低值而且也是 30 年中唯一一年低于 50% 的情况,需要联系当时特殊的社会背景和当地的情况来分析其必然性。

首先,起诉量突然骤升是受到国家立法的影响。2011 年 1 月 19 日颁布的《国有土地上房屋征收与补偿条例》第 35 条明文规定"政府不得责成有关部门强制拆迁",当年 6 月颁布的行政强制法又严格规定了相应的程序约束,实际将拆迁交由人民法院。R 区许多被拆迁人,从国家立法看到了以前被拆迁的不合理,以为有了诉讼救济作为直接依据,产生了胜诉的希望,纷纷到法院起诉。而拆迁案件一般原告人数都不少,自然案件起诉量就会大量增长。

其次,案件多涉及 2010 年前历史遗留问题。2001~2010 年,T 市主要城市基础建设和大型工程都在 R 区,短短 10 年期间城区建设面积比 2000 年前扩大了近十倍。T 市政新区、大型工业区、滨江景域、新火车站、R 区新城以及 T 市两所省属高校新区修建等系列项目征地拆迁,都在 R 区内。在处理相关事项过程中,发生了大量的争议,尤其是拆迁争议。由于 2011 年《城市房屋拆迁管理条例》被废除,许多 2011 年以前依据该条例进行的拆迁案件都起诉到法院,但是超过诉讼时效的不少,因此不予受理的案件较多。如前述欧某等 53 人就起诉公安机关在 2008 年底拆迁过程中帮助政府限制人身自由,但因超过起诉期限不予受理,一共 53 个案件。

最后,多重压力下法官立案审查操作发生了改变。2007~2009 年,涉诉涉访各种"维稳"材料写作、回报、请示等相关工作,让法院跟行政机关一起承担了维护社会稳定秩序的重任,法院受到了来自当地政府的压力。2011 年国家法律明确做出规范行政拆迁、保障民权的重要转向,诉讼案件数量的大量增加,法院面临来自国家层面导向下诉讼原告的压力。2011 年 2 月最高法提出上级法院对下级监督和风险评估机制考核[①]后,绩效考核又给法官带来了许多办案业务外的压力。同时地方土地财政发展模式下产生

---

① 参见 2011 年 2 月 15 日《最高人民法院关于新形势下进一步加强人民法院基层基础设施的若干意见》规定。

的许多行政争议往往涉众，法律关系多元复杂，很多案件不是法院能够解决的。以前在案件数量少的情况下，法官还会对这对一些案件进行一点力所能及的协调，以促成解决，可是就连协调经验丰富的李庭长也从2011年开始明显感觉"力不从心"。有些个别案件确实麻烦，不如一开始就不立案，或者立案后又裁定驳回起诉，这样原告实体救济权益并未消失，待以后起诉条件成就还可以再救济，这也是基层法官在重压之下不得已的"缓兵之计"。

另外，2011年R区法院加强了诉讼风险评估机制考核，多办案件就意味着风险遇到的可能性越大。行政案件的审判本身难以让被告与原告都满意，原告不满意"缠讼""闹访"带来麻烦是常事，可是来自被告政府机关的"不满"和"刁难"就让法官更为难。为了减少审判带来的"麻烦"和"刁难"，法官在行使立案实质审查权的时候就尽量少立案，这也是一种规避诉讼风险的无奈之举。当时任职的李庭长在2010以前特别杜绝这种情况发生，但有一起案件意外的发生，让她不敢苛求当时行政审判庭的其他4位工作人员都"决不能怕麻烦不立案"。据2010年8月《某机关投诉行政审判庭乱收费调查报告》的记载，这"意外"的始末是：

> 2010年7月有个T市某政府机关的案件被起诉到R区法院，该机关收到应诉通知及材料后派了一位公务人员到法院查阅案件材料。该公务员在行政审判庭办公室直接表明：承办法官太年轻，没经验不应该受理该案。承办法官不服气，义正词严申明立不立案由法院决定，并当面批评了该机关公务员。待该公务员离开时提出要复印R区法院以前审理的同类案件的材料。承办法官就回复了一句：到法院档案室查询，可能要准备200元以上的复印费才复印得完（意指以前立的案件多，档案室复印档案需要收取复印工本费）。
>
> 后来，在当月底某次市人大也列席的市委市政府会议上，被诉政府机关副局长就在会上公开批评说："法院违法乱纪严重，乱收费都收到政府机关的头上了，对百姓更可想而知。比如R区行政审判庭就有法官乱收行政机关诉讼费用，查阅原告起诉材料就要求交200元复印费用，哪条法律规定可以这样收费？法院作为司法机关这么做，不治治哪里会刹

住歪风，社会哪里会有公正。"由于该副局长的强烈措辞，市政府和市人大联合向 R 区法院发文，要求严肃查处。

R 区法院迅速组成专案组进行调查，让行政审判庭全体人员停工一周就此事进行检查。后虽然在 2010 年 8 月向两机关报送了调查报告，结论为"查无此事"，但同时也将年轻的行政审判庭法官调离岗位，并专门派院领导与某副局长沟通。最终以某副局长口头向市领导汇报表示"听说有此情况，事实以法院查证为准，'有则改之，无则预防'"结束了"意外"。

该"意外"对 R 区法官立案审查产生了消极影响。李庭长补充说：

一个年轻人本来是正直的，也查不出什么问题，还差点就涉及违纪处分。如果不是我们审判庭几个人都是团结一致说实话，那他还有得受的，说大了还不知会背啥锅。这是我（在 R 区法院）工作了几十年都没有遇到过的。八九十年代，政府机关更强势，惹不得，但到了法院就算不同意不采纳我们意见，但对我们法官本人还是尊重的。可是到了这个 2010 年了，政府官员还说不得了。这事让我们真切感受到法官地位低于政府官员，缺乏执业保障。此后，庭上其他人不想多立案、多办案，只要不违反法律规定，在管理上我都可以理解。随后 2011 年行政审判庭立案审查比以往严格，比例随后就降下来了。

（3）从低值到高值变化的解释

观察每次较低值出现后就有较高值出现的转变，比较 1988～1989 年、2003～2004 年、2011～2012 年三组变化，都是如此。1988 年出现了一起拆迁案件起诉不受理，由于全年总数只有 3 件，因此影响比例较大，到 1988 年全部立案，比例就变高了。2003 年出现了低值，在于 2003 年最高人民法院提出"严把立案关""无明确法律规定法院受理的案件，一般不受理""依法属于法院受理的""敏感案件慎重受理"，[①] R 区法院严格执行

[①] 参见沈德咏《坚持改革创新规范立案职能努力开创立案工作新局面》，《人民法院报》2003 年 2 月 22 日，第 1 版。

后发现立案率降得太低，又在2004年放宽操作，立案比例又提高了。然而从2011年的最低值到2012年99%的高占比却是经过了较多的周折。李庭长解释说：

> 到（2011）年底，我们被院上通报批评立案少。2012年我们（行政审判庭）就都不想进行立案审查工作，跟院领导提出严格"立审分离"，依法将案件立案审查全部交由立案庭决定。院领导经协调同意了。立案庭就基本上是来案件就收，反正立案后我们行政庭还是要审查，不行就驳回起诉。实质变成了立案庭初筛我们再筛的两次立案审查模式。以前一次立案审查将起诉情况全部实质审查完毕，驳回起诉就用得少，但后来就有第二次的专业实质审查，驳回起诉就用得多。比如2012年就出现了立案后有59件裁定驳回起诉的最高纪录。实际这种操作恰恰与2015年立案登记的操作分工流程是一样的。只是2013年初应立案庭要求院领导同意将行政审判庭一位审判人员调到了立案庭，此后立案庭审查行政案件的起诉条件就专业多了。

3. 立案的两重审查

从上文访谈中可以知道R区法院在程序上曾经是"立审分工"模式，但实际为了立案质量的提升，采取了审判人员实质审查，而立案庭负责材料形式和费用收取的变通操作方式。这个分工从这个角度来看，裁定驳回起诉的适用其实在某种程度上是对初步立案审查工作质量的一种检验。从其占比变化，可以看出初次立案后还有多少案件不符合起诉的法定条件，从图2-14中可以看出，2003年以后驳回起诉的适用明显增长，说明2003年最高人民法院"慎立案"的指导精神还是对R区法院的实践操作产生了很大的影响，而2006年S省高院要求多立案，裁定驳回起诉比例又明显下降。这都印证了上级法院对审判实践指导的直接影响。同时也验证了李庭长所说的"意外"影响因素造成了2011年后的变化。而2015~2016年驳回起诉占比又有所提升，则是新行政诉讼法实施后，立案登记全面实施产生的效应。

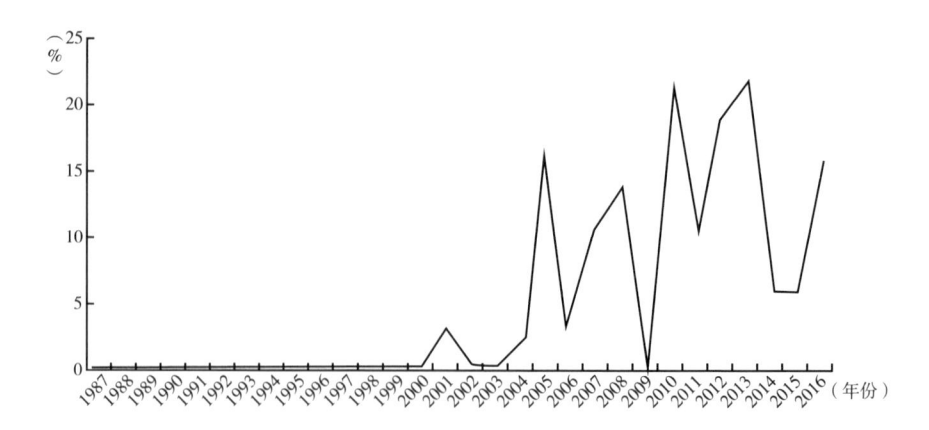

图 2-14　1987~2016 年 R 区行政案件驳回起诉占立案百分比变化

4. 不符合起诉条件的类型分析

为了进一步观察裁定不予受理与裁定驳回起诉审查重点的不同，也总结哪些起诉案件在立案时就结束了救济，用图 2-15 将不予受理与驳回起诉案件进行类比统计。

如图 2-15 所示，城建、资源、劳动与社会保障类案件在两种裁定中占比都高，而城建尤其是拆迁类占不予受理的比例远高于驳回起诉，资源尤其是土地类占不予受理的比例明显低于驳回起诉。

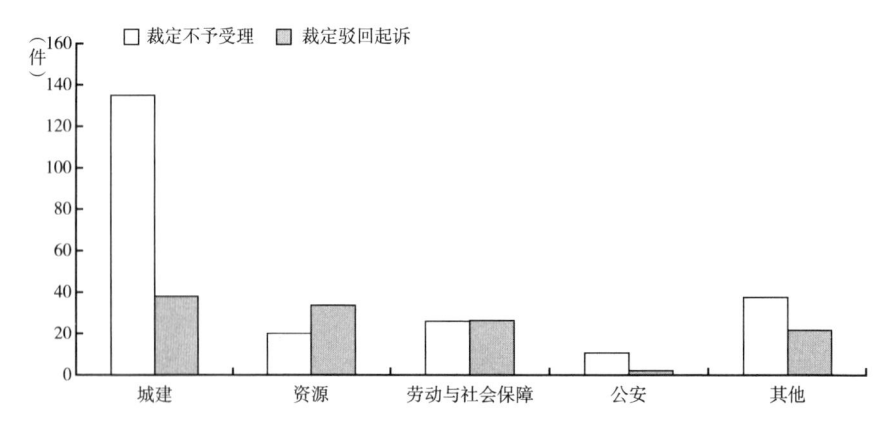

图 2-15　1987~2016 年 R 区行政案件不符合起诉的案由类型对比

将两种裁定中载明不符合起诉条件的类型进行对比统计如图 2-16 所示，超过起诉期限和未经前置程序是驳回起诉高于裁定不予受理的类型，这与土地法以及行政复议法规定的涉及土地争议需要前置程序相一致。① 也体现了李庭长提及的"土地财政"案件属于"敏感"案件，立案谨慎的操作惯例。

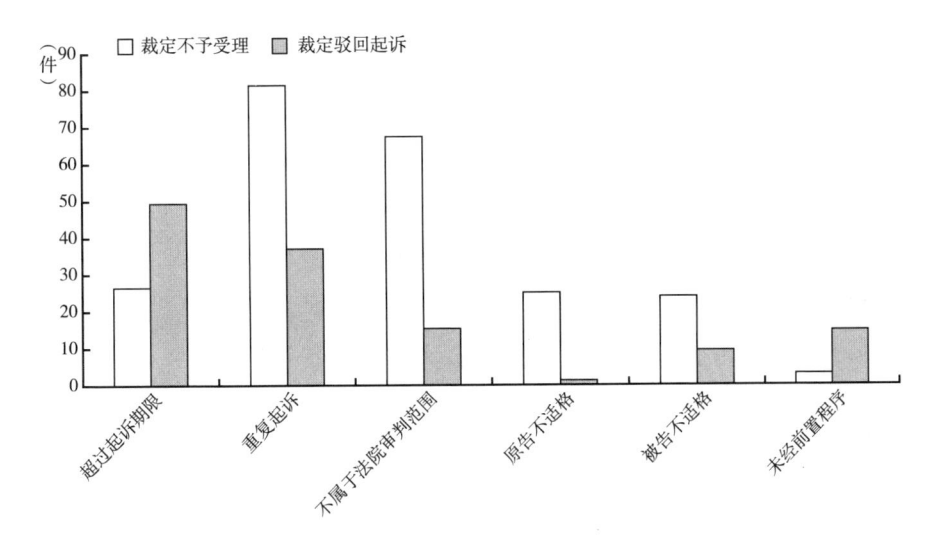

图 2-16　1987~2016 年 R 区行政案件不符合起诉条件类型对比

怎样才能做到谨慎？查阅档案发现行政审判庭进行立案的实质审查方式有承办人自定、合议庭（审判庭）讨论决定、审委会讨论决定三种形式。如果还决定不了，涉及起诉法定条件认定的就向上级法院请示，如案例七；涉及地方建设影响重大的就向政府请示，如案例八。

案例七：关于罗某某一案原告身份无法认定是否受理的请示（R 法〔2008〕第 10 号）

T 中院：

2007 年 7 月 23 日以来，我院行政庭和立案庭先后收到罗某某与何某夫妻递交的行政起诉状多份，状告市政府、市城管执法局、市公安局、区公安局、市国土局、信访局等多起案件，经审查一部分起诉证据不充分，一部分行政机关已经解决或者处理，要求法院做出不予立案的裁判文书，但罗某夫妻仍分别以自己的名义坚持起诉要求分别分得城区两市

---

① 参见《中华人民共和国复议法》第 30 条。

一厅房屋，但无法提供拆迁协议以及原有房证。而罗某某现自称53岁，只向法院提供身份证复印件不提供原件，至今法院无法查清其真实身份。在询问中又自称另名，并且在北京、成都、大连、昆明起诉500多案。据有关信访信息通报，罗某某起诉的目的是获得法院裁判文书贩卖给境外以达到攻击政府和司法机关得目的。何某自称为其妻，现年33岁，询问中说不清罗某某住址，其提起诉讼亦不排除与罗某某同有恶意诉讼的嫌疑。两人起诉后多次到法院纠缠，甚至损坏部分办公设施，无理取闹。我院之前请示，中院接访人员答复其起诉应当受理，不受理就要下达裁定书。但口头请示业务庭，答复要求不受理，也不宜做出书面裁定。两种不同答复，我院难以执行，为此再次请示，请给予明确指示。

R区法院
2008年3月1日

案例八：关于周某某等12人起诉拆迁赔偿标准不一是否受理的请示（R法〔2009〕第3号）

T市政府：

2009年5月23日，我院收到周某某等12人起诉市政新区征地拆迁赔偿标准不一的起诉状。经查该村691户拆迁赔偿出现了两种标准：有79户是按照滨江路T市2号文件规定拆迁赔偿标准签订的赔偿协议，而之前拆迁的612多户是按照市政府新区T市1号文件规定标准签订的赔偿协议。同一片区同一个村适用了两个赔偿标准相差很大的文件。现起诉的12户是612户中的一小部分，如果其起诉立案受理将要引发其他起诉，如果不立案将可能引发该村群体维权。如果都按照滨江路T市2号文件规定适用赔偿，就要多支出上千万赔偿款，请市政府妥善处理并函告指示。

R区法院
2009年5月27日

由此可见，涉及国家安全和地方治理的案件除了法院内部从合议庭到审委会等的定案外，还包括向上级（包括法院、政府）请示，这已经是 R 区法院多年形成的操作惯例。由于一些案卷档案副卷的缺失，无法做全面的统计，只找到了这 2 个案件请示材料的完整记录。据李庭长个人的保守估计：这种向上级法院书面请示的案件并非年年都有，只有涉及法律解释和适用问题时才会书面请示，但是通过电话等口头请示 T 市行政审判庭的大概每年都有10%，尤其是估计会上诉的案件得先汇报请示进行"预告"沟通。至于向政府请示都是人数众多或涉及当地政府大事的案件。这种案件经常出现在政府进行大型建设或者"专项治理"之后，尤其在 2014 年以前严抓涉诉涉访风险评估和考核时相对较多。

不过这种惯例在 2016 年 R 区法院实行法官员额制以后被打破，是否立案由承办法官自己决定，自己承担责任，实在觉得是疑难案件可以提交审委会讨论，咨询上级法院或者提请上级法院管辖。陈庭长和李庭长都认为 2015 年开始案件办理明显规范多了，"理论批评什么，操作实践就杜绝什么，法官回归到就诉讼材料判断法律问题，看起来是跟过去不一样了"。2015 年开始就没有就立案问题正式向政府写书面请示的情况，只是判案过程中写的司法建议增加了。

（四）判决率的呈现及其解释

1. 判决率的呈现与解释

判决是法官审判案件的权威体现，行政判决率低、审判难曾是行政诉讼中的弊端。[1] R 区法院 30 年来审判案件的情况怎样，是否有学界批判的共性，为方便考察，下文引入判决率，将其界定为判决结案数量占立案数量的百分比，即：判决率＝（判决数量/立案数量）×100%。判决率的变化见表 2-16。

将判决率制成变化曲线（见图 2-17），R 区行政审判 30 年以来以判决结案的案件占立案数量的比例变化呈现多波浪形，起伏不定。以十年为一个周

---

[1] 何海波：《困顿的行政诉讼》，《华东政法大学学报》2012 年第 2 期。

表 2-16　1987~2016 年 R 区法院行政案件判决率统计

单位：件；%

年度	立案	开庭审理	判决	判决率	判决占开庭百分比
1987	4	4	4	100	100
1988	2	0	0	0	0
1989	2	1	0	0	0
1990	8	5	5	63	100
1991	6	5	2	33	40
1992	10	7	7	70	100
1993	10	5	5	50	100
1994	12	9	7	58	78
1995	17	6	5	29	83
1996	14	8	6	43	75
1997	11	5	3	27	60
1998	10	6	5	50	83
1999	15	8	7	47	88
2000	15	6	5	33	83
2001	30	14	13	43	93
2002	32	8	7	22	88
2003	14	6	5	36	83
2004	52	26	23	44	88
2005	25	13	9	36	69
2006	95	52	45	47	87
2007	28	11	7	25	64
2008	29	18	14	48	78
2009	23	20	18	78	90
2010	38	28	20	53	71
2011	59	27	19	32	70
2012	307	172	110	36	64
2013	51	30	20	39	67
2014	89	58	45	51	78
2015	140	83	73	52	88
2016	102	51	42	41	82
合计	1250	692	531	42	77

期可以将曲线图走势明显分为三个阶段：1987~1996 年在 0~100% 波动，年均 45%；1997~2006 年在 22%~50% 波动，年均 39%；2007~2016 年在 25%~78% 波动，年均 46%。三个阶段均数比全国数据高。[①] 最高是 1987 年达到了 100%，而最低是 1988 年、1989 年无判决结案。

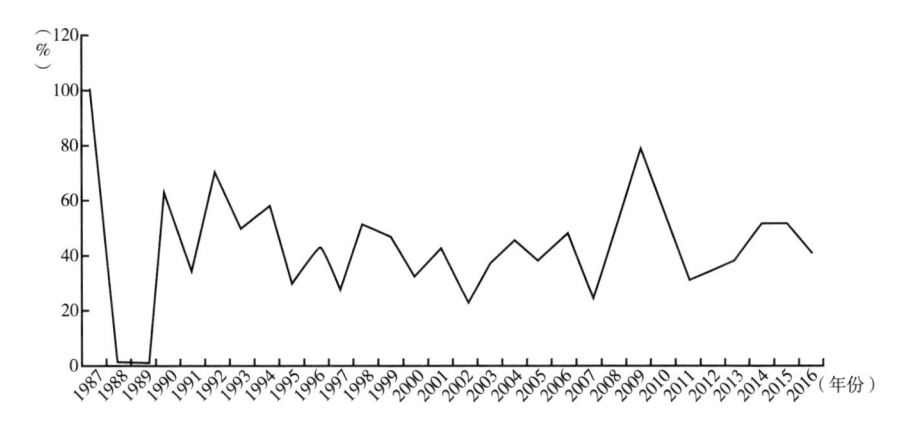

图 2 - 17　1987~2016 年 R 区法院行政案件判决率变化趋势

30 年中，超过（含）50% 的有 10 年，总判决率为 42%。可见，R 区法院以判决结案的数量较少，不到立案的一半。对此，结合接受访谈的三位行政审判庭庭长的访谈内容，总结其出现的原因如下。

第一，判决结案的要求高。比起其他结案方式，判决结案要求有庭审记录、录像、合议笔录以及审理报告、判决书等完整诉讼材料。而判决书的写作要求较高，需要根据证据查明事实，依据法律说明理由。其中的细节非常考验审判人员证据认定、法律适用（解读法律）甚至是理论把握能力，甚至有时候遇上专业性较强的案件，法官就更难做出是非判断（比如李庭长就提及 2009 年有个案件争议焦点涉及建筑商混凝土比例是多少才能达到抗震标准，国家当时没有明文规定，法官确实也不懂，但又涉及公共安全必须做出判断，就不好在判决书中阐释）。但判决书早晚是要对外公开，需要经得起各方面检验。有很多案件的处理结果是不能通过判决的事实认定和法律推理做

---

① 有学者通过计算得出 2007~2011 年全国判决率为 27.30%，参见包万超《行政诉讼法的实施状况与改革思考》，《中国行政管理》2013 年第 4 期。

出的,比如2008年奥运维稳时特殊任务的承担,有案件基于维稳而定,无法以判决的方式结案。

第二,开庭人员及场地不易协调。判决必须经过开庭审理才能做出,抛开行政审判对法官的庭审驾驭能力要求高,开庭相关资源的协调也较难,在2000年以后越来越明显。在2015年新行政诉讼法实施以前,行政审判不能采用简易程序,必须要法院审判人员组成合议庭进行审理。而R区法院行政审判庭在编人员即使从3人增加到5人,也通常因为行政案件数量少,会有1~3人虽在该庭编制但实际在民庭办案。为了开庭,法院内部人员组成合议庭需要时间协调空档。并且开庭时间的确定总是要以原被告双方都便于出庭为基础,又需要等双方尤其是被告确定能到场时间。再加上,由于R区法院从20世纪70年代末就没有扩建过办公场地,直到2017年正式搬到新址,审判法庭数量少,排期非常紧张,而行政案件一般都会排在刑事案件和民事案件审判之后。人员、时间、场地等要素协调起来费时费力,还没有把精力放在解决争议的实质工作中,办案人员就已没有精力开庭审判。

第三,其他方式结案比例高。由于行政起诉原告在行政程序中处于弱势,很难提供支持自己诉讼的证据。虽然行政诉讼的举证责任倒置由被告承担主要责任,但也需要原告在一定程度上提供证据,比如不作为之诉就要提出要求被告履行责任的证据,赔偿就要举证行政行为与损害结果之间的因果关系以及损失情况的证明。原告很难进行举证,即使是法官出于经验推断出原告有损失,但没有直接证据,也很难对原告进行诉求支持。这就容易让原告由于法理与常理之间产生的差距而不信法,对法院产生排斥,选择申诉、信访等其他渠道维权,甚至发生缠讼。比如应该给予许可,拖延不做出决定会给当事人带来损失,但没有获得许可与直接损失之间的必然因果关系是很难举证的,中间会有其他因素介入,很难分清各自导致损害的比例。这种情况下原告感觉损失大,而被告本身行为不当,如果能协调原、被告之间进行和解,原告撤诉,被告履职并适当补偿,消减冲突,日后两者在行政活动中相逢也不会留下隐患,法院也不会被排斥,法官也不用仔细去斟酌判决书的写作。这在形式上更便捷,各方都不需要耗损太多精力。

而且还有些特殊案件，法院因政府机关的压力不能对被告行为做出否定判决，而从法理上也不能维持被告行为，R 区法院法官也就只能采用其他比如延期、做工作等方式处理。这在下文撤诉率中会举例说明。

2. 开庭未判案件的情况说明

做出判决必经的程序是开庭审理，也就是判决的案件一定是开过庭审判的案件。反过来是否如刑事案件那样，开了庭都会用判决结案？通过档案记录查询统计，发现 R 区法院行政案件有开庭记录的案件并非全部都做出了判决。参考开庭和判决的变化，也将统计出来的开庭案件数量一起进行统计，如表 2-16 所示，除了 1988 年没有开庭审理过案件外，其他 29 年中，除了 1987、1990、1992、1993 年开庭的案件都做出判决结案以外，有 25 年开庭审理的案件都有未以判决结案的情况。30 年总体来看开庭后判决的比例为 77%。每年开过庭的案件中有 20% 左右的案件没有判决，而是采用裁定撤诉、驳回起诉，以及极少量的赔偿调解结案。尤其是 2000 年以后大量的附带提起赔偿但单独编号又合并审理的案件，绝大多数都是以原告撤诉结案。

在核对这些案件的档案记录时，发现有 30% 左右的案件诉讼材料非常简要，除了原告身份证明、被诉行政行为的法律文书（如处罚决定书）外，就只有撤诉裁定书（记录非常简单仅仅是原告自愿撤诉）以及起诉状（同并案审理的案件一样）有处理过程的记录，简要一页纸几行字（甚至没有其他材料）。对此，李庭长解释是分案号立案合并审理，材料重复在另一案了。而档案管理员却半开玩笑地透露：

> 上级法院下达目标案件增幅需要每年递增多少，任务就层层下达，最终分到每一个基层法院需要立多少案件结案多少案件，才算当年考核合格。为了完成任务，R 区法院行政审判庭的底线是从来不做假材料造案件，如果案件本身数量不够，就只有"灵活"分案，不然任务完不成影响本人待遇和升迁不说，要是影响法院一级又一级的年终汇总案件"逐年上升"的结果，可就要犯"政治"错误了。

同时档案管理员还说任务（办案数量等）通常不会直接在文件中写出，都是在开院长会议、庭长会议等时通告，年末就比照考核结果。即使写成了文件都是短期保管档案，比如一年之类，早就销毁了。档案管理员为了印证，找到一份残存的 2001 年 2 月 8 日编号为 R 法发（2001）2 号的 2001 年工作要点发文，该文记载：

> 2001 年是新世纪开局之年，法院工作面临新的复杂因素，省高级法院明确提出了工作任务：高举邓小平理论的伟大旗帜，以江泽民同志"三个代表"重要思想为指导，全面发挥各项审判职能作用，全力维护社会政治稳定，积极推进和深化法院改革，进一步加强队伍建设和基层建设，确保公正司法，为"十五"计划和西部大开发战略的顺利实施，为改革、发展、稳定提供有力的司法保障和优质的法律服务。本院要实现的工作目标是：审判水平要有新提高，法院改革要有新成效，基层建设要有新起色，队伍建设要有新发展……
>
> 行政审判要有新提高：既要监督、支持行政机关依法行政，也要维护公民、法人和其他组织的合法权益。审理好企业等与行政机关之间的行政争议案件，无论是办案数量还是质量都要达到上级法院要求的水平。市中院要求全市基层法院办案数量提高 50% 以上，结案率达到 80%。我院是全市行政审判模范单位，争取达到办案数量比上年上涨 90% 以上，结案率达到 85% 以上。业务庭要认真按照工作要点，细化各自工作，认真完成院党组下达的各项任务，努力工作，争取行政审判工作上一个新台阶。

比照这份档案记录，R 区法院 2011 年行政诉讼案件确实比 2000 年上升了 1 倍，说明量化管理对该法院的行政审判产生了直接影响。经常看到最高人民法院工作报告中"行政案件逐年增加"等表述，背后确实隐藏着对基层法院案件数量只增不减的量化管理压力。

3. 判决类型变化

R 区法院根据法律的规定和司法解释，形成的判决适用类型主要有支持被告的维持判决、驳回原告诉讼请求判决；支持原告的（部分或者全部）撤销判决、（要求被告）履行（职责）判决、确认违法（或无效）判决、赔偿判决。由于 R 区法院在撤销判决中一般有撤销就会同时要求被告重新做出具体行政行为，在统计判决类型时就将两者合在一起进行统计，一个案件计算一个判决类型。将1987年以来的判决类型通过档案文书查阅统计和法院案件管理系统的数据查询，汇总如表2-17所示。

表2-17 1987~2016年R区法院行政判决类型统计

单位：件

年度	维持	驳回原告诉讼请求	撤销重作	履行职责	确认违法	赔偿
1987	3	1	0	0	0	0
1988	0	0	0	0	0	0
1989	0	0	0	0	0	0
1990	1	4	0	0	0	0
1991	2	0	0	0	0	0
1992	3	4	0	0	0	0
1993	5	0	0	0	0	0
1994	4	1	2	0	0	0
1995	4	1	0	0	0	0
1996	5	0	1	0	0	0
1997	2	0	0	0	1	0
1998	2	0	2	0	1	0
1999	6	0	0	0	1	0
2000	4	0	1	0	0	0
2001	9	0	3	0	1	0
2002	5	1	1	0	0	0
2003	3	1	1	0	0	0
2004	14	1	3	1	3	1
2005	8	0	1	0	0	0
2006	42	1	1	0	1	0
2007	7	0	0	0	0	0
2008	7	6	1	0	0	0
2009	9	2	3	0	2	2
2010	9	6	4	0	1	0
2011	7	6	6	0	0	0
2012	17	34	4	54	1	0
2013	9	6	3	1	1	0
2014	21	2	21	0	1	0
2015	4	48	14	3	4	0
2016	0	24	11	4	3	0
合计	212	149	83	63	21	3

将表2-17各判决类型的占比制成图2-18，可以观察得出各类判决类型的变化以及占比情况。

（1）判决维持被告行为的最多并且前28年逐年上升，总共212件，占总判决的40%。到2015年降低到4件，这4件维持判决都是在2015年5月1日以前结案时做出的。2016年没有了维持判决，取而代之的是驳回诉讼请求判决。这是新法实施带来的直接变化。①

（2）判决驳回原告诉讼请求在2008年以前有12年为0件，2008年以后占比逐年增加，2016年占比最高，30年总数量占总判决的28%，这也是新法实施带来的变化。

（3）判决撤销重作在1999年以前有10年记录为0件，2000年开始保持使用并缓慢增加，近3年比例加大，30年总数量82件占总判决的15%。

（4）判决履行职责是近5年才出现，尤其是2012年高达54件（判决被告依法公开信息），总量占总判决的12%。

（5）直接判决赔偿原告的最少，30年以来只有3件，占总判决的1%。

3. 判决原告胜诉率低的呈现及其解释

（1）原告胜诉实质判决得偿的案件少

通过表2-17以及图2-18计算得出支持原告的4类判决总量只占判决总数的32%。其中撤销重作和履行职责实际使行政行为又处于重新待处理状态，判决的做出对原告的权利义务还没有带来实质改变。确认违法就已经对行政行为进行了定论，对应的应该是给予违法造成损害的赔偿判决。但是观察确认违法判决总数有21件，判决赔偿的却只有3件。出现这样的反差，单就判决结论来看原告胜诉了但没有得到补偿的是多数。事实是否如此，查阅赔偿案件的档案发现调解结案的较少，多以双方达成和解协议，裁定撤诉结案。在下文撤诉率中将单独以典型案件进行分析。（如1994年船主诉船舶管理部门一案）

---

① 2015年5月1日实施的《中华人民共和国行政诉讼法》第69条规定：行政行为证据确凿，适用法律、法规正确，符合法定程序的，或者原告申请被告履行法定职责或者给付义务理由不成立的，人民法院判决驳回原告的诉讼请求。

第二章 R区行政诉讼率变迁描述

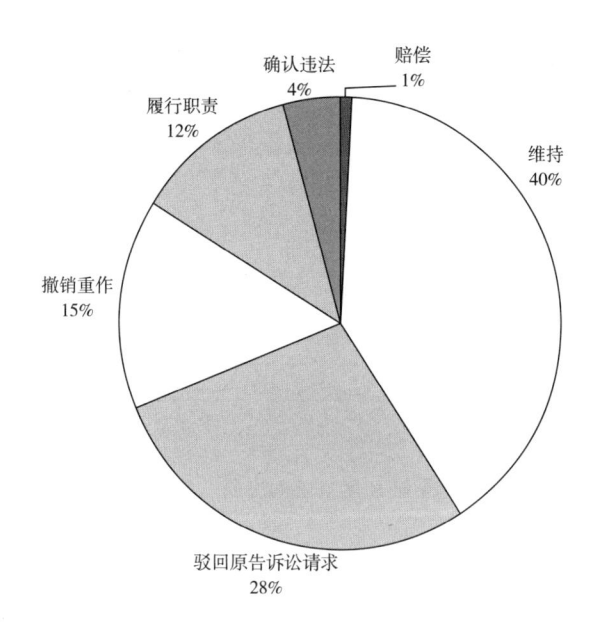

图 2-18 1987~2016年R区法院行政判决类型总量分布

（2）原告胜诉案件数量远低于被告胜诉案件数量

将表2-17中支持原告的判决（撤销重作、履行职责、确认违法、赔偿）和支持被告的判决（维持、驳回原告诉讼请求）分别相加制成图2-19，可见：30年中除了2012年原告胜诉案件高出被告胜诉8件以外，其余每年都远低于被告胜诉的数量，最低少1件，最高少41件，在判决总数的占比中比被告胜诉的低了46%，即判决被告胜诉的案件数量是判决原告胜诉案件数量的约2.4倍。出现这样大的反差，反映了原告在行政诉讼中的不利情况。为了更直观呈现这种情况，下文引入原告胜诉率做统计分析。

（3）判决原告胜诉率低

将判决原告胜诉案件与判决案件总量、立案案件总量、收案案件总量进行占比计算，统计如表2-18所示，30年以来判决原告胜诉的案件占判决总量、立案总量、收案总量的年均值分别为19%、8%、7%。

为了方便阐述，将判决原告胜诉的案件数量占收案数量的百分比作为判决原告胜诉率。图2-20反映历年判决原告胜诉率的变化趋势。

从中可以看出：判决原告胜诉率最低为0，最高为26%；一共有8年记录为0，10年为10%或以上，总体趋势在上升，但波动频繁，总胜诉率约11%

— 101 —

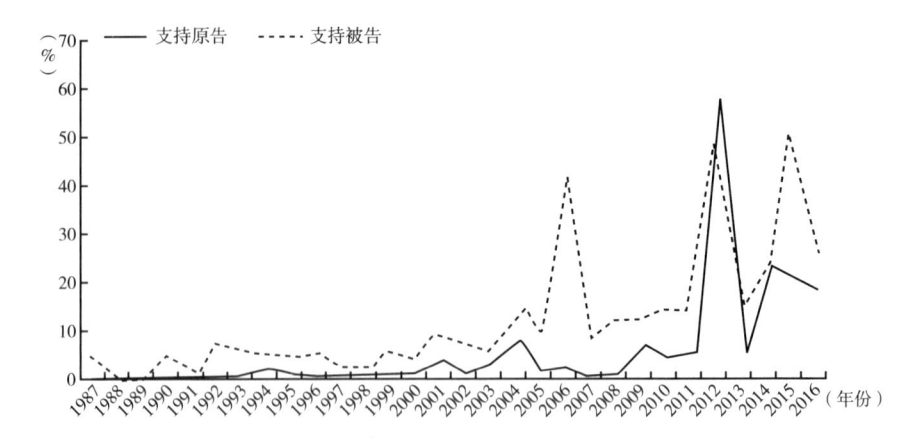

徘徊的困惑：R区行政诉讼率变迁研究（1987~2016）

图 2-19 1987~2016 年 R 区法院判决原、被告胜诉案件数量变化

表 2-18 1987~2016 年 R 区法院判决原告胜诉案件占比变化统计

单位：%

年度	判决原告胜诉占判决百分比	判决原告胜诉占立案百分比	判决原告胜诉占收案百分比
1987	0	0	0
1989	0	0	0
1990	0	0	0
1991	0	0	0
1992	0	0	0
1993	0	0	0
1994	29	17	14
1995	0	0	0
1996	17	7	6
1997	33	9	8
1998	20	10	9
1999	14	7	6
2000	20	7	6
2001	31	13	12
2002	14	3	3
2003	40	14	10
2004	35	15	14
2005	11	4	3
2006	4	2	2
2007	0	0	0
2008	7	3	3

续表

年度	判决原告胜诉占判决百分比	判决原告胜诉占立案百分比	判决原告胜诉占收案百分比
2009	39	30	26
2010	25	13	12
2011	32	10	5
2012	54	19	19
2013	25	10	7
2014	49	25	21
2015	29	15	13
2016	43	18	15
年均	19	8	7

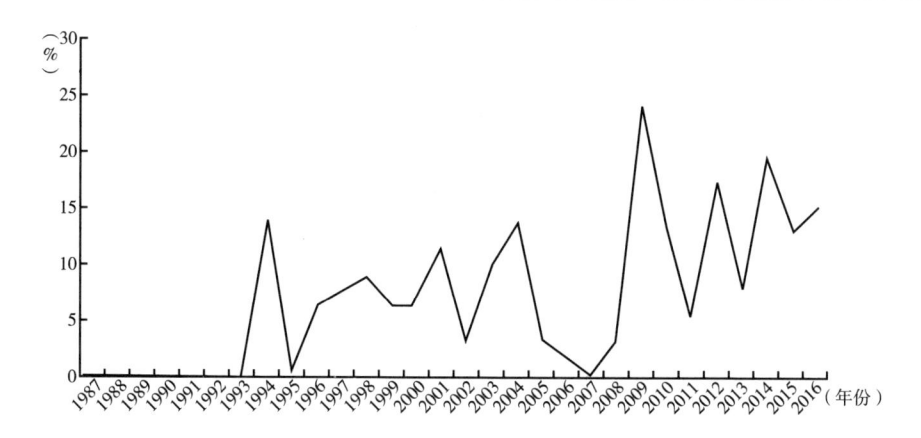

图 2-20 1987~2016 年 R 区法院判决原告胜诉案件占收案百分比

（169/1477），比全国 1990~2011 年的总胜诉率 14% 略低。①

可以将其分为三个阶段进行总结：第一阶段，1987~1996 年为 0~14%，年均 2%；第二阶段，1997~2006 年为 2%~14%，年均 7%；第三阶段，2007~2016 年为 0~26%，年均 12%。增长比例非常明显，但总体较低。第一阶段法庭倾向审判原告以及原告为何会状告被告，法官倾向站在行政机关的立场上断案，导致原告一般会败诉；第二阶段，法院审判重点转变为审查行政行为适用的依据是否合法，而行政法律法规在此期间逐渐完善，仅就抽

---

① 参见包万超《行政诉讼法的实施状况与改革思考》，《中国行政管理》2013 年第 4 期。

象规定和裁量来做评判标准,许多案件符合自由裁量,不存在违法问题,而且行政机关的执法程序越来越规范,不容易被认定为违法;第三阶段,审查行政行为做出的事实证据和法律依据,尤其是事实证据的真实性,依据的法律越来越完备详细、明确,中国特色法律体系形成,在适用法律依据上争执不大,主要是事实行为的认定及证据证明力的认定。原告在举证能力方面明显不及被告,败诉的可能性也增加,所以虽然有所增长,但仍然很低。

将判决原告胜诉的169个案件类型进行统计,如图2-21所示,发现排前三的类型是信息公开案件、工伤认定案件、房屋登记案件。

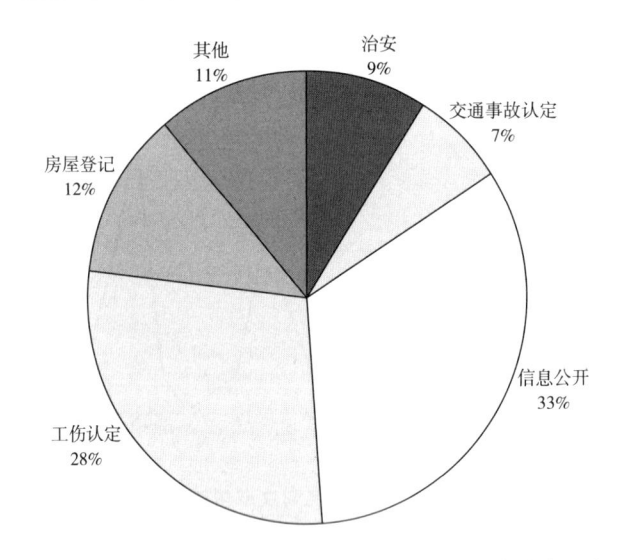

图 2-21 1987~2016 年 R 区法院判决原告胜诉案件类型占比

(4) 判决原告胜诉率低的解释

对于判决胜诉率低以及类型分布变化问题,结合受访李庭长的访谈说明,本研究分为三个阶段进行说明。

第一个阶段,1987~1996 年法院不敢判决被告败诉,但协调解决争议。

从诉讼结果来看原被告客观上都可能输或者可能赢。胜诉是行政机关所希望的,而败诉则不仅是其不希望而且会对机关权威产生影响。20 世纪 90 年代初,国家机关中以"政府官员为大",行政机关的工作人员基本上都是二十世纪五六十年代出生的人,他们看待这个问题非常认真。他们的传统思想就是官管民，以他们的受教育和文化程度来理解，民众是不能告官的。法院如果不判原告败诉，政府机关与法院的关系可能会受到影响。

当时 R 区乃至 T 市城区也就几个街区，在"熟人社会"的人情道义观念下，法官有同为国家机关公务员的身份认同感，同样有管理者思维的责任心，会跟行政机关一样先从行政行为中相对人有何法律责任的角度去审查案件，而不是把重心放在审查行政行为本身在实体和程序上是否合法。因而，有时开庭之前就出现法院为了给行政机关面子，顾虑与政府官员关系维护，主动与行政机关沟通的现象。开庭之时就出现一种怪象：被告与法院一起审原告。从这个角度来看，行政诉讼想要独立开展起来很困难。受访李庭长就提到：

> 当时在庭上还当书记员，庭审记录的时候就像回到了最初在刑庭当实习生的感觉。审判主题变成了"原告你有何法律责任，为何不服从行政管理"，并不是"原告你为何起诉，被告的行为是否合法"。这种情况下，原告很难赢。而且传到大众那里就误解为法院与行政机关是"一家"，不敢来法院告行政机关了。

然而相比民事、刑事，行政诉讼毕竟是新的诉讼制度，国家立法机关和最高人民法院都给了基层法院监督行政机关的权力，地方政府机关也不知道基层法院会怎样做，有了个案也非常重视，而法院的行政审判庭直接处理行政诉讼，会关系到与行政机关直接打交道，受到法院的重视。因而行政审判庭法官有更多开展诉讼的自由，也容易得到法院各方面的支持。

但连接起这一切的是个案，个案需要有人来告。而当时大众的视野聚焦于刑事案件、治安案件，认为法院的作用在于打击犯罪，明明跟行政机关一样都是国家机关，都是官，怎么可能去管行政机关的官。因而当地的民众对行政诉讼法的出台不理解，以为是作秀，想看法院业务开展不起来的"热闹"。基于这些情况，当时行政庭的主要工作是协调行政机关与法院的关系，对民众和官员进行法制宣传。起诉的个案越多，与行政机关就行政诉讼切入的话题就越多，法制宣传的素材就越丰富。所以来法院起诉的案件，法院全收全立案。立了案以后面子上照顾行政机关不败诉，但是会尽力说服甚至是催促行政机关去彻底解决案件中发现的问题。这样，原告虽然输了官司但问题得到解决，也不会有多大怨言。

这种处理案件的方法传承下来成为 R 区法院行政案件审判的风格。在行政庭成立后十多年的工作中，这种风格是很明显的。当时不存在考核影响升迁、待遇的情况，错了就认真学习改正，国家的行政管理秩序不受影响。法院与行政机关都是为国家服务，集中精力解决问题一团和气。

第二，1997~2006 年法律与司法政策的变化影响了原告胜诉比例。

在 20 世纪 90 年代初，从法律层面上看，行政法规、规章不多，直接适用法律作为标准进行案件的裁判容易断定非法与否。到了 20 世纪 90 年代后期，法律规范文件越来越多，案件种类开始增多，法律关系也变得复杂，比如 1999 年开始有人来告城管，说城管没有权力管摆摊设点，《行政处罚法》第 16 条[①]没有明确说城管有处罚权，但当时政府城管大队称当时建设部 1996 年颁布的规章《城建监察规定》[②] 进行了授权因而有权管辖，而且当时 T 市政府和 R 区政府都在强化城管执法队伍和执法事务。这样的案件很难办，只有请示，最后就是做工作劝说原告撤诉。

在法院内部，来自高层（最高人民法院）的指示又让基层法院法官矛盾。比如最高人民法院一直要求行政审判把工作搞起来，改变行政案件少的局面，但是未考虑基层审判庭的影响力不够。最高人民法院提出设置行政审判庭的编制人员的数量应考虑案件数量为主。基层法院行政案件数量相对少，则人员配置就少。要做好行政审判工作，增加案源，需多配置更多人力。这就需要基层法院向政府申请增加人员配置。受访龚院长提及：

[①] 《行政处罚法》第 16 条规定："国务院或者国务院授权的省、自治区、直辖市人民政府可以决定一个行政机关行使有关行政机关的行政处罚权。"

[②] 1996 年 9 月 22 日中华人民共和国建设部令第 55 号令修正的 1992 年 6 月 3 日经第十次部常务会议通过的《城建监察规定》第 3 条规定："本规定所称的城建监察是指对城市规划、市政工程、公用事业、市容环境卫生、园林绿化等的监督、检查和管理，以及法律、法规授权或者行政主管部门委托实施行政处罚的行为。"第 5 条规定："城市应当设置城建监察队伍，在当地行政主管部门的领导下，行政城建监察职能，其组织形式、编制等可以由城市人民政府根据建设系统监察队伍统一管理、综合执法的原则，按照当地城市建设系统管理体制和依法行政的要求确定。"

政府当时主管审批人员说:"看你们案件这么少,按照你们最高法的编制标准足够了,不批!"没有获得批准,哪里有人干事,哪里案件多得起来?不说别的,就是每年的工作报告中行政审判都放在最后,字数最少,谁都看得出来是"跛的"。

来自上级法院的指示一方面要求保障诉权,最好就是来案先收先立;但一方面2003年最高人民法院发文①要求"慎立案",案件数量少了,又在2006年召开会议要求多收案。事实上案件的数量有多有少,这个是无法预估的,每年起诉案件的数量不一定与上年数量完全一致,不是计划审判多少案件,就会有多少案件,但最高人民法院采用的量化管理在很大程度上没有重视案件起诉量不可控的客观诉讼规律。为了应付量化管理任务,起诉案件基数就采用灵活分案的方式堆出来。分案立号的案件事实是附带于被分案件,不能直接做出判决,但增加了起诉案件数量,也就是在判决胜诉案件的数量不变的前提下,起诉案件增加,两者的比例不会增大只会缩小。

后来立法的改变也不断为R区法官的操作带来困惑使其被动变革,减少原告可以胜诉的案件。从诉讼立法的角度来看,弱势公民的合法权益更加需要法院去维护,需要法官为此用心了解行政法律。比如交通事故认定,从理论上说是行政确认,2005年全国人大却以答复的方式,②将交通事故责任认定行为排除在行政诉讼受案范围之外;2006年实施的公证法将公证机构定为民事机构,公证案件也排除在受案之外。这让R区法院刚刚摸出门道的审判经验瞬间改变。受访李庭长就提到:

---

① 参照沈德咏《坚持改革创新规范立案职能努力开创立案工作新局面》,《人民法院报》2003年2月22日,第1版。

② 最高人民法院、公安部《关于处理道路交通事故案件有关问题的通知》第4条规定:"当事人仅就公安机关作出的道路交通事故责任认定和伤残评定不服,向人民法院提起行政诉讼或民事诉讼的,人民法院不予受理。"全国人大法工委《关于交通事故责任认定行为是否属于具体行政行为,可否纳入行政诉讼受案范围的意见》的答复(法工办复字〔2005〕1号):"根据《道路交通安全法》第七十三条的规定,公安机关交通管理部门制作的交通事故认定书,作为处理交通事故案件的证据使用。因此,交通事故责任认定行为不属于具体行政行为,不能向人民法院提起行政诉讼。"

从我们认知的法理和实践的感觉这两者确实具有行政管理的要件，对当事人影响也巨大，在诉讼中的使用也不同于普通的证据，我们从心底来说不理解法律调整的初衷，但是只有服从。面对许多原告本来会胜诉的案件，由于法律的改变，就不能管，不能立案，那么起诉的案件中胜诉的案件比例自然就更少了。也就是从那时候，我感觉百姓在行政管理主体面前太弱势。基层法院在思想方面要有全新认识的转变，要从维护老百姓的权利的角度去处理案件。

第三，2007~2016年法治的进步促进了原告胜诉率的增长。

该期间前期，国家立法体系正在完善，法律冲突问题的出现导致原告胜诉率低。比如2008年前后因拆迁而起的案件特别多，原告及其代理律师老说依据物权法应该怎么样，被告及其法律顾问又说土地法、城市房屋拆迁管理条例就是这样规定的，行政行为合法合程序。基于这种情况，基层法院做不了主，只有层层上报一直拖着。这样有些原告等不了，有些政府做了工作，有些通过信访、找关系等解决了，案件的处理就出现了很多不同结果。等到审判期限快结束，必须开庭审判的时候，案件已经较少。原告又在举证这些方面存在弱势，比如有拆迁是开发商委托拆迁公司进行的，很难证明拆迁执行公司或者人员的行为就是政府机关行为。在证据关联性和证明力上显然很弱，只能判决其败诉。R区法官有时为了保住原告以后的诉权，劝其撤诉，或者驳回起诉，如此一来，没有几个原告可以胜诉。2004年《工伤保险条例》实施后，工伤认定案件增加；2008年5月政府信息公开条例公布后，要求信息公开的案件也变多。这两类案件对原告的举证要求不高，判决被告败诉也不会有多大的实质影响。这两类案件判决胜诉数量增多，原告胜诉率就开始逐渐升高。

到2015年新行政诉讼法实施后，对行政机关的执法规范要求更严格。行政审判操作比过去规范。然而，经济下滑，房地产建设放缓，因为环保等严格执法，很多企业关闭，工伤发生的数量减少，工伤认定的案件也在减少。加上政府近几年网站建设很快，网络化办公方便，信息公开强度也大，大部分文件、通知都容易查到，申请信息公开的案件也少了很多。因而这两类原告容易胜诉的案件的占比降低。近些年涉及房产争议的案件（尤其是涉及房管登记的案件）

增加，其中判决原告胜诉的案件比例较大。所以近两年判决原告胜诉的案件总量没有减少太多（比例下滑不大）。在国家法律对行政机关约束越来越严格的趋势下，判决原告胜诉的案件会更多。

（五）撤诉率的呈现与解释

撤诉是行政诉讼中较为普遍的现象，撤诉率高是学界对基层行政诉讼批判的实践现象，R区法院30年行政案件的撤诉率也高，为方便对比，表2-19将历年撤诉的案件数量与立案、收案数量的占比进行了呈现。为了方便描述变化，将撤诉的数量占收案数量的百分比定为撤诉率（四舍五入取整）制成曲线见图2-22。

表2-19 1987~2016年R区法院行政案件撤诉情况统计

单位：件，%

年度	收案	立案	撤诉	撤诉占立案百分比	撤诉占收案百分比
1987	4	4	0	0	0
1988	3	2	2	100	67
1989	2	2	1	50	50
1990	8	8	3	38	38
1991	6	6	4	67	67
1992	10	10	2	20	20
1993	10	10	5	50	50
1994	14	12	4	33	29
1995	18	17	10	59	56
1996	16	14	8	57	50
1997	13	11	7	64	54
1998	11	10	5	50	45
1999	16	15	8	53	50
2000	16	15	9	60	56
2001	34	30	15	50	44
2002	36	32	17	53	47
2003	21	14	8	57	38

续表

年度	收案	立案	撤诉	撤诉占立案百分比	撤诉占收案百分比
2004	56	52	19	37	34
2005	30	25	12	48	40
2006	106	95	46	48	43
2007	36	28	16	57	44
2008	33	29	11	38	33
2009	27	23	5	22	19
2010	41	38	10	26	24
2011	132	59	31	53	23
2012	311	307	141	46	45
2013	75	51	20	39	27
2014	106	89	39	44	37
2015	168	140	48	34	29
2016	118	102	32	31	27
合计	1477	1250	538	43	36

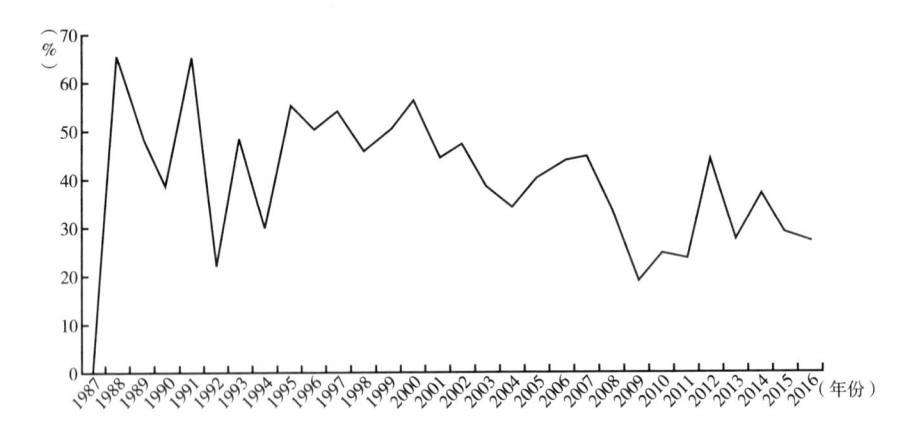

图 2-22 1987~2016 年 R 区法院行政案件撤诉率变化

从表 2-19 与图 2-22 中可以看出 R 区法院行政案件撤诉率最低为 0，最高为 67%，50%（含）以上的有 9 年，总撤诉率达到 36%，从曲线图的走势来看总体是在下降。以 10 年为一个变化周期分为三个阶段：第一阶段，1987~1996 年为 0~67%，年均 42%；第二阶段，1997~2006 年为 34%~56%，年均 44%；第三阶段，2007~2016 年为 19%~45%，年均 29%。与同期全国数据相比，R区撤诉率与全国有一定差距，① 但是2008年《最高人民法院关于行政诉讼撤诉若干问题的规定》（后文简称《撤诉规定》）颁布实施后，撤诉率明显出现了下降。说明经司法解释规范后该法院对撤诉进行了一定约束。为何会出现这样的反差，对该法院撤诉的类型进行分类统计可以找到一定解释的线索。

按照1989年行政诉讼法的规定以及相应的司法解释，撤诉分为申请撤诉和视为撤诉，其中自愿申请撤诉又分为原告申请撤诉和被告改变行为后原告申请撤诉，视为撤诉分为不交诉讼费按撤诉处理和无正当理由经传唤不到庭（缺席）视为申请撤诉。查阅档案发现，撤诉案件的裁定书除了记载是自愿申请撤诉外，仅有不交诉讼费用以及庭审缺席的撤诉，并没有详细写明撤诉理由。档案中许多自愿申请撤诉的申请书写得非常简单，就是"依法申请撤诉"，并没有载明原因。原告写的理由大致围绕三个方面："被告改变了行为""经了解法律知识会败诉（起诉没有道理）""听了法院、政府工作人员讲法律，认知（思想觉悟）提高"，表述都非常不明确。

经采访该院其他行政审判员得知：2008年实施的撤诉规定对被告改变行为原告撤诉的情形设置了法院的审查义务，② 但在第6条又没有明确要求载明核查情况。为了简要而少写材料，同时也为以后少留文字材料避免麻烦，裁定书都只写必写的内容，比如援引法条、自愿申请还是视为撤诉，其他尽量不写。要找撤诉理由只有从原告申请书中找线索。视为撤诉没有什么争议，多数都是不交诉讼费用的，不到庭的极少，总共就7件。

另在采访撤诉案件的代理律师时，经从1993年就开始在T市专职代理行政案件的冯律师提醒后，总结如下。

撤诉申请书中提到自认为会败诉的，多是经过庭审或者庭前法官讲解，也就是被做了工作的，当然也不排除被告也做了工作的案件；如果明确写了法院、政府做工作的那就一定是法院做了协调的案件；没有载明理由的法院也应该做了协调工作，但是可能政府工作做得更多，法院参与少，原告有压力才

---

① 查阅《中国法律年鉴》公布的2004~2015年数据，分别为30%、30%、33%、37%、36%、39%、45%、48%、49%、41%、28%、19%。
② 参见《最高人民法院关于行政诉讼撤诉的若干问题规定》第2、3条规定。

撤诉。至于撤诉的案件中具体有多少是已经实现了诉求，冯律师的回答为：

> 原告因为达到诉求撤诉的案件还真不好量化统计。因为有些原告在起诉的案件中没有达到诉求，但在其他管理活动中可能得了好处，（比如冯律师自己2015年代理的某案件是一处征耕地补偿案件，起诉就是为了跟政府谈判另一拆迁房屋的问题，后来房子得到了比同条件的其他房屋高出很多的补偿和安置，原告就撤诉了），未必会转告法院，更不会写出来。就我自己代理的案件，根据年份的不同大概在30%~50%。九十年代是直接解决问题，原告有理的都能就案件诉求得到解决，当然那时原告比较单纯，也不会提出多高要求，比如可能就是讨个"公道"，恢复名誉，公开道个歉啥的，比例大概高些，但费用少，律师得的费用更少，甚至都是免费代理，当时都是为了积累经验没有名气的律师才代理行政诉讼；2000年后十多年间有时高有时低，遇到维稳或者重要公开政治活动时期，可能比例就更高些，而且可能多高的金钱要求都可能满足，运气好的话当事人给律师多报一些差旅费，都还是不大方；近几年规范多了，政府不协商了，就等法院判，判多少政府都拿，反正钱不是公务员自己的；当事人对律师也大方一些了，律师容易收到一些风险代理费。

依据以上信息，将撤诉进行类型统计如表2-20，发现协调撤诉案件占比最高，没有载明原因和原告认为会败诉的案件还有一定比例也是协调撤诉。对于法院协调的案件有多少实现了原告的诉求，受访的4位庭长以及3位审判员都或多或少表达了同冯律师一样的看法。他们都认为撤诉的情况确实多样化，就原告诉求是否被满足确实不好判断。因为有些是要金钱赔偿，赔偿没有得到，但是通过其他方式得到了安抚，比如安排工作、列入低保、发放工商经营执照等等；有些也确实什么也没有得到，要看具体个案中双方的条件。但是他们还是根据经验给出了一个比例：撤诉的案件中至少有1/3案件的原告应该得到了"好处"。另外，原告也可能出于权衡与行政机关的关系的目的，也可能因计算成本付出太多，所以经过法官劝说，感觉自己耗不起等都会撤诉。

表2-20 1987～2016年R区法院行政撤诉案件类型统计

单位：件

年度	视为撤诉	被告改变行为	原告认为会败诉	经协调结案撤诉	没有载明原因撤诉
1987	0	0	0	0	0
1988	0	0	2	0	0
1989	0	0	1	0	0
1990	0	0	3	0	0
1991	0	1	1	1	1
1992	0	0	0	1	1
1993	0	0	1	2	2
1994	0	1	1	1	1
1995	1	1	3	3	2
1996	2	0	2	3	1
1997	0	1	1	3	2
1998	0	1	1	2	1
1999	2	1	1	3	1
2000	1	1	2	2	3
2001	1	1	5	4	4
2002	1	1	2	7	6
2003	0	1	0	4	3
2004	0	0	0	13	6
2005	0	1	0	7	4
2006	0	3	7	25	11
2007	0	0	0	8	8
2008	0	0	0	7	4
2009	0	0	0	2	3
2010	0	3	0	5	2
2011	1	5	1	16	8
2012	63	3	57	14	4
2013	1	3	2	9	5
2014	11	8	3	10	7
2015	12	14	5	12	5
2016	0	8	6	11	7
合计	96	58	107	175	102

对于"协调""做工作",李庭长坦诚地说:

>在 R 区法院其实就是源自民事诉讼的调解,但是旧行政诉讼法明确规定除行政赔偿案件之外,是不能进行调解的,所以就打擦边球,叫作"协调""做工作"。不过在经过多年实践操作后发现,还确实不同于调解,因为行政诉讼原、被告双方都不得了。敢跟行政机关叫板的人不好惹。通常都不是一般的普通人:要么"拽"有背景靠山不好"伺候";要么"刁"撒泼赖皮,死缠烂打不好"打发";要么"精"(精通包括法律在内的知识),不食人间烟火(不现实)。① 总之比民事诉讼的原告水平'高了几大截'。被告一般都是行政机关,也就是政府部门,有很大的权力,要想让政府官员服从法院,至少得让他认为法院的法官比他还要有水平才行。所以行政案件的协调不是那么简单,需要很强的协调能力,做很多准备工作,简单地说就是"耗得起"精力,"稳得住"原告,"说得服"被告。
>
>在最初 10 年的工作是协调行政机关怎么面对老百姓的起诉。因为那时行政机关对当被告很介意,觉得很没面子。当很多行政机关接到行政诉状后,负责人都是很紧张,就想着怎么能把案子摆平,不把事情闹大。我们就要给行政机关讲法律规定该如何处理,行政机关为了面子,很多时候是愿意在法院主持的协调下把事情解决好的,我们也要给原告讲法理和道理,原告会考虑与行政机关打交道的长远利益,以免一个案子赢了,以后总被行政机关"收拾"。顾及被告的管理权威,原告也愿意在法院支持下得到行政机关工作人员解决的承诺,相信政府机关的公信。九十年代后期开始,T 市大量旧城改造、房屋拆迁、土地征收等集团诉讼出来了,涉及面广,审判难度很大,时间长,能较快协调处理才会给政府建设推进减少阻力,加上后来(2004 年十六大)"和谐社会"下,最高人民法院倡导"调判结合、案结事了",② S 省作为"能动司法""大调解"示范省,我们法院作为 T 市主推法院,协调案件的数量多,撤诉的

---

① 地方用语:意指讲法理讲理论,不考虑当地实际情况和风土人情。
② 参见最高人民法院 2005 年工作报告相应内容。

原告就多。到了近几年，法律规范越来越完备，原告也更倾向利益最大金钱化，而且变得不再像以往那样相信法官和政府机关了，而是求助各种方式把事情闹大，动静越大好像越得好处，法院的协调效率没有以前高了。现在案子多，责任比以前大得多，还要错案终身追究，压力太大了，新来的审判人员也不愿意去做更多细致而麻烦的协调工作，反正现在行政机关管理已经很规范，制作的证据材料完备，不如开几次庭，依照证据和法律判决就行了。但有些时候不考虑后果就判决，有些案件就会留下很多后患。

为了例证哪些案件适合协调不适合判决，李庭长说了三个典型案例。

案例九：案件立案后庭审前协调

2008年5月3日经营某药店的李某、张某夫妻二人在车祸中双亡。2008年5月27日药品监督管理局就经形式审查做出了药店经营者为刘某的变更。2008年12月19日李某、张某夫妻二人的父母及其5岁女儿一起到R区法院状告药品监督管理局未经其同意擅自变更药店经营者，并让刘某在5人忙于奔丧期间实际占营药店，以致5人未来得及清理药店一切财物。立案开庭后发现原告没有证据能证明药店里有多少财物，依法获得的赔偿极少。而原告4老1小在丧亲后生活拮据，弱势且证据无法举证，被告有程序错误，第三人刘某有过错而且已经接手经营，有能力补偿，使原告得到安慰，就在庭审前进行赔偿协调为原告争取了较高的赔偿利益。原告撤诉，法院向被告送达了司法建议，匡扶正义的目标也通过协调实现。

案例十：涉及公共安全案件的庭审中协调

2012年5月原告建筑公司送检混凝土样品给市建设工程质量检测中心检测合格后开工建房。2012年10月1日被告市质监局在执法检查中发现原告进行的混凝土搅拌的配比不符合国家混凝土配比计量标准，经现场取证、调查，于2013年4月19日做出行政处罚决定书给予以下行政处罚：①责令停止生产、销售未按企业产品执行标准组织生产的预拌混凝土；②没收违法所得人民币19000.00元；③处罚款人民币90000.00元；④对你公司相关责任人处罚款人民币20000元。原告不服，认为自己是按照检验合格标准使用且使用混凝土的工程均已验收合格，原告没有生产和销售不符合质量规定的混凝土，遂提起行政诉讼，要求撤销被告做出的行政处罚决定。庭审中双方对于混凝土生产的标准依据不一，都有国家文件为据，系国家规定标准的不统一协调产生，考虑到房屋建设的公共安全要求混凝土质量越高越好，法院经过查证双方标准影响后，在庭上教育原告应该以公共安全为先用更高的混凝土标准，服从被告执法权威，劝说被告考虑因国家规范文件存在问题而进行处罚让步。后被告在审理中撤回了处罚决定书中第4项对"你公司相关责任人处罚款人民币20000元"的决定。原告主动撤诉，接受了被告的处理。

案例十：涉众案件立案前协调

案情如前述2009年发生的案例八（请示的情况），原告人数众多而且政府有不妥，会影响社会稳定，立案前就协调政府解决化解矛盾。

案例十一：判决后的协调

2015年东北某驾校被当地政府招商引资到当地发展，而当地老牌实验驾校发现生源下降且查得东北某驾校执照招生地非当地，起诉道路运输局要求查处该东北驾校异地招生。双方争议标的看似简单，从证据材料来看起诉时被告不作为成立，审判人员判决被告履行职责正确，但判前判后未充分与被告沟通也未充分替政府考虑实际争议涉及政府招商引资1个亿的投资大事，未全面把握该案涉及背后官员的其他法律关系需要综合权衡。诉讼起诉的行政行为只是其中一个被抽取的断面，将这个断面的法律事实单独抽取出来判决，并请检察监督介入要求被告履行查处职责，导致判后执行局面无法收拾，最终只有政府出面才能了结。

（六）上诉率的呈现与解释

行政诉讼审判是否能够平息当事人之间的行政争议让当事人信服，可以通过判决后是否上诉来考察。通过统计 R 区法院一审案件裁判后的上诉率，可以观察该区行政诉讼原告对法院解决争议效果的认可情况。

1. 数据来源

依据法律的规定，判决都可以提出上诉，而可以提出上诉的裁定只有不予受理、驳回起诉和管辖异议。经上诉的案件，R 区法院档案中一般都注明了上诉并保存了审结的二审文书。2005 年以前提起上诉的案件数量来自查询该院案件档案记录；2005 年 T 市启用了案件管理系统，因而从 2005 年开始的上诉案件数量来自 T 市法院案管系统的查询和 R 区档案的核对。

2. 统计方法

（1）裁判上诉率计算方法

查询发现裁定上诉的只有不予受理和驳回起诉，没有提出管辖权异议裁定的上诉。表 2-20 中涉及的计算方法为：

$$裁定上诉率 = (对裁定上诉的案件数量 / 三种可上诉裁定数量) \times 100\%$$
$$判决上诉率 = (对判决上诉的案件数量 / 判决总数量) \times 100\%$$
$$裁判上诉率 = [(对裁定上诉的案件数量 + 对判决上诉的案件数量) / (三种可上诉裁定数量 + 判决总数量)] \times 100\%$$

（2）上诉率计算方法

为了总体观察起诉的案件中有多少当事人不服一审处理，但仍然相信行政审判再次向法院请求救济，将上诉率界定为所有提起上诉的案件数量占起诉数量（以收案数计算）的百分比，计算方法为：

$$上诉率 = [(对裁定上诉的案件数量 + 对判决上诉的案件数量) / 收案数量] \times 100\%$$

将历年上诉率计算制成图 2-23 进行描述。

3. 数据的特征

观察表 2-21 可见，R 区法院行政判决的上诉率于 1988 年和 1989 年都为 0，最高为 2014 年的 91%，50% 及以上的有 19 年，总上诉率达到 63%。以 10 年为一个变化周期分为三个阶段：第一阶段，1987~1996 年为 0~57%，年均 33%；第二阶段，1997~2006 年为 33%~78%，年均 56%；第三阶段，2007~2016 年为 55%~91%，年均 69%。从阶段平均值来看，判决上诉率增长趋势明显。

徘徊的困惑：R 区行政诉讼率变迁研究（1987~2016）

R 区法院可上诉行政裁定的上诉率最低有 13 年为 0，最高为 2014 年的 77%，50% 及以上的有 12 年，总上诉率达到 39%。以 10 年为一个变化周期分为三个阶段：第一阶段，1987~1996 年为 0；第二阶段，1997~2006 年为 0~67%，年均 39%；第三阶段，2007~2016 年为 23%~77%，年均 43%。从阶段平均值来看，第二阶段比第一阶段裁定上诉率增长趋势明显；第三阶段比第二阶段也有一定增长。

表 2-21　1987~2016 年 R 区法院行政判决和裁定上诉数量统计

单位：件，%

年度	判决案件数量	判决上诉案件数量	判决上诉率	可上诉裁定案件数量	裁定上诉案件数量	裁定上诉率
1987	4	1[①]	25	0	0	0
1988	0	0	0	1	0	0
1989	0	0	0	0	0	0
1990	5	2	40	0	0	0
1991	2	1	50	0	0	0
1992	7	3	43	0	0	0
1993	5	2	40	0	0	0
1994	7	4	57	2	0	0
1995	5	2	40	1	0	0
1996	6	2	33	2	0	0
1997	3	1	33	2	1	50
1998	5	2	40	1	0	0
1999	7	3	43	1	0	0
2000	5	3	60	1	0	0
2001	13	7	54	5	3	60
2002	7	5	71	4	2	50
2003	5	3	60	7	4	57

---

① 依据当时的司法解释，维持被诉治安行为用裁定，但实际是判决的方式做出的，为了与 1990 年以后的裁判文书功用统计一致，视为判决；而依据司法解释当时不服一审裁判提出上诉的提法为"向上级法院申请复核"，因此查阅档案仅发现的一起申请复核维持裁定的案件视为判决上诉。参见最高人民法院 1986 年 10 月 24 日发布的《人民法院审理治安行政案件具体应用法律的若干问题的暂行规定》第 2 条规定："人民法院审理治安行政案件，实行合议制；案情简单的，由审判员一人独任审判。当事人如果不服人民法院的裁定，可在五日内向上一级人民法院申请复核一次。"

续表

年度	判决案件数量	判决上诉案件数量	判决上诉率	可上诉裁定案件数量	裁定上诉案件数量	裁定上诉率
2004	23	12	52	5	3	60
2005	9	7	78	9	6	67
2006	45	31	69	14	7	50
2007	7	6	86	11	6	55
2008	14	11	79	8	4	50
2009	18	10	56	4	2	50
2010	20	14	70	11	6	55
2011	19	16	84	79	22	28
2012	110	63	57	60	20	33
2013	20	11	55	35	8	23
2014	45	41	91	22	17	77
2015	73	43	59	36	12	33
2016	42	28	67	32	13	41
合计	531	334	63	353	136	39

表 2-22 1987~2016 年 R 区法院行政案件上诉率统计

单位：件，%

年度	收案	可上诉裁判案件数量	上诉裁判案件数量	上诉占裁判百分比	上诉率（上诉占收案百分比）
1987	4	4	1	25	25
1988	3	1	0	0	0
1989	2	0	0	0	0
1990	8	5	2	40	25
1991	6	2	1	50	17
1992	10	7	3	43	30
1993	10	5	2	40	20
1994	14	9	4	44	29
1995	18	6	2	33	11
1996	16	8	2	25	13
1997	13	5	2	40	15
1998	11	6	2	33	18
1999	16	8	3	38	19
2000	16	6	3	50	19
2001	34	18	10	56	29
2002	36	11	7	64	19

续表

年度	收案	可上诉裁判案件数量	上诉裁判案件数量	上诉占裁判百分比	上诉率（上诉占收案百分比）
2003	21	12	7	58	33
2004	56	28	15	54	27
2005	30	18	13	72	43
2006	106	59	38	64	36
2007	36	18	12	67	33
2008	33	22	15	68	45
2009	27	22	12	55	44
2010	41	31	20	65	49
2011	132	98	38	39	29
2012	311	170	83	49	27
2013	75	55	19	35	25
2014	106	67	58	87	55
2015	168	109	55	50	33
2016	118	74	41	55	35
合计	1477	884	470	53	32

观察表2-22，可以看出R区法院裁判总上诉率最低为0，最高为87%，50%及以上的有15年，总上诉率达到53%。以10年为一个变化周期分为三个阶段：第一阶段，1987~1996年为0~50%，年均30%；第二阶段，1997~2006年为25%~72%，年均53%；第三阶段，2007~2016年为35%~87%，年均56%。从阶段平均值来看，第二阶段比第一阶段裁决总上诉率增长幅度明显；第三阶段与第二阶段相比增长不明显。

R区法院上诉案件占总收案百分比，即本研究为方便对比界定的上诉率最低为0，最高为55%，30%及以上的有11年，总上诉率达到32%。以10年为一个变化周期分为三个阶段：第一阶段，1987~1996年为0~30%，年均17%；第二阶段，1997~2006年为15%~43%，年均26%；第三阶段，2007~2016年为25%~55%，年均38%。从阶段平均值来看，总体以10%的比例在平稳增长。

由于目前法院没有统计一审案件的上诉率。有研究者以二审立案数除以当年一审结案数来估算指出："行政案件的上诉率在不同时期起伏明显。在

1996~1998年这个'谷底',一度下降至不到15%,2005~2008年稳定在30%左右的水平,随后又略为下降。大体上讲,上诉率较低的年份正是一审撤诉率高涨的时期,两者呈现明显的负相关关系。"① 同以上数据对比发现R区行政案件上诉率与全国水平相当,但是否也同该研究指出的那样与撤诉率成负相关关系,图2-23将R区上诉率与撤诉率进行了对比,可以看出:大多数年份R区的撤诉率高于上诉率,并且撤诉率值变高时,上诉率降低;有极个别年份出现了两者同增同降的情况,大致与全国一致,两者成反比关系。

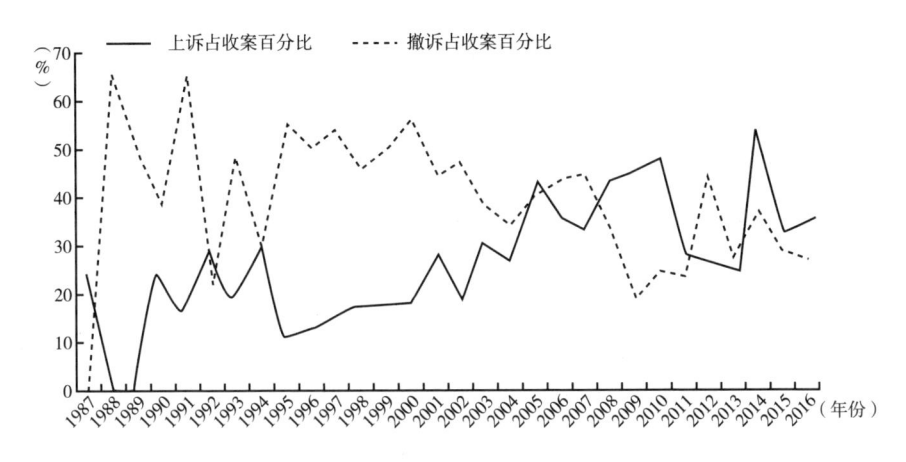

图2-23　1987~2016年R区法院行政案件上诉率与撤诉率对比

4. 数据的解释

上诉的案件分为原告上诉和被告上诉以及第三人上诉三种情况。基于可上诉的裁定是驳回起诉和不予受理的裁定,30年中在353个裁定可上诉的案件中有136个提起上诉的都是一审原告,占比39%。而531个判决结案的案件中,170件被告败诉的案件中有23件原告提起上诉,占比约14%;有5件第三人提起的上诉(主要是工伤认定案件);361件原告败诉的案件中有305件提起了上诉,占比约85%。明显原告提出上诉的比例较大。

从前述访谈中可以看出R区法院协调撤诉的比例高,起诉的原告服从一审的处理方式是通过撤诉来表现的。不能通过协调解决的案件,也就是说不

---

① 何海波:《困顿的行政诉讼》,《华东政法大学学报》2012年第2期。

接受R区法院审判人员处理意见的原告所起诉的案件才通过判决结案。加上判决结案中原告胜诉率低，自然不服判决的原告就多。而法律规定了"两审制"，原告为了争取法院内部的救济以及对上级法院还有着期待，不服判决提起上诉的比例就大。

R区审判案件有请示的操作惯例：对于涉及国家安全和地方治理的案件，无论是立案还是审判都先在法院内部由个人汇报，审判庭讨论，审委会决定，仍解决不了就向上级（包括法院、政府）请示。虽然这种案件并非年年都有，但还是形成了操作套路：涉及法律解释和适用问题的书面请示，其他通过当面汇报、电话等口头请示；估计会上诉的案件得先向T市中院汇报请示进行"预告"沟通，这种请示就使得案件承办人实际对某些承办案件没有决定权，引发了较高的上诉率。T市中院对R区上诉案件的审理结果会直接影响R区法院法官的考核。在2011年绩效考核正式实施前，R区法院并没有严格进行考核。后来严格进行考核后T市法院对上诉的处理结果直接影响办案法官待遇。因此T市中院对R区法院上诉的案件绝大多数都是维持原判，30年中只有2007年以后出现的上诉期间因法律修改而改变判决法律依据的3个案件，以及2010年以后出现的2个发回重审的案件。因此在R区提起再审的案件就非常少，这部分中被二审判决败诉的原告还有一部分仍不服判，选择信访或者上访继续维权，随后又产生了一些循环诉讼。

（七）判后执行率的简要说明

判后执行率从理论界定来说是生效的行政判决内容得到实现的比例。一般来说原被告双方都服判自动履行判决，就不存在"执行难"问题。只有当生效判决得不到执行，法院要采取强制措施保障判决执行，判决执行率才是值得探讨的问题。因而本研究界定判后执行率的初衷实际是要考察R区行政判决强制执行的情况。

生效行政判决的强制执行涉及履行期届满被告不履行判决和原告不履行判决两种执行。在2014年以前的案件处理过程中没有出现这两类强制执行案件，这主要是因为：

第一，被告败诉少且败诉后容易履行。

R区法院注重协调解决案件，愿意采纳一审处理的原告通过撤诉结案，法院给了被告"面子"在很大程度上避免判决被告败诉，因而就回避了与被告发生判决执行对抗的可能。而被告败诉的案件中多数是程序问题或者是信息公开等不会对被告造成实质不良影响的案件，即使少数被告超期未履行，经过法院协调和催促也会履行。因而并没有发生过被告败诉而被法院强制执行判决的情况。

第二，原告虽败诉多但容易被执行。

对于原告败诉的案件，由于原告受到被告管理，被告自己有相应的行政强制权力或者强制手段，也没有发生过由被告申请法院强制执行行政判决的情况。而且法院的司法强制执行对于公民个人、法人公司等相对人来说，有国家司法权及其强制措施的保障，存在的问题极少，并且很容易实现问题的解决。

从理论探讨来看，行政案件判后执行问题主要是涉及被告败诉的案件。在判决被告败诉的170个案件中，21件确认违法或者无效的案件不涉及执行问题，3件赔偿判决档案显示被告也在判后很快执行。从理论分析来说，涉及执行问题的是83个判决撤销重作和63个判决履行职责的案件。然而2014年以前并没有出现这类判决的强制执行问题，而2015~2016年的14个该类案件中，撤销重作的案件主要是程序方面的问题，没有出现被告拒绝履行判决的情况。判决被告履行职责的7个案件中6个涉及信息公开的案件也没有出现拒绝履行判决的情况，仅有一起查处违法经营的案件出现了判后执行的问题（详见第四章"案结事了"新检视）。

由此可见，R区法院生效行政判决由于处理案件的协调方式以及判决种类的实际影响，没有给法院带来理论普遍认为的"执行难"问题。但是随着新法实施后判决被告败诉的案件增多，相关的实践问题会逐渐出现。

第三章　R区行政诉讼率变迁的因素

随着时间的推移和地方社会的发展，行政诉讼的变化中有着时代变迁的缩影。1987~2016年R区行政诉讼率的变化受到哪些因素的影响，这些因素影响的方式、程度怎样，因素之间是否有逻辑关联？仅仅从单一理论假设出发进行验证难以全面回答这些问题，需要建立分析模型来考察何种因素在何时对诉讼率产生了怎样的影响。尝试建立的模型应该首先考虑行政诉讼案件形成和转化的历程，其次是案件类型的划分和变化，最后是法院处理诉讼进程的各阶段出现因素及其发挥的作用。建立这样的模型，需要对行政诉讼的产生过程进行全面的把握，并对影响因素进行逻辑解构。

一　行政诉讼影响因素的逻辑解构

官民关系是中国社会发展始终无法回避的主题，与西方国家父权主义话语体系所不同的是，中国传统中这一主题的关键话语一直被"父母官"与"子民"的关系所主导。直到20世纪80年代，随着中国改革开放并汲取历史教训开始进行政治社会体制转型与法制建设，公民个人主体自觉意识开始复苏。伴随着相关法制建设推进，行政法律增加，尤其是1989年行政诉讼法颁布后，官民关系的关键话语明显出现了转变。民可以告官的诉讼制度设计在文本上实现了民与官同为当事人的诉讼地位平等关系。这一制度设计在实践中的运行是否达到了文本设计的理想效果，R区的行政诉讼率是一种"管中窥豹"的现象呈现，而分析产生这种现象的因素，需要从行政诉讼的演绎过程来进行逻辑分析。

（一）行政诉讼的演绎过程

行政诉讼以法院为中心，法院又以原告起诉为处理案件的起点。将法院作为连接平台，原告起诉作为分界点，进行顺推和逆推，可以得出行政诉讼演绎过程的重要环节。

1. 逆推原告起诉以前的环节

原告会起诉被告行政主体，在于不满或者不服行政主体的管理活动；而行政主体会产生管理活动又在于存在引发行政主体行使权力的事由发生。对下来看，这个事由可能是原告的先行行为，比如违反行政管理法律规范的言行或者寻求行政主体帮助等；对上来看，也可能是在一定社会场域下为了社会发展执行上级命令，比如依据政府规划发展征地拆迁等。简而言之，从逻辑先后顺序上还原为：存在引发行政主体用权事由使行政主体产生用权的行政行为后，利害关系人不满行政行为，与行政主体产生争议纠纷，在解决纠纷的路径或者方法中选择了向法院起诉。

2. 顺推原告起诉以后的环节

原告将诉状递交法院后，法院将按照诉讼程序受理、审理、判决，可能还涉及执行。这个过程中原、被告都会尽自己的资源和能力去影响诉讼，使之朝自己期待的方向发展，也就产生了原告、被告以及法院的博弈。由于先例的榜样或者从众心理的使然，最终博弈的结果又会影响到其他类似利害关系人选择诉讼来解决行政纠纷的可能性，比如某些诉讼原告胜诉并且获得了期待效果，其他类似纠纷利害关系人就会跟着起诉，反之则另选其他路径。

由此可以形象地分解为以下流程：引发行政主体介入的行为或事件发生→行政主体产生行政管理活动（行为）→相对人不满行政主体行为（产生行政争议）→相对人在多种路径中选择起诉→法院受理案件→法院审理案件判决结果得到执行→影响其他人起诉。

3. 行政诉讼完整流程

基于以上静态的推演，下文将完整地描述动态的诉讼流程。由于各类行政管理行为可以按照行政行为分作为与不作为的两种简单方式进行分类，在下文描述行政诉讼案件流程也以被诉行为是作为还是不作为来进行区别描述。

(1) 被诉行政行为是作为的案件流程

为了方便叙述，以一个行政诉讼作为典型的案件如不服治安处罚案件为例，其在 R 区的形成过程如下：

第一，相对人存在治安管理处罚法禁止的行为，比如噪音扰民、破坏公物、扰乱秩序等。这些行为虽然没有达到应受刑事处罚的程度，但违反了行政法律规范尤其是治安处罚法的相关规定，应当受到行政管理机关的制裁。

第二，行政管理机关（即公安机关）对违法相对人进行了处罚。该处罚行为包括一个完整的实施相关法律条文的过程，从立案、调查、听取相对人陈述申辩、做出处罚决定到最终执行，所有的实体和程序都应当依法进行。

第三，相对人不服行政管理机关的处罚行为。在处罚过程中，相对人可能由于认为某个环节不公正或者处罚结果过重等，不接受该处罚行为，即使从执法过程来看非常规范，处罚结果也相当公正，相对人也会因为其他原因不服从，不愿意执行处罚决定。

第四，相对人不服处罚后的应对选择。其一，可能是基于对行政主体的畏惧，压制不满情绪强行忍受；其二，可能是找行政主体进行说理或者谈判；其三，可能是寻求第三方救济。从法定的救济方式来看：行政相对人可以选择向上级机关或者同级政府提起复议；也可以到法院起诉状告行政机关，还可以到信访部门信访，或者觉得行政处罚机关及其公务人员有违法行为可以向监察部门反映。从私力救济方式来看：行政相对人可能选择找中间人向行政机关说情；可能选择向媒体曝光倾诉不满，寻求舆论关注；可能采用极端偏执的模式比如打横幅"闹"，引起上级行政主体尤其是政府关注。相对人面临的选择较多，诉讼并非解决问题的唯一路径。

第五，相对人选择提起行政诉讼。法院收到相对人的起诉，在进行确认案件是否属于法院的受案范围、当事人是否适格、是否有管辖权异议后，受理了该案，即一个行政诉讼案件就此产生。

第六，法院对案件进行审理。受理案件后是采用调解处理案件还是审判的方式处理，尤其是能否最终支持原告的诉求，使其达到起诉目的，又会影响其他相对人在解决同类问题上是否参照选择诉讼。

第七，生效法律文书的执行。案件以法院的裁判或者调解书结案后，双方当事人如果不执行生效法律文书，法院可以启动强制措施保障生效法律文书得到执行,维护司法权威,让当事人信任法院。

(2) 被诉行政行为是不作为的案件流程

同样为了叙述的方便,以一个不作为的典型不服政府信息不公开案件的发生为例,其在 R 区的形成过程如下。

第一,相对人向政府提出公开某信息的要求。相对人认为政府有公开信息的法定义务,无论是依法应当公开还是依据申请公开,相对人都向政府表达了要求公开的意愿,有提出要求的形式和行动。比如向政府提交了书面申请。

第二,政府在法定的期限内未公开某信息。其中可能发生的过程如下:其一,相对人提出要求后,政府不接受;其二,政府接受申请后,超过法定期限不答复;其三,政府答复不公开;其四,政府答复公开却没有在法定的期限内公开。

第三,相对人不满政府不公开某信息。在这一过程中,相对人可能由于认为某个环节不公正或者是不公开对其影响巨大等,不满不作为,即使从法律的角度来看该信息本来就不应该公开,或者不公开对任何人都不产生影响,相对人也会因为其他原因产生不满。

第四,相对人不满后的应对选择。其一,可能压制不满情绪强行忍受;其二,可能是找政府谈判;其三,可能是寻求救济:比如复议、诉讼、信访及向监察机关控告等。正如上文提及一样,诉讼并非解决问题的唯一方法。

第五,相对人选择提起行政诉讼。法院收到相对人的起诉,在进行确认案件是否属于法院的受案范围、当事人是否适格、是否有管辖权异议等后,受理该案,即一个行政诉讼案件就此产生。

第六,法院对案件进行审理。除了受理后对案件进行审理中举证要求异于上述作为案件外,同样采用调解处理还是以审判的方式处理,尤其是能否最终支持原告的诉求,使其达到起诉目的,又会影响到其他相对人在解决同类问题上是否参照选择诉讼。

第七,生效法律文书的执行。此类案件的裁判执行只涉及生效履职判决的执行。也就是被告拒绝履职的情况下,法院可以启动强制措施促使被告履行职责。但由于法院不能直接履行被告的职责,这种判决的强制执行存在较大的难度。

从静态观察行政诉讼起诉前后的环节，以及从动态考察其具体流程，不难发现一个行政诉讼可以依据时间先后上主体活动的影响力分为以下三个重要阶段：第一阶段，被告有行政管理行为并且产生行政争议；第二阶段，原告选择诉讼解决争议并提起诉讼；第三阶段，法院受理案件并处理争议。这三个阶段是行政诉讼演绎的重要环节。从这三个环节进行追问和考察，可以进一步从逻辑上分解出影响行政诉讼的关联因素。

（二）行政诉讼实践变化的影响因素

在某种视角下，法律领域是意义和符号领域，是由有关互动形成、再生产和予以改变的，是活动的过程，在许多活动和交往中，这种符号和意义被正式制度化或未被制度化。[①] 在探究行政诉讼实践时，需要考察不同的动态和静态的因素如何产生与改变诉讼制度实践的变化，这就难以回避一系列逻辑追问：在怎样的时空条件下是谁的活动以及用什么样的活动在改变诉讼实践；这些活动是怎样影响实践又使实践产生了哪些改变；行政诉讼实践当时为何会出现这些变化以及这些变化又会带来诉讼怎样的发展方向？要解答这些问题，首先需要从不同的语境限制下进行分层探讨。

1. 社会发展视角下的影响因素

从"经济基础决定上层建筑"以及"生产力、生产者、生产关系"三要素影响社会发展的理论来看，影响行政诉讼实践变化的是经济的发展、人口的变化以及制度的变迁。

（1）经济发展

中国是一个从计划经济走向社会主义市场经济的发展中国家。同时中国也是一个政治大国。从20世纪后期至今，政府在经济发展过程中发挥了至关重要的作用。从经济发展方向到改革措施的各项实施都离不开政府的活动。经济发展到不同阶段，政府的行政权行使的空间和形式不尽相同。从计划经济时代的"包干"到市场经济时代的"调控"，行政管理活动的权限以及方式发生了改变，由此产生的行政争议的标的也会随之改变。作为解决争议路

[①] 〔德〕伯恩·哈特彼得斯：《法律和政治理论的重构》，载马修·德夫林编《哈贝马斯、现代性与法》，高鸿钧译，清华大学出版社，2008，第138页。

径的行政诉讼自然也会随着争议解决的需求进行调整，随之产生实践操作的变化。

（2）人口变化

人与人的关系会随着人口数量的变化变得简单或者复杂。当人口数量较少时，社会活动主体数量较少，群体或者组织形成可能性小。当人口数量越来越多时，群体的活动协调以及个体与个体之间的关系就会开始变得交叉而复杂。这就会产生一定群体公认的规则和组织管理的需求。对现代社会人口群体的公共管理主要体现为行政管理活动。人越多产生的管理活动就越多，管理者与被管理者产生分歧的可能性越大，对解决争议的路径需求就越旺盛。以此为前提来看，人口数量越多，对解决行政管理争议的诉讼救济需求就越大，反之则数量越少，需求就越小。因此，人口数量的变化会影响通过诉讼维权实践的变化。在数量相同的情况下，人口文化等素质的差异变化也会影响通过行政诉讼维权的意识和能力变化，从而使诉讼实践呈现不同的结果和样态。

（3）制度变迁

从马克思主义理论对上层建筑的界定来看，制度是典型的上层建筑产物。其受制于一定的经济社会发展水平，同时也反作用于社会发展，对人们的实践产生规范作用。在不同的法律制度规范之下，被规范主体的实践行动完全不同。制度变化将带来一系列相关的实践变化。行政诉讼制度在中国发展近百年，[1] 其以国家权力为保障的强制执行力在不同时期发挥的作用不同，对实践产生的影响力也不尽相同。更值得强调的是，基于行政诉讼与行政管理的相关性，诉讼制度的影响力大小与行政管理制度的变化紧密联系。行政管理制度要满足政治权力的结构设置要求。从已有研究来看，政治权力结构是指权力系统中各构成要素及各层级之间的相互关系形式、权力结构的优化变动，它随着社会经济的发展变化而相应地发生嬗替。[2] 因此，制度的变迁并非单一的诉讼制度变化，而是随国家政治、经济的变迁形成的一系列变革，从而在特定的社会环境下对诉讼实践产生深远影响。

---

[1] 参见胡建淼、吴欢《中国行政诉讼法制百年变迁》，《法治与社会发展》2014年第1期。
[2] 参见杨光斌《政治学导论》，中国人民大学出版社，2007，第49页。

2. 社会主体视角下的实践主体及其影响形式

行政诉讼实践主体会基于立场、资源、技术的不同，各有侧重地产生对实践的影响形式。当下政治合法性的谋求更多转向了一些现代性权力正当性的论证机制，其中重要的有民主、"以人为本"的意识形态等。[①] 在这种国家发展趋势下，国家各机关包括立法、行政、司法主体，都开始主动或被动地开放了行政诉讼制度如何发展的讨论话题，各种民间力量与诉讼参加人均可以参与其中。甚至在某些时候，还通过"民主决策"机制和程序主动吸纳民间意见，比如各种立法草案、决策议案等的听证举行以及在网络公开征求社会意见。由此，行政诉讼实践主体逐渐变得多元，影响实践的形式也随之更加多元化。

（1）立法主体

在法理上"有法律才有法律关系"的先后顺序，在理论规范上同样适用于行政诉讼法律关系。实践中的行政诉讼与行政法律规范尤其是行政诉讼法律规范息息相关。法律规范不仅由于其随时代变迁产生文本变化直接影响法律关系的变化，同时也潜移默化地融入实践运用过程的方方面面。尽管实践的呈现多样化，但最初都是出于对文本的执行，文本内容的变化将带来实践的变化。文本变化虽然是立法过程中各方主体博弈的结果，但最终的主导权在立法主体的手中。因此，立法主体通过改变立法文本影响实践的变化。在中国的行政诉讼实践中，作为法律的制定主体，全国人大还会基于对立法的解释对诉讼实践产生影响，比如2005年全国人大对《道路交通法》第72条的解释就直接使得诉讼实践中不能再将交通事故认定作为受案范围；作为地方法规制定主体的省、市级[②]人大，不仅通过法规解释权，还可能在一定历史时期下，通过法院意见征求（比如立案请示等）使一个诉讼案件开启行政审新的实践。

（2）行政主体

行政主体是一个非常宽泛的法律概念，在政治科学理论里是政治的执行主体和代言机构，是国家主权的掌舵者。法律的国家研究视角揭示了现代主

[①] 左卫民：《刑事诉讼制度变迁的实践阐释》，《中国法学》2011年第2期。
[②] 2015年立法法修改，赋予设区的市人大地方法规制定权。

权国家在现代法律秩序形成中的重要作用,这被波齐称为"政治的法律化"。[①] 行政主体不仅通过制定规则影响国家的管理,更是直接通过上下级的公共管理执行力以及国家强制力的保障来实现管理领域的规则实施。由此,行政主体不仅在诉讼实践中以被告的角色影响诉讼,而且在诉讼产生之前,就是争议行为中规则的制定者和执行者。而其制定的规则将是诉讼审查中被诉行为的依据之一,其执行行为是诉讼审理的标的,这都会直接影响诉讼实践。在中国社会实践中,还要考虑地方行政主体与地方审判主体的关系对诉讼实践的影响。由此可见,行政主体对行政诉讼实践的影响是多方面的:既通过规则制定权力影响行政管理法律关系,又通过执行管理行为产生引发行政争议的可能,还通过在诉讼中成为当事人时的角色扮演(不排除可能利用其在国家权力机构中的权威)对诉讼实践产生直接影响。

(3) 司法主体

司法主体在中国包括了公安、检察、法院等机构。在行政诉讼实践中最核心的司法主体是法院。法院通过各级机构对行政案件的审理成为诉讼实践的主导者。作为该级别的最高审判机构,最高人民法院通过制定司法解释创设规则,通过典型案例指导规范标准,对审判业务产生直接作用。作为地方的各级审判机构,省级、市级以及基层人民法院是行政诉讼审判的执行者和推动者。上下级法院之间通过业务指导和考核管理对诉讼实践的开展形成实践的内部机制。同级法院还通过对外与行政主体、立法主体的沟通形成案件的协调从而影响诉讼案件的处理。当然司法主体也可以通过诉讼实践影响立法主体改变诉讼立法从而引导诉讼发展的方向,比如,1989年行政诉讼法规定行政案件审理不适用调解,然而实际的审判工作中调解被置换成"协调"实行了多年并积累经验上升为2014年行政诉讼法的相关明确规范。

(4) 民间主体

此处的民间主体是一个相对国家机关来说的广义概念,并非严格意义的法律术语。从法律主体分类来说,除了国家机关以外,应该是公民、法人和

---

① 〔美〕贾恩弗朗哥·波齐:《国家:本质、发展与前景》,陈尧译,上海世纪出版集团,2007,第82页。

其他社会组织。下文为了便于叙述而不重复，引入通俗的民间主体（或称民众）作为一个分层叙述的过渡类概念来阐述其在行政诉讼实践中的影响。民间主体对诉讼实践的影响在近几年越来越明显，其形成的合力以及与官方主体的互动不仅仅引发了诉讼实践的变化，也自下而上对国家的治理实践产生了影响。以下从四个层次进行分析。

第一，作为原告的民间主体直接参与诉讼实践。行政争议中的相对人或者相关人，通过诉讼救济选择到法院起诉并参与诉讼。从被动接受审判而受制于官方制约，到用自己的方式在诉讼活动中产生影响，采用信访诉讼结合施压、媒体曝光争取舆论支持等方式促使诉讼结果有利于己方，与被告乃至法院形成博弈，直接产生对诉讼实践变化的影响。

第二，作为知识精英的民间主体促进诉讼实践发展。知识精英对行政诉讼实践的影响方式经过了从隐性转向显性的过程。在中国法律制度的发展进程中，该群体最初主要通过学术研究、授课等方式进行相关知识和理念的传播，间接、隐形地对行政诉讼制度的产生和普法教育产生作用。后来由于国家法治的发展，尤其是近几年对依法行政的重视和对行政法理论的接纳，促使该群体自我觉醒，并在相关活动中通过立法等直接、间接参与，或者为国家主体相关改革推进提供专业理论指导的智力支持等，以拥有一定话语权的显性方式影响行政诉讼，促进实践的改革发展。但是不得不承认的是相比刑事诉讼、民事诉讼，知识精英对行政诉讼实践的影响力较弱，学术理论研究与实践的互动以及对实践的支撑都需要进一步提升。

第三，作为媒体的民间主体监督诉讼实践。对于行政诉讼实践，媒体的报道并不十分活跃。在网络新兴媒体还没有普及之前，传统媒体尽管具有一定开放性和广泛性，但对国家机关尤其是行政机关的监督作用有限。近年来随着国家对媒体监督的正视，[1] 媒体尤其是国家主流媒体对行政诉讼法的宣传报道，也有了一定数量的相关热点案件披露以及对现行行政诉讼制度的反思性评论，网络以及市场媒体跟进转载，使得其传播在新兴自媒体的帮助下能

---

[1] 如党的十五大报告特别指出，要"推进司法改革，从制度上保证司法机关依法独立公正地行使审判权和检察权"，要"把党内监督、法律监督和群众监督结合起来，发挥舆论监督的作用"。由于媒体报道是舆论的主导，舆论监督主要通过新闻媒体的监督来实现，因此媒体监督已成为我国加强司法监督、促进司法公正的一支重要力量。

很快进入公众的视野，产生受众面广、影响力大的作用，形成巨大的"舆情民意"，影响行政诉讼个案实践乃至行政诉讼程序改革的步伐。随着近几年司法改革推进，裁判文书的大量上网公开，媒体监督的介入深度和活跃度越来越明显，其在传播诉讼知识理念和促进行政诉讼司法公正方面发挥了相应的作用。

第四，作为普通民众的民间主体关注诉讼实践动态。普通民众对行政诉讼典型案件的关注和热点问题追踪，并表达自己的看法和意见，汇聚后可以对行政诉讼实践产生一定影响。当某一相关诉讼实践问题或事件出现时，民众中的个人意见将从分散到类聚，并通过网络媒体平台相互传播，相互影响，到一定程度时凝聚成强大的"意见洪流"，成为社会舆论而向实践发声，引起权威主体乃至权力机关的面对和重视，从而影响实践的处理。

当前新兴青年群体在自媒体平台帮助下，容易更快地传递信息，进行沟通，聚集力量来获得舆论导向和事件处理的话语权。过去封锁和阻碍沟通，中断中间渠道和联系环节的方法已经很难产生及时的效用。在这样一种群体兴起成长为新时代新市民的情况下，法治和规则的实施必须要考虑其作为民众的常识基础。执法的程序规范以及实体公正都显得比以往更重要。在有判别能力的新兴市民主体监督下，智能手机作为监督传导体的便捷通信工具，使一张照片或者一个视频的普遍传播成为可能，这将使得行政主体的管理活动实施面临巨大的挑战，同时也带来外部压力紧逼下提升执法规范，增强行政管理透明度的重要转折机遇。这更加能带来行政诉讼实践的转变。

（三）行政诉讼率变化因素的考察思路

鉴于对行政诉讼流程的分析，考察行政诉讼率变化需要关注的变量包括三方面：其一，行政纠纷会产生的影响因素有哪些；其二，纠纷中的相对人或者相关人选择诉讼的意愿和对行动的影响因素有哪些；其三，案件起诉到法院后诉讼审理的影响因素又有哪些。由此可知行政诉讼率变化实际上是行政诉讼实践变化的数据反馈。考察法律文本执行在R区行政诉讼实践中样态的成因，需要从诉讼流程的重要环节着手并结合实践影响主体及其形式进行考察。为避免在分环节讨论中交叉重复阐述因素的影响，并与第二章R区行政诉讼率变化的起诉量变化、类型变化和层级变化对应，本章随后三部分将分别侧重从原告变化的角度、被告变化的角度以及法院审判变化角度观察引发因素以及其影响形式。

在排除历年人口增减影响的前提下，行政诉讼率直接受到行政诉讼案件数量的影响。案件数量增加越多，行政诉讼率的增幅就越大。行政诉讼量与行政诉讼率是正相关关系。而行政诉讼案件数量的累加，是一个又一个案件形成过程的累加。一个案件需要被原告起诉到法院才能成为行政诉讼案件。有哪些因素会影响到原告起诉、原告对诉讼的认知、律师制度的发展、国家对诉讼普法的推进、其他行政争议解决路径的消解将是本章第二部分考察的重点。

一个行政诉讼案件被原告起诉到法院之前，实际其行政争议的类型已经有定论，也就是说行政案件的类型是在行政管理领域中形成的。考察行政诉讼类型变化实际反映的是行政主体行政管理活动的变化。因此本章第三部分主要从影响被告行为变化的角度来分析地方经济发展、政府法治建设、基层执法规范、其他因素对行政诉讼类型的影响。

当行政诉讼起诉到法院以后，法院怎样处理案件变成诉讼的中心任务，行政诉讼率的层级变化就是对法院各个处理阶段的直接反应。法院在处理案件过程中受到立法变化、司法政策变化、实践主体多方博弈的影响，导致案件的处理结果各不相同，同时也使记载结果的数据产生了变化。因此，本章第四部分主要从这几方面来分析影响行政诉讼率层级变化的因素及其影响形式。

二 R区行政诉起诉量变化的因素

案件数量增加越多，行政诉讼率的增幅就越大。行政诉讼案件数量的累加，是一个又一个案件形成过程的累加。一个行政争议转化成行政诉讼的连接点在于原告起诉。本部分将重点从影响原告起诉的角度分析影响R区行政诉讼量变化的因素。在分析之前，先来汇总各年R区年鉴和政府报告的数据，对比观察人口的变化与地区经济生产总值（GDP）的变化与行政诉讼量的变化，如表3-1所示，考察人口以及GDP是否为影响诉讼量的因素。

表 3-1　1987~2016 年 R 区行政起诉案件、人口、GDP 增幅对比

年度	R 区行政收案数(件)	案件量增幅(%)	R 区人口(万人)	人口增幅(%)	R 区 GDP(亿元)	GDP 增幅(%)
1987	4	0	42	0	3.37	0
1988	3	-22	43	2	3.83	14
1989	2	-43	45	5	4.49	17
1990	8	350	46	2	5.76	28
1991	6	-28	47	2	7.13	24
1992	10	62	48	2	8.18	15
1993	10	-5	49	2	12.81	57
1994	14	40	50	2	15.76	23
1995	18	25	51	2	18.7	19
1996	16	-14	54	6	22.6	21
1997	13	-20	54	0	28.13	24
1998	11	-17	55	2	32.06	14
1999	16	45	56	2	36.1	13
2000	16	0	56	0	39.4	9
2001	34	107	57	2	44.9	14
2002	36	3	58	2	51	14
2003	21	-42	59	2	57.22	12
2004	56	175	61	3	67.91	19
2005	30	-47	62	2	68.83	1
2006	106	247	62	0	78.64	14
2007	36	-66	63	2	101.2	29
2008	33	-9	63	0	117	16
2009	27	-19	64	2	140.5	20
2010	41	52	64	0	175	25
2011	132	222	64	0	200.3	14
2012	311	134	64	0	233.7	17
2013	75	-76	65	2	254.24	9
2014	106	39	66	2	269.9	6
2015	168	56	67	2	288.4	7
2016	118	-30	67	0	310.4	8

由表 3-1 可见，R 区人口增幅并不明显，而 GDP 一直保持不低于 6% 的增幅进行增长，但诉讼案件数量却出现了波动增长，将三者的增幅曲线进行对比，如图 3-1 所示，总体可以看出三者的发展趋势不同步，因此人口和 GDP 的变化并不能直接引起行政诉讼案件起诉量的变化，这与有的研究提出的"人口基数与地方经济发展规模与发生行政纠纷的可能性相关",[①] 有一定趋同性，但不必然产生直接影响。因而本部分不讨论人口、GDP 的可能性影响，而讨论原告起诉的直接影响。

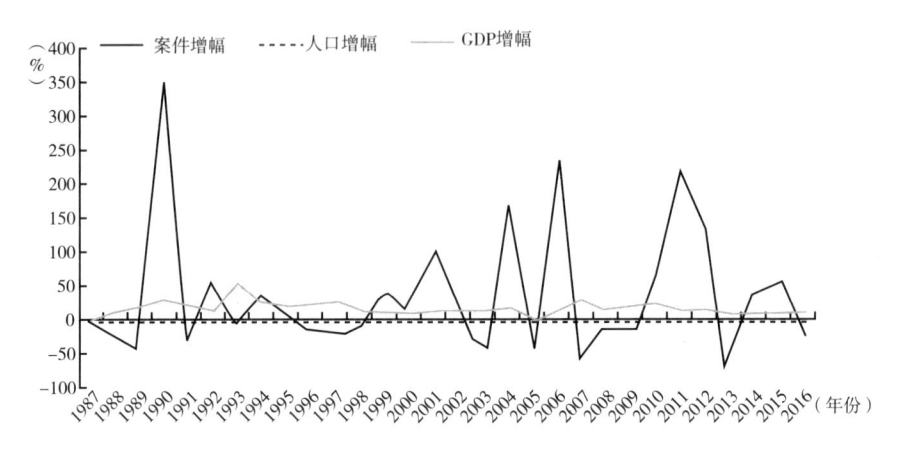

图 3-1 1987~2016 年 R 区行政起诉案件、人口、GDP 增幅对比

（一）原告认知变化直接影响起诉量

原告认知是一个非常抽象的概念，在以往的研究中主要以规范分析的方式进行考察。为了能够更形象地反映具体情况，本研究选择了以具体访谈为主并辅助问卷调查的方法来寻找线索。

1. 调查方法及其说明

案件从行政争议转化为行政诉讼的关键在于原告，那么选择诉讼的是哪些原告？按照行政诉讼法的规定，可以提起行政诉讼的有公民、法人和其他组织。在 R 区提起行政诉讼的原告除了一起村委会提起的征地案件、街道办

[①] 黄卉：《影响各地行政诉讼案件数量的那些要素——26 年的数据分析》，http://www.sohu.com/a/159867466_611053，2017 年 8 月 6 日访问。

事处提起的规划案件、城管执法局提起的工伤认定案件以外,都是公民和公司法人提起的,并没有出现公民和其他主体同时提起诉讼的情况。根据表3-2可以计算出在该区有84%的案件是公民提起的,比有的研究调查的结果79.5%略高。[1] 而16%的其他原告包括法人、其他组织都只是一个诉讼的抽象名称主体,实际还是自然人的认知和活动影响起诉的进程。因而本研究对原告认知变化主要考察R区公民的认知变化。

表3-2 1987~2016年R区行政案件起诉原告类型及其占比

单位:件,%

年度	R区行政收案数	公民起诉案件数量	公民起诉案件占比	其他原告起诉案件数量	其他原告起诉案件占比
1987	4	4	100	0	0
1988	3	2	67	1	33
1989	2	2	100	0	0
1990	8	6	75	2	25
1991	6	6	100	0	0
1992	10	5	50	5	50
1993	10	6	60	4	40
1994	14	12	86	2	14
1995	18	15	83	3	17
1996	16	14	87	2	13
1997	13	12	92	1	8
1998	11	10	91	1	9
1999	16	15	94	1	6
2000	16	12	75	4	25
2001	34	30	91	4	9
2002	36	30	83	6	17
2003	21	21	100	0	0
2004	56	49	87	7	13
2005	30	24	80	6	20
2006	106	95	90	11	10
2007	36	29	81	7	19
2008	33	29	88	4	12
2009	27	21	78	6	22

[1] 参见林莉红《行政法治的理想与现实》,北京大学出版社,2014,第127页。

续表

年度	R区行政收案数	公民起诉案件数量	公民起诉案件占比	其他原告起诉案件数量	其他原告起诉案件占比
2010	41	28	68	13	32
2011	132	113	86	19	14
2012	311	275	88	36	12
2013	75	63	84	12	16
2014	106	93	88	13	12
2015	168	130	77	38	23
2016	118	91	77	27	23
合计	1477	1242	84	235	16

（1）调研方法设计

为了进行有针对性的访谈和回访R区公民对行政诉讼认知的变化，采取抽样的方式，以每年到法院起诉的第一个案件的原告为调查对象进行访谈，并参照其当时起诉时的年龄阶段推及现在的同年龄群体，在其所在的生活区域进行该年龄阶段的问卷调查，进行对比。

（2）调研访谈内容及问卷设计主要内容

第一，访谈原告，主要了解被访谈对象对行政诉讼的看法，为何当时的案件选择行政诉讼来解决争议。

第二，问卷主要设计的内容有三大部分：其一，受访者背景信息，如年龄、性别、文化水平、在当地居住年限等，从中找出在R区实际居住30年以上的公民进行访谈，了解其对1987～2016年当地公民行政诉讼认知变化的描述及评价；其二，对行政诉讼的一般认识问题，包括什么时间通过什么途径知道行政诉讼、是否发生过行政争议、发生在什么时候、是否选择起诉、原因是什么等。

（3）案件原告抽样统计情况

抽取出1987～2016年每年起诉的第一个案件，共包括28个公民提起的，2个公司法人提起的共30个案件总计43个原告（公司法人以法人代表自然人计算，有的案件原告超过1人）统计情况如下。

表 3 – 3　1987~2014 年 R 区抽样行政案件原告起诉时年龄分布

单位：人

时间	原告人数	18 岁	18~30 岁	31~40 岁	41~50 岁	51~60 岁	60 岁以上
1987~1991	6	0	0	0	1	3	2
1992~1996	9	0	0	2	1	5	1
1997~2001	9	0	1	3	4	1	1
2002~2006	8	0	1	2	3	1	1
2007~2011	5	0	1	1	2	1	1
2011~2014	6	0	2	1	1	1	1

表 3 – 4　1987~2014 年 R 区抽样行政案件原告起诉时住址离 R 区法院直线距离分布

单位：人

时间	原告人数	5 公里内	6~10 公里	11~15 公里	16~20 公里	20 公里以外
1987~1991	6	6	0	0	0	0
1992~1996	9	7	2	1	0	0
1997~2001	9	5	3	1	0	0
2002~2006	8	4	2	1	1	0
2007~2011	5	1	1	2	1	0
2011~2014	6	2	1	1	1	1

注：直线距离以 R 区地图上 R 区法院为圆点，按照地图上方圆直径距离取的概数。

从表 3 – 3 抽样的年龄来看 18 岁以下的原告没有出现，30 岁以上的原告最多，可见，一般中老年人更喜欢采用诉讼方式来解决行政争议。因此调查问卷的发放对象主要是 18 岁以上的 R 区公民，并且 58 岁以上在 R 区居住 30 年以上的是访谈重点调查对象。

从表 3 – 4 抽样的地域距离来看，由于 R 区现在的建成区面积达 55 公里，而 R 区法院位于 R 区中心地段，[1] 在抽样的案件里除了 1 个原告以外，起诉时的住址实际都在现在的 R 区城区内，因此调查问卷的发放区域为 R 区城区，

---

[1] 2017 年 3 月 R 区法院搬到新办公地址以前，法院地址在 R 区地图上位于东西南北交汇的城区中心地段。

在离 R 区法院距离较近的社区居委会的帮助下，选择重点调研对象并发放问卷。

（4）问卷调查未涉及农村公民的说明

对于抽样案件原告职业进行统计后发现 43 人中只有 11 人是农民，而且其当时的住址现在是城区，对于农民作为原告所占的比例少，结合 R 区受访的四位庭长的看法，可以总结出以下主要原因。

第一，首先农民在 R 区居民的数量占比减少。R 区原来的传统农业在该区域的影响在不断地消解，农民的数量在城镇化建设的过程中不断减少。在这个减少的过程中，农民逐渐转化成城市居民适应城市的生活。由于城镇化的进程中不断地将农民变成居民，农民在该区域的所占的净总比随着城镇化进程越来越少，2016 年 R 区的城镇化率已接近 80%。

第二，农村解决纠纷的传统模式不是诉讼。农村在城镇化的进程中变成了劳动力的输出地，主要劳动力都到东部和沿海去了。村里一般都只留下老人和小孩，对于法律常识的积累比较少。村里解决纠纷的传统方式是找干部、长辈等，用更快的方式进行解决。同时也是因为老人和孩子在生活过程中重点分别在于"老务农""小读书"，耗不起诉讼的时间和精力。况且该群体对很多情况和国家相关信息都知晓较晚。就算知道当今的制度变化了，通过什么方式可以告赢达到期待的诉讼效果，而又不"得罪"直接对他们进行管理的官员，对于这一部分留守老人来说，其认知极端有限，很难突破"官不能得罪"的习惯性思维。习惯是一种社会化的主观性，是"直觉、评价和行动的分类图示构成的系统，具有稳定性又可以置换；来自社会制度又寄居在（公民）身体中"。[①] 在这些老人看来，如果得罪了直接管理他们的官员，"小不忍"则会惹上更大的麻烦。因此他们会选择放弃诉讼，而用其他更简便的方式来进行解决。

第三，农民所处的地理位置与城区相比离法院更远。在交通便捷上，单路费就产生了起诉成本相对高的较大障碍。在行政诉讼中，法院所收的诉讼费用一般都比较少。从 20 世纪 80 年代到现在，行政诉讼费用一直在几十块

[①] 〔法〕皮埃尔·布迪厄、〔美〕华康德：《实践与反思——反思社会学导引》，李猛、李康译，中央编译出版社，1998，第 170～171 页。

钱。大多数起诉的成本在于交通费和律师诉讼费用等,律师可以不请,调查不进行也能起诉,但是交通费用是必要的支出。路程远意味着费用与时间的耗费多,起诉成本必然高,对于普通农民来说有顾虑。

需要进行说明的是11名农民涉及5个案件,有7人是出现在2011年以后的3个案件中,其余4人分别出现在1988年、1993年的两个拆迁案件中。进一步统计其他所有案件的原告职业来看,从2011年开始农民原告的占比在增加,而且多集中在征地、民政、工商等方面,起诉时年龄多在25~45岁,占60%左右。这从某种层面上反映了R区外出务工农民的"回流"。这些返乡农民工带回在外地城市中耳濡目染的"见识",增加了村民诉讼认知水平提升的可能性。随着智能手机的普及以及自媒体等的传播,农村年轻人对法律信息和知识的认知逐步增加。而有的学者在20世纪90年代初就通过调查认为农民法律意识水平较之数年(乃至数十年)前确有提高或增进,农民对法律日益趋于了解、认同和接受。① 相比之下,R区作为西部区县,其农民的认知水平提升在时间上相对延后。

2. 调查实施情况

走访了5个相应的社区,访谈了7名原告,每个社区发放20份问卷,共发放100份,收回91份问卷。从问卷中抽取并访谈了9名60岁以上的公民,搜集了其对于居住区域公民对行政诉讼的了解变化的看法。

第一,将其中具有代表性的3名原告对"为何提起行政起诉"的回答摘录如下:

> 于1992年不服因拆迁上访被治安处罚提起诉讼的受访86岁的蔡某某老人在访谈中断断续续说道:"那阵百姓街头巷尾'摆龙门阵'说到民被官管的那些事,提及某家受到不公时安慰频率很高的说法就是'你要会得想,人只要活着,将儿子(孙子)供养得有出息,进北京、省里当个啥地,啥都解决了,你看人家某某人就是,一个亲戚在北京那个部队有啥一官半职,抓过他的降职的降,丢官的丢,没有抓那些过去整他的

---

① 郑永流、马协华、高其才等:《中国农民法律意识的现实变迁——来自湖北农村的实证研究》,《中国法学》1992年第1期。

人去坐牢已经是够宽宏大量了，还有房子、工作什么都解决了，后代（生活）都不愁了。'大家都劝我莫要去告了，但是我总是忍不下，我要找法院要公道。"

（其他2000年前起诉的3原告也是基于"讨公道""评理"而起诉。）

于2003年不服拆迁决定的原告何某某（现年51岁）提到：当时同样都是棚户改造，别人有关系的多赔偿，我们没关系的老实人按照最低标准给，我们到区政府、市政府都去过，人家说你字都签过了，没有反悔药要吃，没有办法，我总要找个地方讨公道，我就朝法院说。地方政府那些端铁饭碗的就是"上有政策，下有对策"地吃我们赔偿差价钱，我找不到依据，求法官找，国家法律应该是公证的。

于2015年不服道路运输局不制止驾校异地招生提起诉讼的某驾校负责人王某（现年48岁）提到：我校诉系经批准在T市X县办学多年的驾校，发现经营执照招生地域不在X县的T市驾驶员培训有限公司（第三人）与当地考试中心在X县联合采用不正当竞争手段大量招生，导致我校学员流失。我校于2014年10月30日向被告T市道路运输管理局递交了《请求严肃查处严重违法行为的情况反映》。被告将随后在局里内部开会的3次会议记录复印函送我签收，但不采取措施制止第三人在X县的大量招生培训，明显不履行行政机关保护合法经营人的职责，是在乱搞忽悠我们，现在法治社会，我们不仅要告，还要告到得赔偿，他们还不履行职责，有诉讼依据，我们继续网络曝光。

（2014年起诉的一原告是基于认为被告不发房产证的不作为违法而起诉，也联合小区其他业主边起诉边网络曝光。）

通过以上叙述，发现前两名原告是上访、信访无门后，才选择诉讼，说明这些路径是其首选，只有走不通了才转而起诉，并且都对法院有着能"公道"的期望，认为中央管得住地方，国家法律能"公证"才起诉，明显受到了国家传导出来的法律信息的影响。第三位原告则直接选择了诉讼，主要在于其相信"法治社会",并且明显透露出将诉讼作为一种工具与被告进行对抗。

第二,91份问卷的统计情况。

所有人都选择了知道行政诉讼,其中有61人选的时间是2000年以后。由此可见,1989年行政诉讼法颁布后,被调查的R区公民对行政诉讼的认知滞后时间较长。

对于通过什么途径知道行政诉讼(多选)这一问题,有23人选择了电视、报纸媒体的报道,有37人选择了网络、微信等自媒体新闻,有29人选择了国家、政府、机关等普法活动或者普法资料。由此可见被调查公民认为在R区城区国家普法和媒体的传播是诉讼知识普及的主要有效路径。

有57人选择了发生过行政争议,其中有32人发生的时间在2010年以后,只有9人选择提起诉讼。由此可见,R区城区被调研公民选择行政诉讼的意愿并不强烈。

对于"不选择诉讼的原因(多选)"这一问题,有35人选择告不赢,48人选择信访(上访)能引起重视方便解决,有37人选择复议处理更快,有19人认为律师代理费用太高。由此可见,在R区城区被调查公民认为复议、信访比诉讼能解决行政争议,而且诉讼结果的负面预判和律师费用的承担也是阻碍提起行政诉讼的因素。

考虑到问卷调查对象局限在城区,下文不单独多做问卷分析,仅以问卷调查作为研究线索和论据。

第三,对于9名60岁以上公民访谈情况的汇总。

其一,2000年以前的情况大致是:政府公务员的社会身份为"父母官",采取的是高压行政管理方式,宣扬个人服从国家集体决议,百姓普遍权利意识不强,在认为权益受到行政权力侵害时,维权意识弱,维权行动更少见。不仅在被管理的过程中,"当官的说咋就咋",服从是普遍的行动导向和表现,而且在不满或者认为受到不公正待遇时也常常选择"反正老天爷看着,善恶终有报"的朴素思想来寄托隐忍。在这样一种"有权压死人"的外在环境下,一方面百姓畏惧"官"的权力高压,认为法官也是官，都会官官相护，无处申冤，无法说理，不敢提起诉讼；另一方面在"善恶终有报"的内在寄托下，弱势百姓甚至对违法行为都是委屈承受，幻想着终有一天会有清官主持公道，或者家族中终会有人为官，能到市、省、中央谋职，"权大一级高过人"，到时洗刷委屈，清算不公正甚至不法行为，显扬家门。

其二，2001~2010年的情况大致是：随着义务教育的推行，认识字的民众越来越多，通过听收音机、看电视、报纸、上网、各种宣传活动等，大多数民众还是知道了可以拿起法律武器来对抗官的"胡作非为"，对于法院与其他政府机关不同也知道一些。但是市场经济社会发展起来，都在以"钱多为荣"，至于采用什么方式变得钱多，越来越没有人在意，因为钱多还好办事，有钱啥都好说。民众在实际生活中随着乡村在城镇化过程中解体，单位不再分公房，个人到外面买商品房后，周围的陌生人越来越多，原来以集体主义集结的个体，随着住处的四处分散，熟人也分开得很远。就算还在一个小区，也因为高楼大厦门一关，一家一世界，往来和交流越来越少，熟人社会解体，民众朴素信念也瓦解。大家都"朝钱看"，能唤起民众共鸣的往往就是钱、利益的多得。

多数民众都认为"官"也一天在办公室呆写材料，编数据，不走进民间了解真实的情况，还通过各种拆迁建设等不断分国家的钱，法官也在搞钱，大家不是不相信法律不公正，都认为法律是好的，只是用法的人出了问题，依法办个正事都要送礼才办得成。有怨气小利能忍得下的就忍，遇到冤屈大利，尤其是比如涉及拆迁票子都是一堆，哪个忍得下？还不各种方法争，各种方法都用上，起诉行得通也去。因而虽然逐渐认同了法律规则代替过去人情关系调整社会的作用，但是认为地方在执行法律过程中出现了"打折"，对行政起诉是一种尝试获利的心态，比以往愿意起诉的人有增加，但不是特别明显。

其三，2011年以后的情况大致是：随着"依法治国""依法行政"等不断深入宣传，尤其是各种信息的公开，以及传播的迅速，"官"许多事盖也盖不住，尤其是该区许多公共工程巨资修建后总是没有起到作用，比如街道的下水管道几乎年年修年年涨水,街上就成"海";R区跟其他区连续修建四座跨江连接的桥还是像以前一样堵;所有的公园、河道绿化都在不断"缩水",以前的文物和传统街道全部消失,民众散步都无处去;等等。民众没有直观感受到地方行政改革和大量建设带来的利好,反而觉得以前的空间被挤占,认为很多社会负面现象都是地方政府的官员不为民谋利造成的。比照各种媒体宣传的国家方面对"法治政府"的要求,以及"权为民所赋,权为民所用""情为民所系、利为民所谋"的理念提倡,发现了地方行政的差距,因此有不满,认为"官"在乱整违法。而"司法为民"的政策引导又给予了民众希望。民众学习法律知识比以前都容易,加上行政诉讼费用几乎一直没有变,今天的几十元钱基本上人人都不会在意这点成本,告官,官才知道民也不好惹,官怕被告将事情整成大麻烦,正好就拿诉讼跟其加码好说话。起诉的人肯定比以前多得多,要是法院都能解决好这肯定是好事会传千里,还有更多人去。

通过以上访谈内容汇总,发现在这些当地居住超过30年的公民看来,R区民众对行政主体以及行政诉讼看法的变化大致分为2000年以前、2001~2010年、2011年以后三个阶段,下文以此为时间段进行分析。

3. 调研结论的阐述

1978年改革开放以后,随着普法教育的进行和大量增长的诉讼实践,我国公民的诉讼意识和观念相较于旧时代,逐渐发生了转变,而这种观念的转变正是考察R区30年行政诉讼实践变迁的一种线索。行政诉讼认知的转变到底在何时发生,又对行政诉讼案件起诉量产生了多大的影响,应该如何看待,是理论研究一直探讨的热点问题。

从以往的研究来看,以"厌讼"文化来分析民众对诉讼认知的共识比较一致,比如徐忠明先生通过谚语去剖析中国传统社会乡民的诉讼文化心理。他得出结论认为:对传统中国的乡民来讲,由于他们在道德上贬抑诉讼,所以产生了"厌讼"或"贱讼"的态度,然而,他们对诉讼的真实态度则是"惧讼",这是一种基于各种利益考量而后产生的诉讼心理。如果我们意欲理解和解释传统中国乡民的诉讼心态,那就不能仅仅从道德说教的角度来理解,也不能单单从帝国官僚的视角来解释。①朱苏力先生认为，选择性的逃避法律在很大程度上是合乎情理的，并且是相当理性的，这是因为如此选择对他们来说利大于弊。他说："这里的法律规避所证明的并不是行为人对法律的无知和非理性，而恰恰证明了他们的理性。而这样一来，这里也就证明了在中国目前的社会文化条件下，国家制定法在某些方面是不完善的，因为受害者接受法律的保护可能要求他付出更大的成本。"②同时他还认为，民间习惯性的规则在某种程度上更加强力地影响司法判决，原告会选择信访这一手段，也符合朱苏力说的民间性规则选择的逻辑，实际上这也是一种由来已久的诉讼认知。③

R区的行政诉讼量变化是否也与已有研究的结论趋同？在第二章第二部分中分别按照三部诉讼法实施实践的情况进行了描述，但为了方便分析和对比，下文以2000年为界限，分为三个阶段来分别阐述R区公民（民众）认知变化对诉讼起诉量的影响。

(1) 熟人社会"厌讼"文化延续（1987~2000）

文化传承会在无形中成为民众行动的导引。R区原是一个有着悠久历史文化的古城，同时也是一个以农业为本的乡土社会。费孝通先生在《乡土中国》中有"在乡土社会里，一说起'讼师'，大家就会联想到'挑拨是非'之类的恶行。作刀笔吏的在这种社会里是没有地位的。可是在都市里律师之上还要加个大字，报纸的封面可能全幅是律师的题名录。而且好好的公司和个人，都会去请律师作常年顾问。在传统眼光中，都市真是个是非场，规矩人是住不得的了"④的感慨，这大概是对中国传统社会诉讼观念的一个经典阐释。但是，乡土社会虽然可以不用"法"，但无时无刻都离不开人情风俗。1987~1999年R区的民众主要是以人情风俗的规约来解决争议，对与"官"的冲突更是在怕官之传统下对法律敬

---

① 徐忠明：《传统中国乡民的法律意识与诉讼心态——以谚语为范围的文化史考察》，《中国法学》2006年第6期。
② 朱苏力：《法治及其本土资源》，中国政法大学出版社，1996，第45~47页。
③ 朱苏力：《送法下乡——中国基层司法制度研究》，中国政法大学出版社，2000，第238~260页。
④ 费孝通：《乡土中国》，中华书局，2013，第50页。

而远之。

行政诉讼法没有颁布施行前,在没有明确依据可以判定能否起诉的制度环境下,民众"怕官""不知告",难有提起行政诉讼的理念和到法院告官的实践认知。通过查阅卷宗资料发现1987~1989年有9个案件的原告文化水平都在初中以上,还都聘请了公职律师做代理人,但在起诉状里都有"不得已起诉"的话语表达,反映出起诉是"有胆量"但也无奈的选择。然而更多民众不识字,不知起诉,不敢告。

从当时社会风俗来看,1990年行政诉讼法颁布实施后很长一段时间内,民众还是崇尚"人情"联结,谈关系解决问题。这种关系并非是找关系枉法方面的曲解,而是解决争议的时候多从考虑维护争议方以及相关主体往后的关系角度出发。民众就算与行政机关发生了争议,也会考虑以后会与行政机关打"交道",民众会选择找熟人说情;而当时的许多基层行政机关的公务员也都是"熟人"的"熟人",了解社情民意,也会考虑人情,在坚持行政机关绝对权威下,听完熟人的撮合意见,协商问题的解决。在这种机制运行还有效果,并且在"谁都不得罪"的道义优势取向下,民众尤其是行政相对人都不情愿选择对立式的诉讼审判解决问题,以免"关系闹僵""面子撕破"反而不利于解决问题。

何况在20世纪90年代初,R区行政主体主要是政府及其部门,在当时还是人情味很浓的社会,政府的权威极高,权力的控制力很强,行政相对人在理念上是绝对服从,很少会想着跟政府及其部门打官司,甚至是想都不敢想。尤其是在20世纪90年代初政府的活动主要是在抓农业,而农民是最老实也是最容易服从不怀疑行政权力的。从1990~1997年起诉的97起案件来看,提起诉讼的原告住在农村的只有5起占4%,而据统计资料,当时该区人口中农村人口占52%~57%。[①]

R区法院第二任庭长王某接受访谈时就说当时只有较少的民众选择诉讼来解决行政争议,其他人都在对行政诉讼进行"观望",换句话来说就是民众对行政诉讼的知识了解不够,诉讼意愿并不强烈,行政案件起诉量少。1996年R区法院行政审判总结也提到了这种情况:

---

① 数据来源于《2000年R区统计年鉴》。

> 档案材料：R区法院1996年总结摘录《大力开展行政审判，救济民损，释放民怨》
>
> 有行政管理，也就有了行政争议。行政争议本身就是一种客观存在的矛盾，开展行政审判则为矛盾的解决打开了"疏浚"的口子。因此，行政审判在理顺"官民"关系，维护社会的稳定发展方向发挥着独特的作用。为此，我院积极地开展了行政审判工作。积极受案，打开"疏浚"渠道。各地法院行政审判都开展不好，主要是行政审判三方有"三不、三怕"。即原告的"不知告、不敢告、不会告"；行政机关"怕当被告、怕出庭、怕败诉"，有的办案人员对有的案件存在着"不愿收不敢受、不会受"的问题或顾忌……

由此可见，R区行政诉讼实践的前十年，诉讼认知的局限并不仅仅存在于原告，而是整个社会群体的行政诉讼认知都比较薄弱。这种情况延续到2000年前后。

(2) 熟人社会解体诉讼认知提升（2001~2010）

从20世纪90年代末开始，R区的城市建设不断快速扩展，到2010年城区从原来几条街扩成了数十上百条街巷连接的区域。其间，乡村不断从城乡接合部转为城区，原来的村民也转化为市民。从以前的村组为社会活动和连接的单位逐渐转化为社区以户为社会活动的单位。到后来由于人口的流动，进城的村民出现分化，乡下的农村由于壮劳动力"东南飞"和外出求学人口的流出，人丁减少，以血缘和地缘为连接的乡村熟人社会群体逐渐分散。

2005年前后，R区实行国企改革大量工人搬迁移居，下岗分流，逐渐不再以企业职工房聚居。随着公房改商品房供给侧结构性改革全面推行，各机关事业单位人员也逐渐分散购买住房，单位小区住户也不再是同一个单位的群体。由此，原来的城市地缘连接的社会群体也逐渐分解。随着教育扩招改革不断推进，R区内的两所高校每年递增近万人，围绕着高校周边的消费经济和R区房产开发、T市商业发展，吸引了外地经营主体不断地到来。2007年开始进行全国公招考试，也使得R区以及T市吸引了不少的外地人到机关、事业单位。2010年前后，R区城区的常住人口中有30%左右并非原 R 区居民。[①] 至此，城镇化进程中人口流动加速了 R 区地缘连接的熟人社会解体。R 区从熟人社会解体走向陌生人社会。

在以血缘、地缘为连接的社会群体中，群体公认的情、理、道德以及关系的维护是社会的准则。在这样的熟人社会里，法律规则的适用会受到情理、关系的冲击融合变成行动中不一样的法。民众对法律的认知，离不开以情理、关系的评价标准去衡量。法律对 R 区生活的介入，尤其是在行政争议处理过程中的介入作用比较有限。然而当熟人社会逐渐解体，以熟人为基础的情理、关系也随生活中熟人消失陌生人变多而失去社会调整的强大作用。在这些原有准则消退的过程中，从访谈中得知，R 区民众尤其是城市公民的生活中出现了新生活规则的真空，以金钱财富多少为评价人生成功与否以及成就大小的价值观取代了以前熟人社会中情理关系中讲贡献公德的价值观。

金钱财富价值观冲击下，陌生人的流入使得 R 区民众之间相处需要一种更为权威的准则来调整人和人、人和物之间的社会关系。原来就已经开始嵌入情理、关系来发挥社会治理作用的法律，在国家普法行动以及各种媒介宣传的渗透下，R 区公民越来越认可法律作为社会生活评价标准的权威。随着国家依法行政的深入推进和宣传，R 区公民认为国家法律在地方实施过程中由于官员们的"朝钱看"使得法律的适用变质。在发生官民冲突的行政争议中，希望以法治官，通过执行法律的司法机关来解决争议逐渐就成为其考虑的选择路径。通过对法律的学习和了解，R 区公民行政诉讼认知有了提升。

这样的转型时期，国家"励讼"文化的传输正好弥补人情、关系解决问题退出的空间。正如有学者提出的那样，随着"法治"成为基本治理理念以及"法治"建设的不断深入，国家精英积极树立"诉讼"在纠纷解决机制中至高无上的排他性地位，并将"诉讼"与"权利意识"相联系，认为采用诉讼方式解决纠纷是权利意识高的表现，赋予诉讼正当性。努力使民众懂得并敢于运用法律武器维权，鼓励民众将纠纷交由司法

[①] 参见《2011 年 R 区统计年鉴》，第 17 页。

机关解决。① 在 R 区经济发展过程中，城市建设快速推进，行政管理活动频繁，涉及地产管理的行政纠纷多。其中涉及的规划、土地确权、拆迁、拆迁强制措施等系列案件增多。越来越多的原告不仅仅求道义公平，更希望获得直接经济利益补偿。尽管有许多赔偿诉求是很无道理和根据的，但因提出成本极低，很多案件原告都提出了赔偿要求。由此可见，该区的公民诉讼认知逐渐在转变，但尚未完全认可诉讼救济路径的有效性，而是出现一些与信访和复议等同用的情况，希望获得更多的经济利益。又由于本着对法官也是"官"的有官病的质疑，R 区民众认知提升在起诉行动尝试印证中并不明显。R 区法院的庭长在访谈中就提到：

> 有些原告其实基于不服最初的拆迁行为而不断反复找相关部门闹访获得新的行政决定文书，找理由起诉立案以后，拿着立案通知书又去找政府闹访，特别是 2008 为确保奥运会举办维稳工作的顺利完成，政府就给予原告安抚。一些原告就拿起诉引起媒体关注，与政府周旋；又拿信访给法院维稳施压。采用这种反复方式进行折腾，完全不是想通过法院诉讼真正解决问题，就是想通过这种手段闹利益。然而，其他普通的公民看到法院就这样在政府和闹访原告之间徘徊，没有解决好问题，就误认为法官不得力或者也是要多收钱才办事，对诉讼的看法产生了偏差，按照行政争议发生的比例，来起诉的案件并不多。

（3）"法治"理念下的诉讼认知普及（2011~2016）

2010 年以后，随着法治社会理念的深入人心，R 区民众文化水平的提升，借助网络媒体传递的普遍，对国家法律的认知也逐渐得到普及。2010 年 9 月，国务院正式发布《关于加强法治政府建设的意见》，做出了建设法治政府目标的部署后，依法行政、建设法治政府受到了民众的普遍关注。R 区也在 2011 年后不断加强行政管理规范性建设，强调公务员法律素质提升，引入了法

---

① 郭星华、郑日强：《励讼：当代中国诉讼文化的变迁》，《广西民族大学学报》（哲学社会科学版）2005 年第 4 期。

治指数考核。通过信息公开、便民服务和网络办公等改革，不断缩小地方实践与法律要求的差距。同时，智能手机作为监督传导体的便捷通信设备，一个照片或者视频将使得行政主体的管理活动实施面临曝光的巨大挑战，这也是在外来压力紧逼下不断提升执法规范，增强行政管理透明的重要转折机遇。

民众也在国家法律普及的过程中，不断从别人的诉讼实践或者自己的诉讼实践中提高诉讼认知水平。国家权力和社会关系应该受到国家法律的规范，"国土之上皆有国法"得到了R区民众的公认。对于通过司法公正的程序解决行政争议也在2014年后随着司法改革的深入，以及新行政诉讼法的施行得到了R区民众的认可。尤其在R区新兴市民群体可以在自媒体平台的帮助下，通过更快地传递信息聚集力量，以此来寻求诉讼舆论导向和诉讼事件处理的话语权。诉讼认知的普及决定诉讼实践的转型，更是诉讼制度转型的基础。从2011年起R区的提起行政诉讼的案件就开始相比以前出现大幅增长，越来越多的行政争议进入司法程序进行处理。

自改革开放至今，R区民众的诉讼认知产生了一定程度的巨大转变，而这种转变的产生与R区出现的多种法治因素有关。法律事件对法律意识的提高具有巨大的推动作用。[①] R区在行政诉讼领域的法律事件集中在不断拆迁带来的争议处理，以及大型政府建设项目功用争议处理方面。正如前述访谈所提及的，近几年的R区甚至T市公共项目尤其是大型新建项目规模耗资大而没有发挥实际效用，让民众对政府依法行政的实效产生了不满和怀疑。与其他学者调研的结论"民众对法院与行政机关关系的认识有偏差；对行政诉讼制度本身及其实施效果的评价不高"[②] 相似，R区民众还未完全转变到以诉讼为主来解决行政纠纷的时间行动上。在立法体系完备的前提下，这还需要普法的进一步深入和司法权威的进一步提升。而2015年T市获得设区的市的地方立法权，2016年开始吸纳R区民众进行地方立法参与，民众诉讼认知的提升又有了新的实践路径。

---

① 秦强：《转型中国的法律意识变迁》，《黑龙江社会科学》2014年第6期。
② 汪燕：《行政诉讼观念现状及其对诉讼行动的影响探析——以中部某自治州为例》，《湖北民族学院学报》（哲学社会科学版）2013年第6期。

（二）国家普法提升原告诉讼认知

在上文访谈尤其是问卷调查中，R区公民有不少人都提到了国家普法对诉讼认知的提升作用。本部分主要考察国家1987～2016年主要通过什么形式对R区民众产生怎样的影响。由此揭示来自国家层面的法制宣传是如何送法进区，渗透到R区的民众生活中，影响R区民众选择诉讼来解决行政争议。

1. 国家七个"普法"规划的简介

卢梭说，法律既不是铭刻在大理石上，也不是铭刻在铜表上，而是铭刻在公民的心里。国家如何将法律送到公民的心里？我国从20世纪80年代中期开始，就自上而下地推行普法宣传教育。1985年开始实施"一五"普法，2016年已然开始了"七五"普法工作。经过30多年的工作开展，这种由国家主导的全民普法教育已经从单一模式走向了多元模式。使得普通公民在逐渐接受普法宣传教育的过程中，从不知、不懂、不用法到知法、懂法、用法甚至护法，有学者就评价直至"五五"普法成效是显著的，"让大量的公民、单位知道了什么是自己的权利、义务，越来越多的民事案件被诉到法院，从这个意义上讲，也就意味着公民的法律意识在不断增强"。[①]

而随着"六五"普法的实施完毕，对重点对象"领导干部和青少年"的普法效果也非常明显，尤其是加强领导干部学法，有力促进了法治政府建设中公务员法律素质的提升。同时"推进依法行政、公正廉洁执法"在中央"十二五"规划中的强调，更是让民众提升了依法行政的认知和监督行政用权的积极性。从2015年全国行政诉讼数量案件出现大幅上升，说明公民行政诉讼认知得到了提升。2016年4月中央和国务院又发布了"七五"普法通知，继续以"领导干部和青少年"为重点对象，进一步提升"六五"普法成效，为"十三五"规划的实现提供保障。

从国家层面来看，普法教育的推行力度越来越大，依然从最初的单纯

[①] 赵衡：《中国法理学研究会副会长卓泽渊教授认为：普法有成效，方式仍待更新》，《检察日报》2013年12月4日，第3版。

宣传教导"扫除法盲"到立法、行政、司法全方位形成"用法维权"系统教育。基本完成朱苏力提到的"国家权力试图在其有效权力的边缘地带以司法方式建立或强化自己的权威，使国家权力意志的秩序得以贯彻落实的一种努力"①的"送法到民"的成效。而且2015年立法法修改实施，赋权给设区的市地方立法权，并在地方立法程序中规定了民主立法吸纳民众参与的程序，更加使用法的公民和立法的主体有了形成良好互动的实践可能。

2. R区行政诉讼"普法"变化

（1）2000年以前的普法开展

R区在2000年以前，"三五"普法都是以刑事法律的宣传为主，间或民事婚姻法等内容。除了计划生育法、税法等，对于行政法和行政诉讼法的内容方面涉及较少。在"一五"普法实施过程中，由于1989年行政诉讼法颁布，T市政府规定9月为全市行政诉讼法宣传月，但是并没有过多地开展公民宣传活动，只是主要以印制法条和发放法规手册为方式进行宣传。但对于政府机关公务员采用培训讲课的方式进行普法。同时在R区，政府机关并没有主动进行相应法律知识的提升，而是由R区法院主动来进行相关工作：

> 第一，帮助行政机关整理行政法律规范。主动到行政执法机关召开座谈、联席会，了解行政机关的工作特点，了解行政管理的法律需求。在1990~1994年，全面收集清理行政法规和规章，共收集整理6000多个规范文件，分类编辑成册，印制转送区内行政机关。②
>
> 第二，向行政公务人员讲解诉讼知识。1990年4月开始，会同市政府办培训班，培训地市两级行政执法人员280多人。到1995年底，累计到行政部门讲课18人次，进行电台、电视台专题讲座40次。1995年，区法院与区政府联合举办国家赔偿法学习培训班，各乡镇及政府部门以及驻区市级执法部门负责人和办案人员100多人参加学习

---

① 朱苏力：《送法下乡——中国基层司法制度研究》，中国政法大学出版社，2000，第30页。
② 数据材料来源于《1995年R区年鉴》。

培训。更重要的是,也同时函送当年的行政审判司法解释文件以及典型案例,让行政机关公务人员了解行政诉讼的积极作用和受案变化等。①

第三,加大对合法行政行为支持。从1992年开始每年召开3次联席会,向行政机关提供法律咨询和司法建议。为了对行政执法活动给予必要的帮助,还常应邀到现场进行法制宣传教育劝导工作,支持行政合法行为,如协助烟草部门查处假烟,协助技监部门查处假劣商品等。到了1994年12月,陆续在区级各行政执法机关设行政执法室8个,及时提供法律咨询和合法行为联合强制执行帮助。

第四,兼顾对民众的宣传。1995年R区行政审判积极开展延伸服务。深入执法部门及乡镇了解情况,解决问题、提出司法建议、开展法制宣传教育。行政审判的延伸服务成效显著,受到社会的赞扬。1999年R区法院除认真审理行政诉讼案件外,还注意开展行政诉讼法律法规宣传工作,派出宣传车下乡巡回宣传,邀请区属各行政执法部门进行座谈征求意见,派人到环保、稽征、港务、卫生等部门走访帮助其规范执法行为和行政法律文书。

可见2000年以前,R区法院以提升政府机关公务员的诉讼认知为主要宣传教育目标,同时兼顾对民众的宣传。而T市司法局所采用的方式比R区法院还简单,并没有实实在在地将行政诉讼的知识宣传给公民。前述问卷中,91人中有69人选择了在2000年以后才知道行政诉讼,从这个层面来看,2000年以前普法宣传对行政诉讼知识的传递是有限的。而有不少人选择了通过国家、政府、机关等普法活动或者普法资料知道行政诉讼,那么2000年以后的普法宣传则产生了一定的作用。

(2)2001年以后的普法开展

自国务院《关于全面推进依法行政的决定》颁布实施以来,T市、R区政府先后在2001年发文要求对文件进行深入学习,并要求机关干部及办事人员在完成各方面任务的同时注意程序的依法操作,避免过程中引发不利于社

---

① 数据材料来源于《1996年R区年鉴》。

会安定的事件发生。T市司法局在该年进行"四五"普法时,就增加了对机关干部法律知识讲座的数量,2005年该局工作总结中提到"四五"普法就是要让机关工作人员知道业务法律,从而能让相对人在办理业务中知道地方行政机关的行为是合法的。也就是对强化地方公务员对地方行政管理行为合法逻辑的宣传和引导。

在2006年"五五"普法开启时,机构设置调整,专门负责普法工作的T市司法局法制宣传科划归政府法制办公室直接开展业务工作,R区亦如此。主要除了日常法制宣传以外,重点抓依法治理与法制宣传工作的协调。2006年R区的普法工作计划名称就改为了《R区2006年普法与依法治理工作计划》,其中除了重复国家"五五"普法规划内容外,重点是要求通过普法"提升公民法律素养,依法维权,不出现违法上访、群体性事件等不利于社会稳定的因素,维护社会良好治理秩序"。从该内容就能看到,当时的普法宣传并没有着重对法律知识、理念和实现法律调整的程序操作进行宣传,而是从政府治理的角度去要求公民接受法律的约束。在2010年R区司法局普法工作总结中提到:"通过普法与依法治理结合,重点提高了公民法律素养和全区依法治理水平,最大限度地依据依法调解化解了社会矛盾,减少社会不和谐因素,为创建平安R区,促进R区经济发展和社会稳定营造了良好法治环境。"由此可见,"五五"普法中,R区宣传重心是维稳治理,而非让公民知法并懂得用法的程序,并且在某种程度上对干部和公民的普法都变成了以宣传法律的名义,重点传递治理与接受治理的信息。

对此,有幸访谈到一位R区人大即将退休的老干部,他从1993年调到R区司法局工作至2014年底转到人大至退休。经交流,他道出了其中的缘由:

> 普法就是要老百姓防范违法犯罪的侵害。政府要做个项目,进行改革啥的,动不动就有人来说这也违法那也不符合程序,哪个干部还敢拍板"说干就干"当机立断,哪个科员还敢面对百姓,不怕有些断章取义的百姓拿法律说事,横挑鼻子竖挑眼?领导干部都愿意"多、快、大、好",有"面子"、有"噱头"、有"炒作主题",最后再来考虑是否符合

依据，没有依据就找依据，项目先整起来摆在那里就是成绩，先干起来再说。

行政管理中公民的法律知识，一般在宣传中都比刑法、民法少讲，即使讲也不会注意很细的知识，中央的法制宣传节目以及媒体都如此，R区也得和中央保持一致。即使给律师做培训时，这方面也讲得少，反正行政诉讼案件都少。再说，R区的民众不是人人是大学水平，对法律能有全面的把握，领悟得了法律，而是看到一两条或者片面抽象理解就以为"得道"了，遇到跟政府机关争议，胡搅蛮缠一大堆，没有一两句着得到法律的边。而且从20世纪90年代拿高音喇叭喊，发传单，到电视、收音机节目播放，到后来的街头巡回宣传，都没见过几个认真来看法的人，倒是一直有等到捡宣传资料、小礼品甚至抢的一帮老头老太在那里围到堵。

后来2006年开始在局里官网上做各种宣传的新闻报道，陆续有视频、节目各种形式的宣传，只是点击率不高。2008~2010年，局里内部下过任务叫辖区律师等拉点击率。后来网站点击率上升了，至于其中有多少点了真的看了普法宣传内容，看了有多少用了法律知识，并不清楚，但是从2010年后律师报上来的数据中行政诉讼代理的数量是涨了的。

从以上叙述中可以看出R区普法与治理结合的内在逻辑，从中可以推断因地方行政管理阻力，普法宣传教育中回避了行政争议的一些救济程序知识，R区民众并不能从中获得系统的行政诉讼法知识。但是在某种程度上可以得出由于网络的宣传提升了诉讼认知增加了起诉量，而且普法工作人员也用诉讼量的多少来衡量普法工作是否提升了公民诉讼认知。

（3）2011年以后的普法开展

2011年"六五"普法开始，普法宣传的形式从原来单一的纸面宣传、口头宣传转向了电视媒体宣传、网络媒体宣传。传播的速度开始变快，尤其是近几年强调"依法行政""法治政府"建设"依法治市""依法治区"后，更加从国家到地方都增大了行政诉讼知识的宣传广度和力度。新行政诉讼法实施后，2015年T市以及R区的行政诉讼增幅在S省内居前列。2016年"七五"普法开始，S省"七五"普法规划座谈会就选在了T市召开，R区的司法局高度重视，认真总结"六五"普法"七进"① 工作经验，针对"七五"普法提出了建议经T市司法局在会上汇报并与其他地方做了交流。2016年开始，R区的普法内容一改以前大量回避的情况，在各种法制节目如微电影、微故事中出现了行政诉讼专题。但是占比依然较少，而且多从制度层面进行抽象宣传，少有的案例是编故事，其中的内容主要突出行政管理过程中公民应守法，没有像刑事、民事那样采用当地真实发生的典型案例进行形象宣传。对于目前的普法工作宣传效果，R区司法局的某科员简单提及了情况：

> 现在手机、微信，方便得很，针对青少年，我们主要打造网络宣传平台，让公民通过各种网络开放传递信息的渠道，自发进行学习普及法律；对于领导干部，基本上来一个法治文件，我们都会请上面的制定机关的专人或者省里专家来进行讲座或者座谈，其他机关办事人员也每季度都要参加法治培训学习考核。现在的宣传教育方式多，线下还有各种进校园、进社区等活动，每年总结材料要写很多，而司法局法制宣传科不仅拟订并组织实施普法和法制宣传规划，还要指导、检查法制宣传和依法治理工作，组织法制实践主题教育活动和推进法治文化建设工作，组织、指导法制宣传报道，承担法制建设领导小组办公室的具体工作等，各种材料写都写不完，实际线下的很多活动就是拍照片进行网络宣传，好作为材料佐证，真正在现场的宣传活动效果是否提升，都要事后才能检验，当然有人告行政机关，就是有人具有了诉讼认知的真实体现，诉讼增多就说明有效。

可见普法在一定程度上推进了R区带来诉讼认知的变化以及普及。

（三）律师代理影响原告起诉选择

有研究认为"律师代理行政诉讼的意愿低"，②"律师认为行政诉讼得不

---

① 七进：法律进机关、进学校、进社区、进乡村、进寺庙、进企业、进单位工作。
② 顾大松：《行政诉讼中的律师与律师眼里的行政诉讼——〈行政诉讼法〉实施状况调查报告·律师篇》，《行政法学研究》2013年第03期。

偿失，对行政诉讼信心不足"，[①] 在 R 区是否也出现这样的情况，律师代理有无变化，对原告起诉会产生怎样的影响？下文将先进行抽样分析。

1. R 区抽样案件律师代理情况的变化

1987~2016 年 R 区抽样行政案件律师代理统计见表 3-5。

表 3-5 1987~2016 年 R 区抽样行政案件律师代理统计

单位：件

时间	案件总量	原告聘请律师案件数量	被告聘请律师案件数量
1987~1996	10	8	0
1997~2006	10	5	7
2007~2016	10	4	10

注：在 R 区受托代理行政诉讼的包括律师、法律工作者、公民。在抽取案件进行信息查询时，被抽样的案件中没有委托法律工作代理的案件，都是委托律师代理的案件。其他未被抽样的案件中出现有法律工作者代理的案件，特对抽样的局限性进行说明。

将抽取出来的每年案号为 1 的 30 个案件进行统计发现：1987~1996 年的 10 个案件中除了 1988 年、1995 年两个案件原告委托的是两名亲人（职业分别为教师、驾驶员），每个案件的原告都聘请了律师，占比为 80%，但是被告却没有一个案件聘请了律师；1997~2006 年的 10 个案件中，有 5 个案件没有聘请律师，而且都是在 2000 年以后的案件，占比为 50%，但是被告却从 2000 年开始都聘请了律师；2007~2016 年的 10 个案件中，只有 4 个案件的原告聘请了律师，而且其中是 2 个为公司法人，其他两个公民聘请律师的案件分别出现在 2007 年和 2009 年，聘请占比为 40%，但是被告却从 2000 年开始都聘请了律师。明显，原告聘请律师的比例在减小，相反被告聘请律师的比例却不断上升。

为何会出现这样的情况？前述访谈的 7 个原告中，2000 年以前的 4 个原告都聘请了律师，2000 年以后的 3 个原告除了 2015 年的某驾校聘请了律师外，其他 2 名原告没有请律师，对于没有聘请律师的原因，其访谈回答如下：

2003 年不服拆迁决定起诉的原告何某某（现年 51 岁）：请律师要花

[①] 汪燕：《行政诉讼观念现状及其对诉讼行动的影响探析——以中部某自治州为例》，《湖北民族学院学报》（哲学社会科学版）2013 年第 6 期。

钱，我也想找专业人士代理，我去律师事务所问过，律师一听是拆迁就说按照规定，除了要按件计费外还要按照拆迁赔偿的数额比例收百分之几，记不清了。反正算下来说再少也是七八千，要先交费，还要包差旅费，又不能保证赢，法院才收50元，不是明摆着骗吗？我初中文化，认得字的，自己来，输也是几十几百元的损失，大不了多点时间多跑腿。

2014年不服房管局不办理房产证起诉的原告王某某（现年29岁）：律师费用太高，再说我一个大学毕业生，用不着律师帮忙，网上一查啥起诉状模板和起诉注意事项等等多的是，更不用说法律，问问百度，啥都搜得到，甚至连相同类别案件的裁判也找得出来参考，法院不敢没请律师就乱判。

聘请了律师的5位原告，对于聘请原因的回答如下：

1989年不服因认定嫖娼被治安处罚提起诉讼的原告李某（现年67岁）：天大的冤枉，找律师好说清楚，20块钱的代理费是小事，律师敢帮忙起诉已经够仗义。而且当时律师也是吃公家饭的，他去说公安要听。

1992年不服因拆迁上访被治安处罚提起诉讼的原告蔡某某（现年86岁）：熟人介绍的公家律师，好说话，就叫我先不上访了，说不收费用。我还是塞了10元给他。

1996年不服因打捣乱学生被治安处罚提起诉讼的原告张某某（现年39岁）：当时是还在参军，连军人都敢处罚，还有理。我懒得在法庭上说话，是部队里领导打电话直接找的律师，没有收费用。

1999年不服工商局扣押药品提起诉讼的原告刘某某（现年45岁）：律师跟家里沾亲，信得过，也收不了好多钱。药品拿回来了，少赚一点就够代理费用了。

2015年不服道路运输局不制止驾校异地招生提起诉讼的某驾校负责人王某（现年48岁）提到：我们这个案件开始是由原来的法律顾问起诉被告乱作为的，后来经人引荐的专业代理律师做了分析改成起诉不作为的，律师分析得到位，起诉才容易赢，也不在乎那点代理费，就是有能力的律师才能一定帮忙赢。驾校还有那么多业务，我不可能天天跑，出钱请专业的律师跑，省事。

以上聘请或者不聘请律师的叙述中尽管有个案的差异，但是都提及了律师收费以及律师办案能力会影响原告考虑是否请律师。

2. R 区律师代理费用变化及其对起诉的影响

鉴于在调查问卷中有不少的人（91 人中有 19 人）选择律师费用高而不提起行政诉讼。结合前述统计和原告访谈，梳理律师费用变化对行政起诉带来的影响。

首先，看看 R 区实行的律师代理费用指导价标准的变化

1981 年 12 月 9 日，司法部、财政部根据《中华人民共和国律师暂行条例》联合发布《律师收费试行办法》所附的"律师收费标准表"中明确规定了律师办理四类法律事务的收费标准，即解答法律咨询（按件收费 0.5~10 元）、代写法律文书（按件收费 0.5~30 元）、办理刑事案件（按件收费 10~30 元）、办理民事案件（不涉及财产关系的按件收费 10~30 元，涉及财产关系的按标的比例收费 0.2%~2%）。

1990 年 2 月 15 日司法部、财政部、国家物价局下发的《律师业务收费管理办法及收费标准》第 6 条代理行政案件，按下列标准收费：治安行政案件，每件收费 30~60 元；专利行政案件，每件收费 50~400 元；劳动争议案件，每件收费 30~50 元，其他行政案件，由双方协商收费。有财产争议的，按民事案件中涉及财产关系收费（标的物的 1%~3%）。

2006 年 12 月 1 日实施的《S 省律师服务收费管理实施办法及标准》规定代理行政诉讼案件：（一）不涉及财产关系的，实行计件收费，每件收取 1000~8000 元；（二）涉及财产关系的，按照民事诉讼案件中涉及财产关系的收费标准执行（按标的比例收费 1%~6%）；代理国家赔偿案件：实行计件收费，每件收取 1000~10000 元。

2008 年 12 月 15 日实施的《S 省律师服务收费管理实施办法及标准》规定代理行政诉讼案件：同上。

2016 年 6 月 16 日实行的《S 省律师法律服务收费行业指导标准（试行）》行业指导价格名录及标准：代理行政诉讼、复议、听证等案件的收费标准，参照上述民事案件的收费标准执行；[代理民事诉讼、仲裁案

件：不涉及财产关系的，基准收费标准为5000~30000元/件，可合理上浮；涉及财产关系的，按照争议标的额分段按比例累加收费（标的的1%~10%）]。

由以上文件规定可以看出，从1987年参照1981年规定的民事案件收费到1990年明确规定，行政案件的代理费用都与诉讼费用相当，2006年由各省制定指导价后明显费用涨幅很大，尤其是2016年实行的与民事相同的新标准费用几乎翻倍。然而，法院对行政诉讼的费用收取基本上没有变化，不涉及鉴定的都在每件100元以下，国家赔偿案件更是不收费用。如此相比，行政诉讼原告聘请律师的代理费确实比法院收取的诉讼费高出太多，是原告想请律师起诉的一大阻碍。

在2000~2006年诉讼费用指导标准没有变的前提下，在统计中不请律师的案件多，在访谈中原告2003年就遇上律师费用大涨，这又是什么原因呢？

对于接受访谈的2000年以前的四位原告提供的律师，有两位已经去世，一位在外地养老，唯一联系上了1996年代理张某某案件的已退休蒲律师（现年63岁，西南政法大学本科毕业，1986年开始在R区从事律师工作）。他在接受访谈时讲述了R区律师代理行政诉讼收费的发展：

> 1996年律师法颁布以前，尤其是1993年以前，依据1980年颁布的律师暂行条例①在R区只有3个T市的法律顾问处，律师都分别在这三个所工作。律师是事业编制跟公务员一样拿工资评职称。行政诉讼代理收费都很低，甚至都不收。因为收多收少费用都是国家的，律师之间待遇相差不到哪里去。很多当事人到所里一咨询很快就签了委托书，那时候找代理的治安案件多。但是案件一般都是熟人介绍来

---

① 1980年8月26日颁布，1982年1月1号实施的《中华人民共和国律师暂行条例》（现已失效）第1条规定：律师是国家的法律工作者，其任务是对国家机关、企业事业单位、社会团体、人民公社和公民提供法律帮助，以维护法律的正确实施，维护国家、集体的利益和公民的合法权益；第13条规定：律师执行职务的工作机构是法律顾问处。法律顾问处是事业单位，受国家司法行政机关的组织领导和业务监督。

的，自己来问的少，那时候的人都不想跟法律打交道，伤感情。

1993年开始，陆续有律师到省里跑关系成立了合作所。1996年律师法颁布后，法律顾问处全部撤销了，只剩下我工作的一个国有所，张某某的案件是部队联系的。军民鱼水情，不会收费？而且都还是为国家为人民服务，[①] 一家人也不该收费。其他都变成了合作所或者合伙所。以前在国有所条条框框约束多，大家也都是看得到的，到了合作所或者合伙所，多收费多劳多得，按照原来收费指导价收诉讼代理风险费用、差旅费用等，市场波动大，各种乱象。2001年律师法修改后，国有所没有了，都是私营，大家联合涨价，反正指导价标准空间大，司法局、律协也管不了，而且确实也不合理。1990年的标准，十多年了钱都没有以前值钱好几倍了。我在所里接待时，都遇到过咨询后发现费用太高就当场表示不打官司的当事人。这样的情况，行政案件没有民事案件多，但是也不少，我印象里那几年少说也有几百来号人。当然不能确认他们后来都没有去起诉。

后来司法部把权限放到省里，2006年省里的规定就参考了市场标准，比较合理。听说2016年的更高了，可惜我已经收山了，人老了，要休养。

蒲律师的讲述说明了2000～2006年，R区律师行政诉讼代理费实际已经涨了很多，所以那段时期也少有原告请律师代理。而法律工作者以及一些在民间被认为与法院有关系的公民，则成了一些寻求代理服务原告的选择。由此可见，律师在代理费用上的优惠极可能让原告有行政起诉认知和意愿并加快起诉行动，行政起诉的案件就会增多；相反律师代理费用过高，则会使得原告放弃聘请律师，甚至因此放弃诉讼，造成起诉案件的减少。

[①] 有学者就认为当时的律师事务所的一切开支及律师工资，包括奖金、福利，都是由国家统一拨款支付律师事务所是国家设立的向社会和公民提供法律帮助的专门机构，律师的一切业务活动都是为人民服务，这是律师的宗旨也是其出发点。参见姜爱林《论律师收费的原则及其负担》，《云南大学学报法学版》1989年第4期。

3. R区律师代理业务能力变化及其对诉讼的影响

抽取表3-5统计的17个原告聘请律师代理的案件档案进行分析,发现这17个案件均立案了,说明律师代理对抽样案件的立案质量提升还是有很大作用的。但有8个撤诉,其中受访的2000年前请了律师的三个案件都撤了诉,对于撤诉的原因,档案里并没有详细记载。三个受访原告提到是律师帮忙与法官一道说服被告对行为做出了改变(或者达到了起诉的一定目标):1989年李某起诉的案件中,公安后来将处罚理由"嫖娼"改成了扰乱秩序;1992年蔡某某起诉的案件中,政府以困难补助的方式补偿了部分费用;1999年刘某某起诉的案件中,工商局解除查封,退还药品(该案未撤诉,实际该判决工商局败诉)。

剩下9个判决案件中仅有前述蒲律师代理的1996年涉及军人的案件以及2015年某驾校起诉的案件胜诉。蒲律师提到他代理的案件,法院是肯定要判决被告败诉的,实际上判决之前,被告就已经跟原告和他商量过,被告撤销处罚改变行为,让原告撤诉。但原告认为事关军人尊严,坚决不撤诉。法院最后为了不伤及部队与地方的关系,在判决撤销原处罚的同时,也对当时的军人张某某冲动以暴制暴的行为提出了批评。当时张某某还不服,蒲律师跟他以及部队领导都讲了很多法理,其才服判。

2015年驾校起诉的案件能胜诉在于代理律师业务能力的发挥。代理律师没有去起诉被告查处违法行为不彻底的问题,而是抓住了"被告多次开会进行工作安排,并复印开会记录转交原告"的行为系内部行为,不是对外产生效力的行为,对外就是到期只要没有彻底制止违法行为就是没有作为,并列出了很多法条规定和照片视频以及发票的证据,支持其观点。后代理意见被审判长认可,并说服被告基本认同。法院最终认定被告工作安排系内部准备行为,在有主管能力且无不可抗力情况下,没有在法定期限内履行查处违法经营行为的法定职责,判决被告在一个月内履行职责。判决后被告并没有上诉,表示认可了判决并会履行职责。

该案的代理律师冯某(现年45岁,大学本科学历,1997年开始从事律师工作,2003年后主代理行政诉讼业务)接受访谈时,俨然学者一样评价:

本案在审判阶段审理的被告行为,系典型的内部行为不对外产生效力的不作为,而履行期间系故系"形式作为而实质不作为"的行政不作为。①十八届四中全会提出依法行政要求后,各地加大法治政府与依法行政建设步伐,目前行政机关在实践中明显违法拒绝履行职责的情况已经逐渐减少,更多采取"形式作为而实质不作为"方式怠职或拖延。这类不作为典型表现为:行政机关看似采取了行动,但这些行动在法律实体上对外不产生实质意义,实际也未完全达到履职目的。其与履职不能的明显区别在于后者是行政机关采取了行动但由于自然灾害等不可抗法定事由导致履职目的不能实现,而前者是没有为法律实体行为或者应当并且有能力但没有采取实质行动致使履职目的没有实现。

律师需要有能力有理论功底,真正理清法律关系,懂实务操作关键,比如立案登记制度下起诉状就要写得简单,点明原告适格,被告行为违法即可,不需要露太多底,等开庭看了被告提供的证据一一说;写诉求的时候就要考虑具体案件诉求之间的逻辑关联。比如本案,我们肯定是希望赔偿的,但没有提,当事人以及其法律顾问当时还不理解。我就告诉他:主要是考虑到促使被告越快履职制止不正当经营行为侵害,损失越小;如果我们提赔偿,还要举证,还有一些不确定,证据不好判定,法院不能尽快下判决,而且被告也觉得我们斤斤计较,会产生反感,因此从更快保护合法经营快速恢复利益的角度出发,我们先打不作为,等被告履职同时搜集证据再来起诉赔偿问题。

从冯律师的分析看出,业务能力强的律师明显能帮助原告实际解决问题,增强原告提起诉讼的信心,增加起诉,带来行政案件起诉量的增长。反之,律师不能提供较好方案解决实际问题,则会影响原告起诉的动力从而出现起诉减少的可能性。

(四) 其他争议解决路径消减起诉

经过多年的发展,基层已形成行政争议多元化纠纷解决机制。② 在 R 区解

---

① 该术语地提出及学术判断标准,详见黄学贤《形式作为而实质不作为行政行为探讨——行政不作为的新视角》,《中国法学》2009 年第 5 期。
② 汪庆华主编《中国基层行政争议解决机制经验研究》,上海三联书店,2010,引论第 2 页。

决行政争议的路径包括信访、复议、诉讼、和解、协商等多种方式,诉讼只是争议中的相关人可以选择的一种。当其选择了其他路径并化解了纠纷,就不会再选择起诉到法院。从这个效果来看,其他路径有效化解行政争议能大量消减起诉的意愿以及起诉的行动,减少行政诉讼数量。在前述问卷调查中对于"不选择诉讼的原因"的91人中有不少人选择信访(上访)、复议解决,足以印证被抽样调查的R区公民中有50%以上认为其他路径优于诉讼,因此有必要分析复议、信访对R区民众行政起诉的影响。至于和解与协商等其他方式本书暂不做对比探讨。

1. R区信访、复议、行政诉讼收案量变化

对应R区法院管辖的行政案件,涉及R区政府职能部门及乡、街道办事处行政行为、R区政府行政行为及其对职能部门行为的复议、T市政府职能部门的行政行为及其对R区职能部门所为的复议、T市政府对其职能部门的复议,因此对相关信访、复议的统计就涉及R区政府以及T市政府等的统计。由于调研过程中发现职能部门档案保管的不全以及调研无法统计完历年每一个部门的情况,仅以R区政府统计的信访、复议数据作为抽样对比,并结合相关人员访谈以及T市数据来进行补充说明,见表3-6。

表3-6 1987~2016年R区信访、政府复议、行政诉讼收案量变化对比

单位:件,人次

年度	行政诉讼收案量	R区政府复议	R区信访
1987	4	0	未查询到
1988	3	0	未查询到
1989	2	0	未查询到
1990	8	0	未查询到
1991	6	0	未查询到
1992	10	0	未查询到
1993	10	2	未查询到
1994	14	3	242
1995	18	9	334
1996	16	5	379
1997	13	3	420
1998	11	7	564
1999	16	42	719

续表

年度	行政诉讼收案量	R区政府复议	R区信访
2000	16	45	1262
2001	34	12	1021
2002	36	20	1859
2003	21	17	4475
2004	56	20	562
2005	30	10	1859
2006	106	15	4035
2007	36	5	5023
2008	33	3	4249
2009	27	7	597
2010	41	6	1200
2011	132	9	1200
2012	311	13	140
2013	75	11	350
2014	106	14	456
2015	168	36	563
2016	118	41	501

由表3-6可看出诉讼与复议、信访之间的变化并不同步，有出现同增、同减，又有增减不同的情况，由于诉讼与复议的数据来自相关部门的报表，并没有查阅到历年的档案可以进行相应案件核实。仅以数据作为参考，通过访谈进行论证和数据补充。

2. R区信访对行政起诉的影响

"高水平的政治参与总是与高水平的发展相伴随，而且社会与经济更发达的社会，也趋向于赋予政治参与更高的价值。"[1] 信访制度是各级政府密切联系人民群众的渠道，是公民行使政治参与和行政监督等权利的政治制度形式之一。[2] 信访从新中国建立之初的一种公民政治参与形式演变到一种普遍的行政救济形式。自1982年4月，中共中央办公厅、国务院办公厅印发《党政机

---

[1] 〔美〕塞缪尔·亨廷顿、〔美〕琼·纳尔逊：《难以抉择：发展中国家的政治参与》，汪晓寿、吴志华、项继权译，华夏出版社，1989，第174页。

[2] 李新华：《现阶段中国信访制度创新的问题与改革取向》，中国选举与治理网，http://www.chinaelections.org/newsinfo.asp?newsid=106880。

关信访工作暂行条例（草案）》后，R 区党政机关就已经开启的 20 世纪 80 年代的信访接待工作。1986 年 3 月 12 日，中共中央办公厅和国务院办公厅联合颁发的《关于加强信访工作的通知》指出，信访工作要"向各级领导机关反映社情民意，为党的中心工作服务"，信访部门是"各级党政领导机关的一个重要的工作部门"。① 此后，信访工作更加得到了地方政府的重视。在国家层面，国务院于 1995 年颁布行政法规《信访条例》，后又在 2005 年修订该条例。此后，国家信访局制定下发办理群众来信、接待群众来访、督查督办等方面的工作规则，各地也相继制定与之配套的法规和制度，绝大多数省份颁布实施了信访工作法规，60 多个中央和国家机关或单位修订出台了信访工作办法、规则，形成了比较完整的信访工作法规制度体系，为扭转当时信访工作的被动局面、依法处理信访问题发挥了重要作用。②

由于信访中大多数都涉及行政管理问题，R 区信访办作为没有实权的部门，开展工作全靠耐心和嗓门。对于来信来访案件，除了倾听信访人员倾诉外，一般都是转交责任机关。对于行政争议的处理主要通过协调和向领导汇报引起领导重视来协助解决。为了解多年来 R 区信访工作开展及其对信访民众提起行政诉讼的影响，经人大工作人员引荐访谈到了 R 区信访办已退休的彭主任，后又在其引荐下对信访办在编工作人员程某、王某进行了访谈。三位受访人员回答访谈问题的内容大致如下：

> 彭主任（1991 年调入 R 区信访办，2005 年退休）：1995 年之前 R 区信访工作的数据没有严格统计也没有对外公开，向党政机关领导汇报时说大体情况和重点案件，后来 R 区政府党政领导认为信访是快速了解部门、乡镇及其公务员基层行政管理情况的途径，同时又是联系群众、发现舆情、预防问题的通道，就出现了区政府领导亲自接访、主持工作协调的日常安排。R 区信访办在区领导的重视下成为政府了

---

① 中办发〔1986〕8 号文件，载商业部办公厅编《信访工作政策选编》1987 年，第 37～38 页，转引自吴超《信访制度 60 年发展历程的回顾与展望》，《社会科学管理与评论》2011 年第 3 期。
② 李忠辉：《为党分忧，为民解难——改革开放 30 年信访工作成就综述》，《人民日报》2008 年 12 月 26 日，第 14 版。

解民情的一个窗口。原来就只在编三人，20世纪80年代时年信访量没有上百，90年代就慢慢涨到几百，1997年就增编到5人，2000年以前每年的信访量没有上千，勉强可以应付。后来在2000年以后信访量暴涨到几千，我都该退下来了还不得不按时上班，办公室里的人忙不过来，增编又下不来，只有请示主管区长批准向其他部门，借调人员到现场接访。甚至是法院，也以区政府办公室的名义借人的，主要就是接待涉诉信访的群众，引导依法该起诉的群众到法院起诉解决，还有拦防涉诉上京的"老油条"。

对于信访涉及具体行政机关、部门该解决的问题，我们一般会出函转告去责任部门处理，确实是大问题会向领导汇报后组织协调会，最后由领导来决定如何处理。不过这样的问题出现得不多，我工作期间少的时候一年几件不得了，多的时候也不过一二十件，不过也都够忙。大多数时候都是反复接待那些人，天天听他们东说西说，有说国家是个大家庭，他是家庭一员，现在穷，政府就要代表家庭给钱的懒汉，有拆迁安置时房子不值钱，后来房子值钱了就又想多要的，有觉得治安处罚冤枉多年天天哭诉的，还有要求政府安排工作的，等等。五花八门，啥都可以扯得上要党和政府来解决，政府无所不能，怎么可能？当然，能通过信访解决了，群众确实不会去法院。有多少信访解决了就没去法院告的记不清了。大概感觉90年代的时候，部门机关不喜欢被告，信访交办的还是处理效率高些，应该去法院告的就少甚至没有，后来2000年后就越来越多，太多了顾不完就无谓，当被告以及没处理又不影响待遇，没来得及处理或者没处理好的去法院告的应该多了些。

程某（2003年到R区信访办任职）：刚工作的一年遇上信访群众大拨大拨地来，大多数都是征地拆迁啥的，办公室、接待大厅到处挤满，我声音喊哑了都没有用，还是主任老道，随便他们吵闹，等啥时安静了大吼一句：你们登记一下，问题都知道了，你们啥时候不吵了啥时候再来说，下班了，你们不走守办公室，明天我们来差了东西你们陪。当时印象很深，一天光登记就要整一上午，开始都是手写，后来要求手写又要求电脑录入，材料相当于多整一份，人手没有增加，经常白天接待手写，晚上加班输电脑，有时一整就到天亮。这样一来，对接访问题的处理相对没有以前少的时候有效率，应该有些信访群众去法院告了，法院的案件会多一点，但是绝对多不过我们。

2008年奥运会前，区政府办公室还专门发函给了区法院要求为区里和谐治理统一战线，做好诉讼接访、立案、审理、协调等工作，大力化解行政等各种争议。我印象里，大致2010年以前信访量高速膨胀，各地的统计数据出现一年翻几倍甚至十倍的都有。2010年后可能是基数太大，基本上就处于高数据的水平，没有太涨也没有太降，比较稳定。不过说实话，数据膨胀得越快越大的原因，都清楚是遇到国土、拆迁之类的涉众案件了，一个案件信访团的人数上百近千，2003年说要在区里征地修家机场，来访的就是四五拨共计两千多人次，后来机场改选址到其他地方去了，总算安宁了。但是其他的涉及拆迁的像南门坝、市政新区、滨江路改造等等，也是几大堆几大堆地经常来。

信访量统计是来一次就必须记一次数，不管重复多少次都要记下来，一个重复来访群众可能因为重复来会被统计上百次，少的也有几十次，当然也有极个别来一次就没有来过了，统计归统计，实际处理的工作量可能大概与统计数据量是1∶50到1∶100的样子。

王某（2011年到R区信访办任职）：我考到信访办的时候，来信访的人还是多，后来感觉少了，2013年开始开通网上信访试点，后来2014年全面开通网上信访①以及后来微博、微信公众号平台后，来访的人明显比以前少了，而且一来就是"现在讲法治了，你们不跟我办好，我去法院告你"，要不就是"我已经去法院立案了，你们再不办好投诉你"，我感觉应该是去法院告的案件多了，但是近两年来的人又多了，过去拆迁的老案继续，新增的房产管理像权证办理、小区建设遗留问题、业主维权等等，这些都涉及行政管理，有些长时间没有解决的老问题，就算是诉讼已经处理过还是反复来，反正信访没有时效限制，然而再去起诉法院肯定是不会管了。更典型的是聚众非法集资的案件，2015年就有个老板开了个大型十字绣店，发宣传单让周围的人来帮忙刺绣计件做工，每

---

① 欧阳梦云：《国家信访局：全国网上信访信息系统年底开通》，《经济日报》2014年4月12日，第1版。

个人到店里与老板签订合同交押金 30~3000 元不等，领走十字绣原材料，绣好后以领走时刺绣图案评估价的 5~10 倍回收，一般都是押金的 15~20 倍。很多城里的老人和空闲的人都来了，半年不到老板跑了。到公安机关报案，公安到现在没有抓到老板。那些被骗的人涌来信访要解决，都是老人、闲人，有的是时间，又是受害人，怪政府不管骗子开店，不监督。我们连说话都要注意安抚，向公安、政法委都转送过公函，可是刑事犯罪侦破和追捕逃犯总要时间，而且抓得住人不一定追得回钱，信访办也只有耐心倾听，给他们倒杯水。

由以上受访人的叙述，大致可以理清信访制度在 R 区运行的变化以及对行政起诉的影响。

第一，2000 年以前 R 区信访对行政起诉起到了分流作用。从 20 世纪 90 年代开始信访数量增速稳定，信访案件处理效率较高，不少行政争议由信访进行处理完毕，减少了到法院提起行政诉讼的数量。而且到法院起诉的案件多是信访后"没来得及处理或者没处理好的"。前述 1992 年和 2003 年抽样的两个案件原告都是先选了信访，处理不了才起诉。由此可以看出，传统的信访由于其不收费，都接待，且相对有效，在 R 区是人情关系社会中公民首选的解决争议的方式，在一定程度上对行政诉讼进行了分流，对行政诉讼产生了较大的冲击。

第二，2001~2010 年，R 区信访对行政诉讼起到了刺激作用。这一时期随着 R 经济社会的快速发展、国企改革和城镇化进程的推进，围绕土地、房屋等带来经济生产总值的快速增长，同时也带来工人下岗、拆迁等矛盾和问题的大量爆发。其中涉及人数众多的行政争议先涌向信访，信访问题突出。在国家层面，胡锦涛曾强调指出，在当前社会矛盾多发的情况下，信访问题是回避不了的，信访工作必须坚持不懈地抓下去。[1] 但信访数量急剧膨胀，在人少案多的矛盾下，处理争议的能力下降，而大众以及政府机关的诉讼意识也都在提升。信访处理不好，民众就开始转向诉讼，因而对行政起诉起到了

---

[1] 王学军主编《学习贯彻〈中共中央国务院关于进一步加强新时期信访工作的意见〉百题解读》，人民出版社，2008 年，第 21 页。

刺激作用，R 区法院的行政案件就比以往多了。但是还是有大量的行政争议在信访流程里被民众寄托了期望，耶鲁大学法学院张泰苏教授认为："不论古今，中国民众都似乎偏向冲突性较低、法官主导功能较强的诉讼程序和审理方式，而现代的行政诉讼制度因为不允许调解，也许显得过于生硬、冲突性过强，因而使访民产生排斥心理。"① 此观点在一定程度上也适用描述 R 区民众选择诉讼时希望诉讼也能像信访那样以冲突较低的方式进行问题解决，所以法院在这期间处理行政案件也迎合原告需要多进行协调。

第三，2011 年后 R 区信访弥补了行政起诉的局限。大量的行政争议与社会转型过程中没有形成健全的政治参与的民主运行机制和程序等相关。诉讼由于法无明定、法律时效和证据制度等局限，不能解决社会矛盾的多样性和复杂性非司法问题，甚至不能介入，比如抽象行政行为、行政决策、限购类行政调控政策、生育调控政策等争议和冲突无法适用现行法律来调整。更重要的是，诉讼有时效限制，法制高昂的成本使弱势群体无法承担转而投向信访。② 从群众的角度看，信访的渠道毕竟是最简便的，而网络技术的发展使得这种渠道变得更为便捷。③ 因此 R 区信访发挥出其传统的积极作用，在一定程度上弥补了行政起诉的不足，充分保障了公民的行政救济程序权，减少或者缓冲了行政冲突。在前述调研的 91 份问卷中有 48 人选择信访（上访）能引起重视方便解决作为不选择行政诉讼的原因也就可以此进行合理解释。

3. R 区复议对行政起诉的影响

1989 年行政诉讼法颁布以后，1990 年国务院颁布行政复议条例并于 1991 年生效。在 1994 年 10 月进行了修改后，于 1999 年 4 月经第九届全国人民代表大会常务委员会第九次会议通过行政复议法，并在 2009 年进行了修改。从行政复议法与行政诉讼法的文本制度来看，两者都是行政争议的救济路径，并且行政复议作为行政系统内部监督的"准司法"形式受案范围大于行政诉

---

① 张泰苏：《中国人在行政纠纷中为何偏好信访？》，《社会学研究》2009 年第 3 期，第 139~162 页。
② 施付阳：《信访制度：去留两徘徊》，中国法院网：http://www.chinacourt.org/2008-6-15，2016 年 6 月 15 日访问。
③ 〔美〕塞缪尔·亨廷顿、〔美〕琼·纳尔逊：《难以抉择：发展中国家的政治参与》，汪晓寿、吴志华、项继权译，华夏出版社，1989，第 174 页。

讼，对争议的救济面相对更广。然而，行政复议是原行政机关的上一级机关核查原行政行为的一种行为，在法定要件上是一种具体行政行为，本身也符合行政诉讼的受案要求。由此可见，行政复议虽然与行政诉讼同为争议解决路径，但是其本身也会受行政诉讼监督。

依据不同的行政法领域对行政救济的规定，对于发生行政争议后，相对人或者相关人一般可以选择行政诉讼或者选择行政复议，选择了行政诉讼就不能再申请行政复议，而选择了行政复议后可以再起诉。另复议前置①的案件必须复议后才能起诉，选择复议终局②的案件则复议后不能起诉。依据前述法律规定，对应R区行政诉讼案件的管辖范围，涉及的行政复议案件范围是：R区政府管辖的行政复议案件、R区政府机关管辖的不服派出机构独立行为的案件、T市政府管辖的不服R区政府以及T市机关行为的案件、T市机关管辖的不服下级R区机关行为的案件。考虑到其中政府法制办指导、监督全市（全区）行政复议、行政应诉和行政赔偿工作，③ 主要以法制办工作人员的访谈作为参考。

香港学者贺欣认为在制度设计上行政复议只是过滤行政纠纷，事实上对纠纷进行了分流，"由行政复议解决法律无法过问的纠纷，使得大量影响深远的行政纠纷在复议的轨道上终结，从而在制度的层面上极大限制了司法权作用的发挥和司法进程"。④ 从其观点来推理，行政复议如果不对行政纠纷分流，在制度层面司法权作用的发挥就更大，也就是说进入诉讼的纠纷案件会更多，那么原告起诉的就更多。R区的行政复议对行政诉讼起诉的影响是否也符合

---

① 参见《中华人民共和国复议法》第30条第一款规定：土地、森林、草原等自然资源的确权类争议应当先经过行政复议程序，相对人对复议决定不服的才可以向人民法院提起行政诉讼。

② 参见《中华人民共和国复议法》第14条规定："对国务院部门或者省、自治区、直辖市人民政府的具体行政行为不服的，向作出该具体行政行为的国务院部门或者省、自治区、直辖市人民政府申请行政复议。对行政复议决定不服的，可以向人民法院提起行政诉讼；也可以向国务院申请裁决，国务院依照本法的规定作出最终裁决。"第30条第二款规定："据国务院或者省、自治区、直辖市人民政府对行政区划的勘定、调整或者征收土地的决定，省、自治区、直辖市人民政府确认土地、矿藏、水流、森林、山岭、草原、荒地、滩涂、海域等自然资源的所有权或者使用权的行政复议决定为最终裁决。"

③ 参见T市政府网、R区政府网对法制办主要职能的公示，http://www.nanchong.gov.cnhttp://www.shunqing.gov.cn，2017年6月5访问。

④ 贺欣：《行政复议对行政诉讼的制度性侵蚀》，转引自汪庆华、应星《中国基层行政争议解决机制的经验研究》，上海三联书店，2010，第181页。

第三章 R区行政诉讼率变迁的因素

这样的推理？

统计前述抽样的30个案件，发现起诉前经过复议的案件为13件，占比约40%，比有研究抽样调查的17.6%[①]高，而且有9件都是在2000年之后。在填写调查问卷的91人中有37人选择复议处理更快作为不选择起诉解决行政争议的原因，说明到目前在R区被调查的公民中对行政复议解决争议的功用是认可的。行政复议对行政起诉的影响明显是复议解决的争议越多，到法院起诉的当事人就越少，行政诉讼的案件也越少，反之亦然。然而从前述表3-6的统计来看，数据呈现的情况并非与此一一对应。为了解数据背后实践情况的变迁，访谈了R区政府法制办退居二线的原主任周某和T市政府法制办复议科朱科长。

> 周某（1988年入公职，1993年调入R区政府法制办，历任办事员、科员、主任，2015年退出实职，2017年12月退休）：我进入法制办时，当时叫法制科是虚名虚编，挂个牌子就我一个办事人员，归政府办公室管。1995年成立了法制办公室及复议委员会，落实了编制问题。当时很多行政管理法律没有吃透，复议条例也抽象，而且百姓中对行政复议知道的不多，申请的案件很少，一年就几件，应该跑去信访的多。我都主要是负责给办公室写材料兼办理复议。原具体职能部门处理业务更专业，复议都是按照他们意见维持，就算申请人不服去法院告，也是职能部门的事，有问题法院会拿出法律意见和我们沟通。而且我们不受理的复议案件，申请人去告，法院也会告知其不在诉讼受理范围内。
>
> 1998年国务院设法制办公室并定行政级别后，R区才正式设法制局，是科级部门，我任科长，增编了1名办事员。1999年行政复议法实施后，复议案件比以往大增，不仅我们政府这边，市级机关收到的复议申请也增多，我们编制增加到3人，法制局又改回法制办。复议申请的案件里有一定比例的行为还是有瑕疵的，也就不能全都维持。申请人看到有复议得到支持，认为我们能直接管住被申请人，申请的积极性提高。我们

[①] 黄启辉：《行政诉讼一审审判状况研究——基于对40家法院2767份裁判文书的统计分析》，《清华法学》2013年第4期。

就专门召集各职能部门办事员开会，要求注意管理的规范。后来复议的案件又基本上维持，尤其是 2007 年、2008 年那阵区政府做被告提到市中院管辖后，我们更是尽量 100% 维持，让责任部门做被告去 R 区法院应诉，避免改变原行为后被申请人告到市中院闹大。基层问题基层化解，我们坚决按照中央文件指示办。那几年应该到法院提起诉讼的申请人要多些。

2014 年行政诉讼法规定复议机关维持的案件，复议机关要做被告，很多申请人为了能达到提级到市中院管辖的目的，又都跑来复议了，我们复议工作量增大，应诉的工作增多，材料的制作又比以前烦琐得多，忙不过来，常年外聘了律师负责应诉业务。这两三年，R 区法制办比以往都认真处理复议案件，维持的尽量给申请人说理，能改变、能撤销的都改、都撤，整得部门办事人员都很紧张。现在部门办事都很规范了，大部分案件还是要维持，没有规范的谁都怕担责任，少办事少说话少责任少职业风险。倒是申请人变得更苛刻，大部分复议申请人不管维持还是改变，只要不满意不开心就去市中院起诉，我们 2015 年、2016 年应诉案件几十起，全是职能部门的行为，我们法制办应诉"善后"，但是又管不了下面职能部门办事人员，职能部门轻松了，我们紧张了。

朱科长（2001 年从学校调入 T 市法制办任复议科科长至今）：市里办理的复议案件从 2000 年开始每年有增加，但不多。一年总共就几十件的样子，市级机关都在 R 区，50%~70% 的争议归 R 区法院管。至于怎么处理要看个案情况，总的来说，大多数都是维持，2014 年后维持的比例小些，但不是怕告，我们有聘请律师负责应诉业务。行政复议处理好了纠纷，申请人提起诉讼的肯定少，而且诉讼之外的很多责任还是我们来处理，我们法制办工作处理好了法院就轻松，这是肯定的，只是下级发生的行政争议有多大比例提出了复议申请，这个没有统计。我感觉行政争议在下级行政行为的数量中发生比例不超过 10% 吧，这 10% 的争议中有 30% 提起复议就不得了了，可能这两年比例要高些，反正复议了还可以继续告。复议应该影响不了相对人诉权。我个人认为行政争议在于通过提高人员水平和管理规范等进行预防才是关键。目前化解争议方式多样，争议双方协调、依法调解等在基层可能用得更多。

为了说明 T 市法制办除了复议处理争议，还从其他方面更多地预防和化解争议，朱科长提供了 T 市法制办 2015 年工作总结，里面写道：

（一）法制办主要职能

贯彻执行国家依法行政工作的方针、政策和法律、法规，负责全市依法行政工作的组织协调和监督指导；督促、指导全市规范性文件审查及清理工作；承担县（市、区）政府和市政府部门规范性文件的备案审查工作，负责市政府规范性文件、重大决策、重要行政措施发布前的合法性审查；依法开展行政执法监督工作，负责全市行政执法人员培训、执法证件颁发；指导、监督全市行政复议、行政应诉和行政赔偿工作，承办向市政府申请的行政复议、行政赔偿案件，代理市政府行政应诉案件，指导协调全市仲裁机构工作；牵头指导、督促和协调全市行政调解工作；负责全市依法行政示范单位创建、行政审批制度改革工作。

（二）2015 年主要工作

1. 有效推进干部学法，提升依法行政能力。一是有效服务政府常务会议会前学法，代市政府拟定了学法安排，全年共学法 24 次。二是组织全市 2913 名行政执法人员进行了执法资格考试（补考），为考试（补考）合格的人员办理了执法证件，对使用中的 6090 个执法证件进行了年审。

2. 加强行政决策审查，当好政府法律参谋。一是全年共审查各类涉法事项 108 件，出具《合法性审查意见书》46 份，审查规范性文件 30 件，规范性文件报送备案 8 份。二是会同市依法治市办面向全省公开遴选 6 名法律顾问，定向遴选 7 名法律顾问，组建了市委市政府法律顾问团。三是督促指导各县（市、区）政府和市级部门落实法律顾问制度。各县（市、区）政府均已组建法律顾问团，多数市级部门和近 100 个乡镇建立了法律顾问队伍，聘请法律顾问 258 名。四是参与新五中土地问题、东风 T 改制等重大涉法事务研究 30 余次。

3. 推进政府简政放权，有效提升服务质量。一是按照省政府印发的市（州）行政许可项目目录，将市本级保留的 230 项行政许可事项按照职能职责逐项落实到 35 个市级部门实施，并编制了《T 市市本级行政许可项目目录》。指导各县（市、区）按省政府公布的统一目录编制了县级行政许可项目目录，向社会公布。二是对市级各单位的权责事项进行逐项审查、梳理，编制了共 10 大类 6489 项的市本级行政权力清单。

4. 加强行政复议应诉，有效化解行政矛盾。全年，共收到行政复议申请29件，受理22件，不予受理7件，均在法定时限内办。办理行政诉讼和行政赔偿案件13件，涉及人数34人，无案件败诉。办理行政调解等涉法事务11件，接待来信来访53件（次），接待来访群众130余人（次），均作了耐心细致的政策解答。指导下属仲裁委办理民商仲裁案件31件。

5. 加强行政执法监督，规范行使行政权力。督促市、县两级行政执法部门查找行政执法中存在的突出问题并整改。其中市本级12个主要执法部门查找出20个突出问题并整改。

6. 制定系列工作方案，全面谋划法制工作。一是起草了《关于深入推进依法行政加快建设法治政府的意见》《T市人民政府2015年度推进依法行政工作安排》等文件。二是组织市、县两级行政执法部门参加省级依法行政示范创建活动，10个单位被省里确定为创建单位，会同市依法治市办开展了市级依法行政示范创建活动，确定了创建单位15个。①

从以上访谈内容可以梳理出以下信息。

第一，1998年以前复议对诉讼影响小。从表3-6统计数据看，每年复议案件数量少，最多才9件；从访谈内容看，区政府没有重视，而且采用书面审理，简单维持，并且由于对复议法律信息了解得不够，R区公民选择复议处理行政争议的意愿并不强烈。当然从前述第二章的考察同样发现这段时间内，民众对行政诉讼也是一种"观望"。处理行政争议还是倾向通过"人情""关系"来协商等，由此可见，当时特定的社会传统和处理争议的习惯思维主导相对人选择处理争议路径，复议和诉讼作为当时自上而下的法律所设置的实践还未被该区公民所完全接受。相比之下，传统的找"官"路径——信访选择意愿更大。

第二，1999~2010年以后，复议对诉讼产生多方面的影响。首先是理想状态下的复议对诉讼的"过滤"。在理想并排除其他因素的前提下，争议当事人选择了申请复议并且复议解决了争议（不管其正义是否能被法律解决），则

---

① 电子版后在T市政府网站找到，详见：http://www.nanchong.gov.cn，2017年6月25访问。

会减少争议中的相对人再提起行政诉讼的可能性，复议起到了制度设计以及学者所评价的"过滤作用"。这种状态在 R 区的实践中出现的比较少。其次是复议在实践中"暂缓"了行政起诉。复议处理的是申请人对原行为的不满，而大多数具体行政行为是符合可起诉或者复议后再起诉的救济条件，申请人为穷尽救济路径倾向先复议再诉讼，复议只是起到了缓冲一段时间的作用。在 R 区的实践中，这是通常发生的相对多的情况。最后，复议不支持诉求引发连锁起诉。实践中由于多方面的原因，行政复议的处理结果多是维持原行为，难以平复申请人的不满，而且基于复议本身也是一种可诉的具体行政行为，申请人还会继续对原行为及复议提起诉讼。穷尽司法救济后，如果还没有达到诉求，还会采用便捷的信访方式继续表达诉求，与行政机关周旋又产生新的不满，继续复议诉讼，然后反复。这就是 R 区一部分循环起诉的发生机理。

第三，2011 年复议机构其他化解纠纷的方式对起诉影响大。2011 年国家强化了"依法行政""法治政府"的建设，地方上"依法治市""依法治区"的多方实践，使得肩负复议职能的法制办实质承担了更多法治建设的职能。这些职能的履行，正如访谈中所提到在公民素质提升的同时，抓住"提高人员水平和管理规范等进行预防"的关键，从源头上减少了争议，同时又通过"协商""调解"等多元方式化解纠纷，减少相对人提起诉讼的可能性。况且，2015 年 T 市拥有了制定地方规章的权力，具体的落实部门也是法制办，这项新功能的赋予使得机构的实权更加容易落实，更能发挥预防消解争议减少行政诉讼的优势。

总而言之，从学术领域来看行政争议解决研究作为 20 世纪末开始兴起的研究范畴，近年来已经在不同层面与领域取得了显著的发展。但是对于基层实践问题的深入还需要重视，仍有待于学界同仁的勉力精进。从立法来看，基于相对人在行政管理程序中的弱势，为了极大地体现救济保障的全面性，在立法制度的设计中并没有规定选择了一种就得放弃其他路径的救济的刚性约束。从 R 区基层的践行过程来看，争议当事人并非"没有回头路"式选择单一路径，往往是在多种解决行政争议路径之间反复，多路径并用到最后可能"路路皆不通"，也可能"条条通罗马"，还可能"此路不通彼路通"。然而最终争议需要化解才能消解矛盾，现代行政争议的多样化，决定了只有多元化的解决机制才能满足社会主体多样性需求。可以考虑在现有行政争议解决途径的制度基础上，构建一个诉讼与非诉讼连贯为一体的多元化、体系化的行政争议解决制度体系。[①]

三 R区行政诉讼类型变化的因素

一个行政诉讼案件在原告起诉到法院之前，实际其行政争议的类型已经有定论，也就是说行政案件的类型是在行政管理领域中形成的。考察行政诉讼类型变化实际反映的是行政主体行政管理活动的变化。因此本章第三部分主要从被告变化的角度来分析行政诉讼类型变化。而行政诉讼的被告除了行政机关外还有授权行政主体。这就需要先确定R区行政诉讼被告的类型才能进行针对性的考察。统计R区1987~2016年行政诉讼案件，发现搜集到的1477个案件中，有1468件的被告都是T市、R区政府部门及其派出机构，即行政机关。其余9件都是涉及R区两个省属高校教职工人事管理、学生处罚、研究生考招生试引发的行政争议。除了教师告学校的4个案件不予受理外，5个学生告学校的案件都败诉。鉴于该类涉及高校管理的案件少，在类型上代表意义并不典型，下文主要从行政机关被告的角度寻找因素。

被告是行政机关的1468个案件中，有42个指定管辖的案件是驻地在R区以外的行政机关，有675个是R区行政机关单独做被告的案件，793个T市行政机关做被告的案件中有181个案件有R区行政机关作共同被告。由此可见，单独和共同起诉R区行政机关的案件共有856个，占起诉行政机关案件总数的约58%。基于此，考察行政管理活动的主要对象为R区行政机关。同时考虑到R区是T市行政机关驻扎地，R区作为独立市辖区的功能在很大程度上被T市的治理功能所替代，因此也结合T市的情况进行辅助证明。

（一）地方经济发展引发典型案件变化

1. 经济发展对行政诉讼的影响

在西方诉讼数据的研究中，学者们指出诉讼的发展与经济的发展有"直

[①] 参见周佑勇、钱卿《构建诉讼与非诉讼相衔接的多元化行政纠纷解决机制》，《江苏行政学院学报》2009年第5期。

线型""曲线型"等多种图形关系,①但是无论哪种关系都会对诉讼增量产生积极影响。一项对日本的研究也显示更多的经济活动倾向于产生更多的纠纷从而推高了诉讼的比例。②还有一些关于诉讼的研究发现诉讼与经济繁荣之间存在正相关关系。③但台湾学者陈聪富通过观察台湾50年来法院诉讼的变化与社会经济政治变迁的互动关系,认为台湾经济起飞时,法院诉讼率并未增加,反而减少;人民在经济不景气时,不得已才进行诉讼,因而台湾的诉讼率只有在经济萧条时,才有增加的趋势。④因此得出经济发展不能单独影响诉讼,法律文化影响更明显突出地域特色。这些研究结论是否适合借鉴用来解释经济发展与行政诉讼的关系?

中国大陆学者朱景文认为随着经济社会的发展,诉讼数量会相应增加,尤其在社会转型时期,社会矛盾增加会有越来越多的争端涌向法院,但随着发展趋于稳定,社会本身由失范转向规范,诉讼的增长趋于平缓,甚至有下降的趋势。⑤

一项北大学生的研究则利用北京大学中国国情研究中心的全国调查数据,直接考察经济发展以及地区行政纠纷经验对行政起诉的影响,其认为经济发展以及地区行政纠纷经验这两类环境因素对个人偏好都没有直接的影响,均通过作用于个人"对交易成本的顾虑"和"法律信息获取量"这两个中间变量对制度偏好产生影响。⑥

有国外刊文经过经验研究直接指出"中国行政诉讼率与城市化水平呈正相关,且关联高度显著""中国经济持续增长,而且正在走一条明确的城镇化道路,未来我们将看到更多行政诉讼诉讼"。⑦

---

① 参见冉井富《当代中国民事诉讼率变迁研究》,中国人民大学出版社,2005,第40~47页。
② Ginsburg, Tom, & Glenn Hotter, "The Unreluctant Litigant? An Empirical Analysis of Japan's Turn to Litigation," 35 *J. of Legal Studies* 31.
③ Eisenberg, Theodore, Nick Robinson, & Kalantry Sital, "Litigation as a Measure of Well-Being," *Cornell Legal Studies Research Paper*, No. 12-28.
④ 陈聪富:《法院诉讼与社会发展》,《深圳大学学报》(人文社会科学版)2001年第2期。
⑤ 朱景文:《中国诉讼分流的数据分析》,《中国社会科学》2008年第3期。
⑥ 左才:《经济发展、地区经验与行政诉讼——影响中国农民行政诉讼偏好的地区因素分析》,硕士学位论文,北京大学,2008。
⑦ Ji Li., "Suing the Leviathan—An Empirical Analysis of the Changing Rate of Administrative Litigation in China," Journal of Empirical Legal Studies, Volume 10, Issue 4, 815-846, December 2013.

由此可见，理论研究认为经济发展是会对行政诉讼产生影响的。将表3-1的R区GDP历年增幅与行政诉讼量增幅进行对比如图3-2所示，明显可以看出R区GDP一直持续呈现正值增长趋势，而行政诉讼却是波状行进，与GDP的增长过程的样态并不一致。但是通过每十年案件总量的增势来看，行政诉讼量在总体上也一直在增长，与GDP的总增长趋势基本一致。为何会出现这样的现象？早有研究指出经济发展对行政诉讼的影响并不直接源于经济发展变化本身，而是因为经济变化带来了社会机构、社会关系的变化，导致国家进行社会控制的要求增加。[①] 按照此理论推导R区的经济增长对诉讼的影响是通过改变R区社会关系从而改变政府的控制活动等来实现，而社会关系需要在一定经济发展基础上才会改变，政府相应的控制活动也是随后才会发生，引发争议也需要一定时期的缓冲，而后才会对诉讼产生影响。这样一个过程发生下来，诉讼对经济发展的反映应当会比经济增长的现象相对会滞后较长一段时间。然而不同时期和阶段经济发展的不同特点也会明显带来不同影响。

由此可推及R区经济发展对行政诉讼中的影响进程突出表现为：通过不同时期经济发展需求下政府相关管理活动的变化来带来行政争议的变化。具体而言就是在某一段时期的特殊经济发展任务引导下，某类或某几类政府管理活动的广度和频繁度就会明显提出，相关行政争议的发生就会相对频繁，引发争议当事人提起行政诉讼救济的愿望就会比较强烈，因而法院类似的案件就会明显增多，体现经济发展中的一些特点。

2. 政府在经济发展中的活动变化引发R区行政案件类型变化

从计划经济到市场经济，R区从改革开放之初至今，经济发展迅速，政府不仅引领改革前行，还在经济活动中调动一切资源为经济发展保驾护航。根据不同时期经济发展的需求调整管理活动和各种角色扮演，相关的典型行政行为频现，其中产生的行政争议救济引发不同的典型行政案件。下文为结合不同时期经济发展特点与政府活动调整的对应，将R区GDP增幅

[①] 参见 Christian Wollschlager, Civil litigation and Modernization："The Work of the Municipal Courts of Bremen, Germany, in Five centuries, 1549 – 1984," law&Society Review, Volume 24, Number2 (1990), pp. 261 – 282。

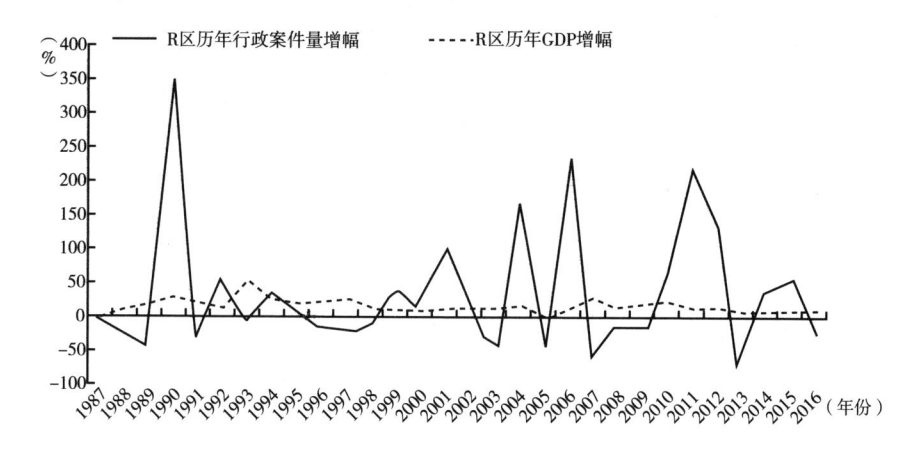

图 3-2　1987~2016 年 R 区行政案件量增幅与 GDP 增幅对比

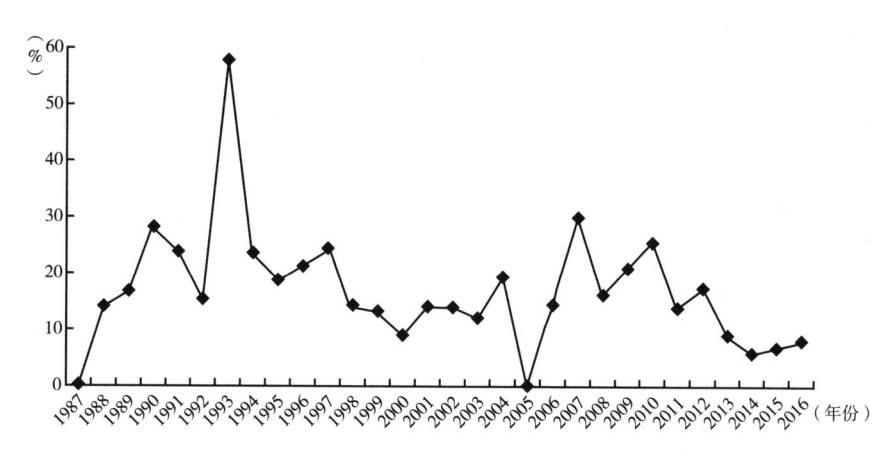

图 3-3　1987~2016 年 R 区历年 GDP 增幅

单独呈现的同时附录 T 市经济发展以及固定资产占比变化的档案进行佐证。

档案摘录：T 市政府公布的《T 市经济社会发展 60 年（1949~2008）》经济成就

（一）综合经济实力大大增强

新中国成立之初，国家实行高度集中的计划经济体制，T 市由于人口多、基础差、底子薄、资源短缺，经济发展受到严重制约。1949~1978 年，T 市 GDP 年均增长 5.1%（剔除物价因素，下同）。十一届三中全会以后，改革开放的春风吹遍T市大地，改革和发展成为时代主题，T市抓住机遇，锐意进取，大力解放和发展生产力，经济发展有了质的飞跃。改革开放后30年（1979~2008年，下同），T市GDP年均增长8.5%，比1949~1978年经济年均发展速度提高了3.4个百分点。进入21世纪后，T市经济发展速度明显提升，GDP连续9年实现两位数的增长，2000~2008年，T市GDP年均增长12.3%。2008年，全市GDP 601.95亿元，是1949年的360.8倍，年均增长6.8%；人均GDP 9687元，是1949年的225倍，年均增长6.0%。2008年全市地方财政一般预算收入18.68亿元，是1958年的20.6倍，年均增长6.2%；人均收入是1958年的15.1倍，年均增长5.6%。2008年末各项存款余额763.73亿元，城乡居民储蓄存款余额571.08亿元，各项贷款余额281.90亿元，分别是1952年的1.66万倍、7.32万倍和6222.9倍。[①]

档案摘录：T市政府公布的《T市经济社会发展60年（1949~2008）》中产业发展成就

固定资产投资突飞猛进。解放初，在物质匮乏、物价飞涨情况下，扩大消费，解决温饱是当时面临的实际困难和问题，投资额被迫压缩。1949年投资额仅289万元，公路里程仅112公里。"一五"时期（1953~1957）投资年均增速仅10.3%，"二五"（1958~1962）、"三五"时期（1965~1970），由于受急于求成的思想影响，盲目推行"大跃进"，加上受严重自然灾害和"文化大革命"的影响，社会生产力受到严重破坏，国民经济发展停滞不前，投资增幅连年下降。"二五"、"三五"时期投资年均增幅分别下降32.7%和7.2%。"四五"（1971~1975）时期处在"文化大革命"后期，国家逐渐发现"文化大革命"的错误并逐步做出纠正，投资政策有了明显改变，"五五"（1976~1980）、"六五"时期（1981~1985）全市投资出现恢复性增长。从"七五"时期（1986~1990）开始至"八五"（1991~1995）、"九五"（1996~2000）、"十五"（2001~2005）、"十一五"中前期（2006~2008），T市投资真正进入快速健康增长阶段。基础设施建设、工业技改投资快速增长，先后完成了大型农田水利灌溉设施升

---

① 《T市经济社会发展60年》，http://www.sc.cei.gov.cn，2017年1月13日访问。

钟水库的建设；达成铁路 T 市段、成 T 高速、T 广高速、T 渝高速、G 机场等交通设施建设，以及 X 江航电梯级等重点工程。2008 年全市固定资产投资 297.88 亿元，是 1949 年的 1.03 万倍，投资年均增长 17.0%。新中国成立以来全市累计完成投资 1434.67 亿元，"十五"、"十一五"时期累计完成 1156.47 亿元，占 60 年来 T 市投资总额的 80.6%。①

(1) 1987~1996 年保障经济发展导致"治安案件"多

从图 3-3 以及档案记录中可以看出，这 10 年期间 R 区经济发展进入了一个高速增长阶段。在传统农业生产得到稳定发展的同时，新中国成立后五大棉纺厂之一的 T 棉纺厂继续在这段时间与石油化工产业成为该区经济发展的工业支撑。城市建设方面为响应"体育强国"，从 1985 年就开始在 R 区修建大型体育场所。该类项目以及大型水库工程的修建，使得政府对公共基础建设的大量投入成为该区 20 世纪 80 年代末 90 年代初经济发展的重要带动点。而 1993 年享誉全国的某羽绒服厂成为国内服装上市的"第一股票"，企业产值、估值快速翻倍，使得该区 GDP 在该年达到了历年增幅的最高位。然而 1994 年另一国有大型纺织企业的改革失败直接导致该企业破产，工人下岗。随后国有企业在破产后被政府招商的私有企业廉价收购。从 1995 年开始，T 市为 1996 年 S 省运动会在 R 区运动场所的顺利举行进行了各项建筑、道路等整改，同时进行治安专项整治，为大型活动的开展提供了有力保障。1994 年 R 区政府工作报告在"加强社会主义法制"中指出：

> 为妥善处理"改革、发展、稳定"的关系，区委政府狠抓了社会治安综合治理工作，先后 16 次专题听取和研究政法、综治工作，4 次召开会议，妥善解决了一些群众性事端及社会热点问题。深入开展"二五"普法教育，不断增强干部群众的民主意识和法制观念，加强执法监督，严格执法，加强对社会主义市场经济的法制保障和法律服务，完善对人

---

① 《T 市经济社会发展 60 年》，http://www.sc.cei.gov.cn/dir1009/44802.htm，2017 年 1 月 13 日访问。

财物流动和各种市场的治安管理，打击破坏社会主义市场秩序的犯罪活动。深入开展重点治理和专项斗争，强化人民民主专政。坚持"谁主管、谁负责"的原则，建立和完善社会治安承包责任制和综合治理网络，齐抓共管，群防群治，把社会综治工作落实到城乡基层。逐步健全执法机构，加强法律监督部门的自身建设，不断提高政法队伍的素质和执法水平，促进和加强社会主义法制建设，为经济建设和改革开放创造良好的社会环境。

由此可看出，在当时农业发展为基础国企的工业发展是支柱的经济发展模式下，R区政府的重要任务就是保障经济秩序，维护社会安全，重点抓违法犯罪治理和治安条件的改善。然而由于当时立法规定并不完备，公安机关"抓人""扣物""罚款"很少讲究严格的程序拘束。在治安领域的行政争议就明显会比其他领域的行政管理发生的可能性更大。在当时地方的治理过程中，先由"集体主义"计划经济，逐步转向市场经济，政府采用的方式是"管人""管物"。在理念上认为公民应该无条件服从政府的管理。公安机关作为法律授权最广的社会管理行政执法机关，直接体现地方政府治理意志和理念，对公民权保障并不重视，引发了相对人不满，选择诉讼进行救济意愿强烈，所以当时公安行政案件的占比相当高。然而，起诉到法院的案件也会通常基于考虑地方政府治理的维护而不被支持，加上行政相对人的保障意识相对薄弱，案件总量并不多。

（2）1997~2006年经济改革的推进导致典型案件频发

从档案记录可以梳理出该期间的发展线索。伴随着1997年某水电工程项目的建设开展，R区开始了大幅度迈出城市扩建的步伐。自1997年底途经T市的铁路建成通车，1999年由省会城市通往T市的高速公路以及T市连贯西南某直辖市的高速公路同时开工，使连接两地的交通便利和人口大市的优势带来了T市、R区的开发吸引力，陆续有外地投资商通过政府的引进，到R区进行投资建设。国有纺织企业的破产变卖，工人下岗再就业的引导，2000年开始不断拍卖国有土地，收入成为此后该区GDP收入的重要组成部分。为了快速扩大地产经济圈的辐射范围，T市、R区政府加大各项公共基础建设的投入和规划部署，动员两所承载了近10万师生的省属大学迁址边缘地带，逐步打通从老城区到学区连接的同时，兴建市政新区搬迁政府机关在 R 区的办公场所，完成全市绕城高速路建设、跨江二桥的建设以及三桥的基础铺垫。这段时期内，该区工业产值由于纺织企业破产的冲击走低，虽然政府在 2002 年就开展"工业兴市（区）"口号的各项基础建设，但仍没有提高工业生产在 GDP 中的占比，而农业产值在"三农"问题治理以及"社会主义新农村建设"下，各种税费征收于 2006 年底全部取消，由于住房商品化以及教育改革尤其是高校扩招带来的各种消费需求，政府的基础建设投入以及征地、卖地等地产经济发展的产值逐渐成为拉动地方产业的龙头。2005 年底 R 区城区面积就从 1994 年的 6 平方公里扩展到 46 平方公里。2006 年 R 区政府报告中就强调：

> 区委政府认真落实安全稳定第一责任，积极应对各种矛盾，主动解决遗留问题。依法处置和妥善化解了征地拆迁、企业改制、大都会商业地产权办理、西门市场整改等方面的矛盾和问题，维护了社会稳定。

由此可见，在这样一种经济发展模式下，政府对经济的参与及推动作用巨大。与土地征收使用、土地转让、土地规划、拆迁安置等相关的各种系列行政管理活动非常频繁，发生的争议也就逐渐增多。加之随着国家法治建设的不断发展，公民的维权意识以及通过行政诉讼救济的选择越来越多，城建类案件就逐渐取代了治安案件成为占比最高的行政诉讼案件类型。伴随行政许可法的颁布实施，与城建相关的土地资源许可案件尤其是涉及土地权属确认以及使用权转让等问题的案件也随之增加，进一步在某种程度上反映了该区与其他地方发展"土地财政"行政管理的特点。2004 年《工伤保险条例》颁布，相继出现的原告或者第三人约有 70% 直接是房地产企业的工商认定案件也开始随着地产建设的快速推进增加。

伴随着以上案件类型的突出，国企改革中遗留下来的政府管理问题也引发了争议，如，国企破产过程中针对一些原职工劳动关系的认定、自有房屋作价入股后在破产时的析出、工龄买断的下岗分流等相关政府管理活动引发的争议也不少，在2006年就出现了同一个工厂的59个下岗工人起诉"工龄买断协议"司法公证不合法的案件，也是当时特殊经济改革中政府活动介入引发的典型案件。可见这10年中政府在经济发展中的活动转变使得诉讼的类型出现了变化与多元。

（3）2007~2016年地产经济的推动导致城建案件高增

从档案记录可以推出，2007年R区房价快速上涨，房地产开发成为T市R区GDP增长达到29%的主要经济支撑。2008年底R区政府报告里就提到：

> 改革开放以来，随着国家启动一系列大规模投资项目，我区大力实施项目推动战略大作项目，抓大项目，一批重大的产业项目，民生项目和基础设施项目，固定投产，固定资产投资进入快速扩张期，呈现高位增长态势，成为拉动经济增长的主要动力，2008年，全区全社会固定资产投资达45.77亿元。房地产业在改革开放的大潮中，从无到有，从小到大，逐步发展壮大，1990年完成房地产开发投资，1644万元。仅占全社会固定资产投资总额的14.6%，经过十年的发展，2008年完成房地产开发投资18.05亿元，占全社会固定资产投资总额的39.4%，比1990年增长了109倍，年均增长29.8%，房地产业对固定资产投资增长的贡献功不可没。①

在强大经济利益的驱动下，政府加快了各项地产招商引资开发的进度，对"棚户改造""旧城改造""特色地产"投入大量资金。为了追求"多、快、大"，引发了一系列的社会群体事件以及治安的不稳定。2010年R区开通了通往省城的动车组，大大缩短了与省城的空间路程，加快了人口流动，以及招商政府工作的各项衔接，国内出名的房地产开发公司都到R区进行大规模房产开发建设，R区城区面积达到了近60平方公里。R区的房价短期内又出现大幅上涨，甚至翻倍。大量的城建扩张与房产开发需要快速拆迁，政府介入活动更广更深，又打造以新建火车北站为中心的新城。直到2013年T市及R区出现这期间修建的大型项目质量以及推进中断问题，房产开发过剩

---

① 参见T市统计局编《T市六十年（1949~2009）》，第21页。

第三章　R区行政诉讼率变迁的因素

并发症状出现，2015年12月R区区长在"推进R区城镇化进程"讲话中提到：

> 房地产行业发展是R区城镇化需要特别关注的问题。2014年，全区房地产交易量仅为15063套，同比下降20.8%，而目前全区已办理预售许可证未出售的存量房达到144.18万套。同时，房地产行业企业普遍面临资金链紧张、银行融资困难和社会融资成本高、不规范、风险大的问题。面对这些困难与挑战，我们只有全面落实深化改革各项措施，积极主动进行探索实践，才能科学施为、奋发有为。[①]

由此可见，R区经济发展放缓，许多政府城镇化建设进程中的房产开发遗留问题集中出现，行政争议频发。随着2008年政府信息公开条例以及土地管理法、行政强制法、新拆迁条例的陆续颁布实施，各种城建类的案件陆续高发。由拆迁及安置、房产系列纠纷膨胀爆发，集团诉讼尤其典型，一个拆迁安置片区动辄近百人起诉。2011年出现的75件城建类案件中就有53人在同一个村组涉及的拆迁案件中；2012年出现的280件城建类案件中也有212件是前述53人起诉的涉及拆迁过程中的信息公告、土地规划、城管拆迁及其赔偿的案件，直接使得2011年、2012年诉讼量破百。2015年新行政诉讼法实施，由于立法受案范围的扩大，后地产经济的房屋管理活动尤其是产权确认纷争总是以小区业主集团的涉众方式出现，取代了原来的拆迁案件成为典型城建案件。

综上可见，为了实现通过人口城市化这种居住方式变化，综合反映社会生产力、社会关系、人类精神世界和生活方式迈向现代化发展的必然趋势，[②] 30年来政府在R区围绕地方经济发展尤其是"地产经济"发展的各项行政管理活动的逐步开展，出现了土地规划、买卖转让纠纷、房产确权纠纷、城管维护建设秩序、建筑公司工伤认定等系列类型纠纷。经济发展进程的速度以

---

① T市住房城乡建房局发布R区区长讲话《主动适应新常态科学推进R新型城镇化进程》，http://zwgk.nanchong.gov.cn/t.aspx? i =20151209101520 -475314 -00 -000，2017年6月30日访问。

② 参见郑杭生主编《社会学概论新修》，中国人民大学出版社，1994，第393~401页。

及政府在经济建设发展中活动的开展，影响了行政诉讼量的增长，同时也导致典型案件的频发。

（二）基层行政执法发展影响案件类型变化

1. 行政执法规范对行政诉讼的影响

上文阐释了在不同时期 R 区行政机关应地方经济发展需求，在某些领域管理活动频繁，提高了行政争议发生的可能性。然而，行政管理活动即使再频繁，只要"坚持依法行政"，"执法规范"，也能"从源头上预防和减少行政争议"。[①] 行政主体管理活动的规范与否将影响诉讼的发生与否。在正常的情况下，行政机关管理活动越规范，相对人服从的可能性大，起诉的可能性小，即使起诉了胜诉的可能性也小，该相对人以及其他人随后再提起同类诉讼的可能性会变小，该类诉讼的诉讼量就难以增加，成为占比较高的案件类型。相反如果越不规范，争议发生会越多，相应诉讼量也会越多而成为占比较高的案件类型。因此考察 R 区行政机关行政执法的变迁是探求该区行政起诉案件类型变化的重要观察点。作为依照法定职权和程序行使行政管理权以及贯彻实施法律的活动，广义上的行政执法基本涵盖了行政机关及其公职人员的所有行政管理活动。因而，考察 R 区基层行政执法发展变化会涉及行政权力的制度设计和基层实际运作变化，这亦是探索该区行政案件类型变化的主要线索。

2. R 区行政执法规范紧随国家制度变化而发展

"法律上的公平毕竟是纸面上的东西，它要在现实生活中得到实现，行政执法机关起着极为重要的作用，因为行政机关是范围极其广泛的社会事务各个领域的领导者、组织者和管理者，其管理几乎涵盖了公民社会生活的各个方面和从生到死整个过程，其活动更普遍、更直接地关系到各种社会主体的利。"[②] 行政执法是保证国家法律得以贯彻，社会运行有法可依并最终实现国家和社会治理法治化的基本途径，而基层行政执法又是我国整个行政执法体

[①] 参见中共中央办公厅、国务院办公厅《关于预防和化解行政争议、健全行政争议解决机制的意见》（中办发〔2006〕27 号）内容。

[②] 刘作翔、张洪明：《行政执法与公平理论——法制现代化进程中的执法公平问题研究》，《法制现代化研究》1995 年第 2 期。

系的基础。改革开放以来，我国的行政执法尤其是基层行政执法，经历了从于法无据到有法可依，从手段单一、模式粗略到执法手段多元化、执法模式体系化的演变过程。R区行政主体行政管理活动的规范化发展历程与国家依法行政制度建设及推进紧密相关，尤其是基层行政执法活动的规范化发展过程既有作为基层的特色，同时也紧跟国家制度变化的步伐。

3. R区行政执法受熟人社会"官本位"文化传统影响

R区具有悠久的历史文化渊源，早在汉朝就开始置县，隋朝沿袭，唐朝改为州，随后宋、元、明、清均设府，民国改为公署。无论是资源供给还是战略地位，在历代建制中都受到重视。R区"忠孝文化""为官报国""以官为尊"的官本位思想普遍渗透到家族传训普及民间。[①] R区历代发展中以农为主，是所在区域内农产品的主要供给来源，尤其以橙栽植和蚕桑饲养最为出名，同时区域内还有长江一支主要支流主河道经过，曾经渔业航运也小有名气，乡土社会气息浓厚。新中国成立后又设行署，成为西南地区重要交通枢纽，同时也作为重要军事基地得到国家层面的重视，尽管民间乡土传统在生活中影响巨大，典型熟人社会里以道德、人情、关系为社会准则，法律认知薄弱，军转干部在地方政府机关任职较多，地方政府非常重视对中央政策的实施。

在地方行政管理的理念层面比较积极响应国家法律的引导而设置政治目标，将法律事务转化为政治任务，在操作实践中又由于地方传统以及工作人员素质的不同，对法律的实施出现了不同时期的"变通"，对不同的个案产生了不同的影响。R区的居民就在政治目标理念设立与实际任务推行之间存在的误差中，将落后小农意识转化为对法律工具性的实用认知。政治目标的推动轻视了民众基础的薄弱，而国家依法行政变迁产生地方治理的变化离法治的本来目标和价值导向越来越远。

4. R区行政执法发展及其对行政诉讼的影响

1987~2016年R区行政机关完成了依法行政的建设进程。随着国家法律制度不断颁布实施完善，R区行政机关行政执法也越来越规范。以国家依法行政法律文件的发布时间为分界点，R区依法行政的建设紧随国家发展历程，

---

① 参见李志杰等《T市民间传统文化概论》，S人民出版社，2016，第226~234页。

从实践来看大致分为以下四个阶段。

(1) 1989年以前"官权威"式行政执法及其影响

在1978年改革开放以前，国家虽然颁布过法律法规，但是全国依然崇尚个人权威，依据政府领导讲话办事。当时还属于"人治"时代，有法不依甚至无法可依，行政权力在那个时期没有制度约束。邓小平就曾在1978年12月的中央工作会议上公开批评以前"把领导人说的话当作'法'，不赞成领导人说的话就叫作'违法'，领导人说的话改变了，'法'也就跟着改变"。[①] 随着"有法可依，有法必依，执法必严，违法必究"写入十一届三中全会公报成为法制建设的指导思想，个人所得税法、治安管理处罚条例等行政法律法规在1982年宪法颁布前后制定并实施，行政管理开始有法可依。在宣传学习贯彻十一届三中全会的过程中，R区政府机关公务人员也产生了对宪法等法律的初步认知常识。但是R区当时只有一个城市街道办事处，城区地域不过就三条街加沿江二三百米的两条小巷。政府的强势决定了政府机关执法的绝对权威，民众对行政管理活动是毫不质疑的服从。同时在人际圈范围内"街头不见巷尾见"的熟人社会下，政府机关管理人员的人情基础成为迅速推动行政管理活动展开的关键。而区域管辖里的28个乡，乡规民约的道德约束是管理基础，乡村干部个人声望仍是管理活动落实的关键，基层公职人员普遍靠官权威来实现行政执法的效果。

1986年，党中央和国务院在"七五规划"中明确提出"行政管理法制化"的目标，也转发了中共中央宣传部、司法部《关于向全体公民基本普及法律常识的五年规划》（即"一五"普法规划）的通知。相关文件传达到R区所在的T市时，R区由于同时也是T市机关的驻地，许多普法活动与T市共同开展。据当时参加R区普法工作的司法干部李某强调，普法工作主要是针对民众的，并没有特别强调政府机关工作人员的法律意识培养和行政管理活动的规范操作程序问题。在当时政府机关公职人员"来自于人民，并服务于人民"的口号下，官被视为基层民众中的精英和权威而具有较高素质，所以重心在于让民众萌发守法意识同时继续维持作为"官"最普遍的行政公职人员的权威。

---

① 转引自任仲平《让法治为现代中国护航》，《人民日报》2014年12月3日，第1版。

1982年《中华人民共和国民事诉讼法（试行）》颁布后，1983年国内某些地方已经出现了类似"民告官"案件，但R区却直到1987年才出现公民起诉公安机关的案件。据1983年从西南政法大学毕业分配到R区工作，后任R区法院第一届行政审判庭庭长的林某回忆，在1983~1986年也有过极个别城里的熟人询问过状告计生委的问题，但是出于对政府的畏惧，怕得罪官员以及当时起诉实体和程序法律直接依据缺乏，并没有正式向法院提起诉讼。因而当时并非没有行政争议，只是熟人社会中对"官"权威的服从，公民没有意识到进行诉讼救济，即使意识到了向法院起诉会受到立法的局限，使得案件不会流入诉讼领域而没有案件类型记录。

（2）1990~1998年依法行政初步阶段及其影响

1989年行政诉讼法的制定和颁布解决了程序上如何监督行政机关依法行使职权的问题，完成了从人治转向法治背景下中央到地方确立行政法律意识的进程，1991年行政复议法实施。在这样的国家背景下，R区政府机关通过加强行政诉讼法等法律学习，对依法行政开始进行重视。这种重视表现在频繁邀请法官到机关进行法律培训和在各机关专门设置法院宣传办公室，方便法院将专门的法律知识及时送到各个机关，及时接受咨询依法处理问题。1993年11月14日的第十四届中央委员会第三次全体会议通过《中共中央关于建立社会主义市场经济体制若干问题的决定》要求"各级政府都要依法行政，依法办事"，R区以法院为主力向政府机关输出行政法律知识，协助R区行政公务人员提升法律素质的活动继续强化。在1993年该区工作总结中深刻进行了反思：

> 全区干部加强行政诉讼法等法律的学习，认真听取人民群众的意见，重视来信来访工作，促进了政府工作的健康发展，加强了执法队伍的监督管理，政府法制工作进一步加强，加大了社会治安综合治理工作力度，严厉打击了各种违法犯罪活动，社会秩序稳定。看到成绩的同时，我们也清醒看到面临的矛盾和问题还不少，主要表现在政府职能转变和机关作风建设还不适应建立社会主义市场经济的需要，干部之间、部门之间有本位主义倾向，有些乱收费、乱摊派的现象依然存在。这些问题已经引起区政府的高度重视，在以后的工作中，我们将采取有效措施，逐步

加以克服和解决。

随后在1994年政府工作报告"加强社会主义法制"中提到：

> 区委政府狠抓了社会治安综合治理工作，先后16次专题听取和研究政法、综治工作，4次召开会议，妥善解决了一些群众性闹事事端及社会热点问题。深入开展"二五"普法教育，不断增强干部群众的民主意识和法制观念，加强执法监督，严格执法，加强对社会主义市场经济的法制保障和法律服务，完善对人财物流动和各种市场的治安管理，打击破坏社会主义市场秩序的犯罪活动……逐步健全执法机构，加强法律监督部门的自身建设，不断提高政法队伍的素质和执法水平，促进和加强社会主义法制建设，为经济建设和改革开放创造良好的社会环境。

由此可见，R区政府机关公职人员在政府的组织下开始学法，但是还没有提高到依法行政的认知高度。1997年党的十五大报告提出"一切政府机关都必须依法行政，切实保障公民权利，实行执法责任制和评议考核制"，该报告学习文件发放到R区时，R区政府引起重视，各机关均先后设置了法制工作办公室或者工作专员，并在管理文件中重复了报告内容。在1996年底就完成了全区部门执法责任制的整理汇编工作，于1997年先后制定《R区行政执法追究责任办法》等行政规范性文件10件，在1998年深化完善行政执法责任制，加强执法监督力度，对诸如乱摊派、乱收费和加重农民负担等普遍关注的问题加强了监督，搞好"行政执法证"和"行政执法监督检查证"的管理审验工作，建立并健全了重大行政处罚的备案制度。仅从1994年开始累计组织领导干部集中学法19次，并在1998年组织了两批领导干部参加任命前法律过关考试，全区累计对公职人员进行了60次法律讲座及培训，以提高其执法水平。1998年R区政府的工作报告中首次提到了"依法治区初见成效"。

1998年政府工作报告《民主法制建设和精神文明建设整体推进》中提到：

认真执行人大及其常委会的决定决议主动与人民政协各界人士和人民团体协商，自觉接受监督及时办理人大代表的议案建议和政协委员的提案。认真听取人民群众的意见，重视来信来访工作，密切政府同群众的关系。加强执法队伍建设，政府法制行为更加规范，"三五"普法深入人心，依法治区初见成效。坚持"打防并举、标本兼治"社会治安综合治理全面推进，为经济建设创造了安定的社会环境。坚持"两手抓，两手都要硬"的方针，努力推进社会主义精神文明建设与爱国主义、集体主义、社会主义为主要内容的思想道德建设取得了显著成效。深入开展创建"文明窗口单位、文明村镇、文明市民"活动，讲文明守序的精神风貌进一步在全区形成。加大了反腐败斗争的力度，狠抓制止奢侈浪费八条规定的落实，加强了行政性收费管理，加大案件查处力度全年共立案47件，其中26件给予党纪政纪处分共39人，挽回损失87.5万元。大力开展对农民和企业负担建筑招投标预算外资金等项目的监督，检察机关作风整顿成效显著，公职人员全局观念，敬业精神进一步增强。[1]

可见，20世纪90年代前期，行政法制正在逐步建设，R区仍处在一个"熟人社会"的环境中，依法行政与执法规范在基层执法中更多的是一种理念或者口号。尽管各种专项运动式执法后，也会产生各种摩擦和争议，但化解行政争议的主要方式还是信访和熟人帮忙协商调解。虽然对争议处理的程序尽量简化，在材料制作上也比较简单，并不是非常重视形式，虽然在一定程度上将争议化解了，但也压制了相对人，使其选择忍耐放弃诉讼。因而在这段时间内行政执法虽然处于初步发展阶段，存在很多操作程序的不规范，尤其是重视实体而不重程序问题，但因实体争议在非法律因素的影响以及公职人员的权威影响下多数得以平息，因而并没有出现大量具有普遍代表性的行政诉讼。只是集中在活动频繁而又缺乏严格程序约束容易直接对公民人身权造成侵害的公安治安处罚领域。

到了20世纪90年代后期，在政府强化依法行政学习和干部执法培训及

---

[1] 参见《1999年R区年鉴》第3页。

执法责任追究制度的实施下，行政执法规范制度初步建立，依法行政理念进入公职人员的认知。R区各行政机关在行政执法过程中逐渐改变了"本位主义"思想，从国家自上而下传导的依法行政成为新的指导思想，引领基层执法人员注意执法程序问题。因此在1997、1998年两年，R区的行政复议和行政诉讼的数量都出现了下降。由于在部门执法责任制整理分工过程中，同时开展了各机关部门的多项专治活动，加之在国家依法行政的强调下，公民对行政执法的监督意识提升，对行政诉讼的救济的认知提高，从1996年开始出现了公安、城建之外的行政起诉类型的增加。

（3）1999~2009年依法行政发展阶段及其影响

1999年11月国务院发布了《全面推进依法行政的决定》，系统提出了"依法行政"的要求。R区政府也在1999年开展了抽象行政行为大检查，重点对1998年以来制发的行政文件进行了检查和清理，对个别特殊问题进行了专题研究和及时规范，出台了《城市建筑垃圾管理办法》等规范性文件。更重要的是将依法行政、落实部门执法责任制纳入了部门工作目标考核管理，促使各部门建立一套完备的行政执法程序制度、监督检查制度和行政执法人员管理制度。

由于《城市建筑垃圾管理办法》明确了城管等部门执法检查操作，而相关执法机关尤其是城管受到编制限制（全区仅10人管辖近40平方公里城区，还有区内拆迁、摆摊设点、停车管理等任务繁重），人员紧张，聘请了90名监管人员，70名停车看护人员。[①] 这些受聘人员素质参差不齐，没有经过培训，执法不规范，引发了较多争议。同时一些以农民上访、企业改制为重点的行政涉法的老大难问题也频发，引发了争议当事人在1999年共提起了42件行政复议，其中有29起是涉及城建争议的案件，而向R区法院提起行政起诉的案件中，城建案件也出现了增长。鉴于此，R区政府不仅加强了对"行政执法证""协助执法证""行政监督检查证"等的规范管理，同时狠抓普法教育和行政执法人员的素质教育，对全区700余名执法人员、区政府领导及政府各部门负责人进行了行政处罚法、合同法、行政复议法等法的培训。2000年出台《关于加强城市执法管理决定》等规范性文件12项，深化完善

---

① 数据来自《2000年R区年鉴》第27页。

行政执法责任制，加强执法监督力度，全面开展依法治局工作和抽象行政行为大检查，并对1993年以来印发的行政性规范文件进行了全面检查清理和规范，废止了110余项过时和阻碍当前各项工作的文件及100余个收费项目，建立健全了该区行政复议制度。2000年该区政府工作总结"民主法制"成效时提到：

> R区民主法制不断加强，两个文明协调发展。区委区政府认真接受人大及其常委会的法律监督、工作监督和政协的民主监督，圆满完成人大代表议案、政协委员提案的办理工作。加强政府法制建设，认真执行落实部门执法责任制，整顿执法队伍，加大行政执法监督检查力度，依法行政、依法治区工作深入推进。"三五"普法和依法治理，工作名列全市前茅，坚持打防并举、标本兼治，全面推进社会治安综合治理，深入开展各种专项治理，查处大案要案816件，为经济发展和人民生活创造了较为安定的环境。加强新颁布法律法规的学习宣传，在全社会尤其是青少年中逐步形成了学法、知法、守法的良好风气。妥善处理人民内部矛盾，积极开展对邪教组织的斗争，全区社会稳定。坚持"两手抓，两手都要硬"的方针，深入开展爱国主义、集体主义、社会主义思想教育，广泛开展争当文明市民、争创文明单位活动，城市文明程度和市民整体素质不断提高，文明守纪，弘扬正气的良好风气，逐渐形成。

2002年，党的十六大报告强调"推进依法行政，提高执法水平，确保法律严格实施"。R区政府于当年提出"建设运转协调行政高效的现代政府"的目标，逐步开始进行集中办理服务的硬件和软件建设，于2003年初建成R区政务中心并投入使用，极大方便了公民办理政务。同时协调各部门做好破产国企改制的资产处理、职工下岗安置及相关信访问题，在行政许可法颁布后，对各部门、乡镇、街道办事处的工作人员都进行了培训，对卫生、计生等执法部门分别进行专项专题法制讲座，努力推动依法行政工作。

2004年国务院发布了《全面推进依法行政实施纲要》提出"全面推进依法行政，经过十年不懈的努力，基本实现建设法治政府的目标"后，R区政府于2005年开始每年对依法行政工作推进安排单独发政府文件，于2006年、2007年分别出台了《R区小城镇规划建设管理办法》《R区国有土地管理办法》《村镇房屋产权登记暂行办法》等规范文件。在政府推动下，R区政府机关行政执法规范从制度理念到具体机制建设更加细化，在连续两年的政府工作报告中进行了强调：

> 2006年突出依法行政，自身建设得到加强。自觉接受人大、政协监督，主动征求各民主党派、工商联、人民团体、无党派人士对政府工作的意见，推进了政务公开。认真办理人大代表的议案、建议52件，办理政协委员的提案210件，办结率达100%。巩固和扩大基层民主，完善村（居）民自治、推进了政务、村务公开。切实转变政府职能，加强政府法制工作，普法教育、依法治理有效开展，机关效能建设全面推开。认真落实党风廉政建设责任制，加强行政监察，严格领导干部离任审计，规范招投标管理、源头治理取得实效。完善目标考核体系，加强督查督办工作，政府执行力逐步增强。[1]
>
> 2007年积极推进依法行政，规范行政行为，政务服务中心建设进一步加强。重新审定并纳入政务服务中心的审批项目131项，实行一站式受理、全程服务。制定出台规范土地、国有资产、专项资金、政府性工程建设等规范性文件，行政行为进一步规范。行政执法清理工作全面启动并顺利完成，"五五"普法深入推进，村（居）委会顺利换届，基层民主法制建设得到加强。自觉接受人大及其常委会的法律监督、工作监督和政协的民主监督，积极支持各民主党派、工商联参政议政。全年办理人大代表议案、建议103件，办理政协委员提案153件。认真贯彻落实党风廉政建设的各项规定，坚决制止和惩治损害国家和群众利益的行为，为民、开拓、务实、清廉的机关作风进一步形成。[2]

---

[1] 参见《R区政府2007年工作报告》，http://www.shunqing.gov.cn，2017年5月21日访问。
[2] 参见《R区政府2008年工作报告》，http://www.shunqing.gov.cn，2017年5月21日访问。

第三章　R 区行政诉讼率变迁的因素

继 2007 年党的十七大报告将"法治政府建设取得新成效"作为全面建设小康社会的奋斗目标之一后，2008 年国务院发布《关于加强市县政府依法行政的决定》，提出地方政府依法行政的具体要求。R 区政府更加重视依法行政的基层程序建设，在 2009 年的政府工作报告中总结：

> 2008 年，我们始终把政府的工作置于人大的法律监督和政协的民主监督之下，依法决策，民主决策，出台了规范土地管理、招投标管理、政府采购管理、政府性投资管理等规范性文件，政府工作进一步规范高效。实践证明，依法行政既是对政府工作的内在要求，又是提高行政效能的有效保证。我们必须始终坚持依法办事，懂规则、讲规则，懂程序、讲程序，推进政府一切工作。[①]

以上 R 区文件的记录显示，R 区的行政执法规范在这段时间得到了更大的发展，基层公务员执法的素质在不断提升，依法行政得到了贯彻，尤其是在政务公开、部门职责明确、便民服务等方面成效突出。但由于官员 GDP 考核的引导以及行政内部管理"唯上是从"，在只对上级负责的机制运作下，基层公职人员尤其是相关领导人员，为了完成政绩考核，加快城镇化建设，在法律刚性限制范围不能突破的前提下，开始打法律擦边球，在自由裁量权的范围内进行"变通处理"，绕过法律的限制而快速实现城市建设目标，完成 GDP 考核任务，提高行政管理效率，出现了基层行政执法自由裁量权异化的情况。

行政法是以控权为主旨，但"规范主义的控权治理模式在应对基层行政执法自由裁量权时难以取得积极的效果"。[②] 以国家立法滞后而产生被拆迁人与拆迁主体对抗的争议为典型，为了避开与被拆迁人的直接对抗，R 区的相关行政机关往往就采取购买第三方服务把拆迁工作转包拆迁公司，聘请临时人员执法等粗暴执法的方式，然后再出面进行争议的

[①] 参见《R 区政府 2009 年工作报告》，http://www.shunqing.gov.cn，2017 年 5 月 21 日访问。
[②] 参见许雄《在法律与行动之间：基层行政执法的自由裁量权及其治理》，《海南大学学报》（人文社会科学版）2013 年第 2 期。

协调处理。这就导致了这期间相关城建以及治安的典型案件出现。R 区行政机关不得不在进行行政执法规范推进的同时，逐步建立以预防和处理争议、诉讼为主的专门工作机制，并逐渐开始聘请法律顾问或者律师进行法律咨询和诉讼业务代理。R 区的这段行政执法规范"变通"实践不仅引发典型诉讼，而且也引起了基层对行政效率与公权限制之间如何平衡的反思。为何在各种规范文件频发，培训不断强化的过程中，却出现了争议的高发？除了公民维权意识的提升，国家立法的冲突意外，基层执法的"说"与"做"不一致，出现"依法行政"实践的变异也是不能忽视的重要原因。

对于 R 区拆迁执法的这段实践，R 区法制办临近退休的周主任评述如下：

> R 区的行政执法从 20 世纪 90 年代开始是在不断自上而下地通过制定、贯彻文件，培训、定责、监督的方式，使得基层被动接受改革甚至是变革而走向规范化。地方政府强调依法行政的程序正义价值过程中，将程序停留在了针对各种材料制作的烦琐和细枝末节的规制上，对于真正撼动"有利争着管，无利都不管"等棘手问题采取了回避或者踢皮球、拖的缓冲方式。比如在城市快速建设过程中，招商、规划、建设、拆迁、验收等都涉及大量经费，很多部门都想插手，而城市违章建设、垃圾处理、绿化保护等都是不好管又难以生财并且民众又看得到的敏感问题，都不想管。各种工程建设项目要赶进度，拆迁排首位。上面的考核压力大，地方上也需要财政利益，部门要完成任务，领导要快出成绩，《城市房屋拆迁条例》《土地管理法》也没有限制权力，甚至某些个人包括公职人员可能也有巨大利益关联在里面，某些被拆迁户也确实较劲，但是个人是对抗不过团队和组织的。影响到项目建设进度，承包建设的公司也会被扣款。综合各种原因，也就先拆了再说，即使公民走法律途径救济还需要期限，有麻烦也是其他接待的部门顶着。不影响项目进度，尽快完成政治任务，实现经济利益，什么方法都是可行的，还顾虑啥法律程序问题。

从以上访谈可以看出 R 区的行政执法规范化发展在拆迁事项上出现了拐点，为了地方经济发展的政治任务，加上立法冲突没有明确，基层在执法方面并没有严格按照国家以及该区自己制定的文件进行规制，因而在这段时间产生以拆迁为主的行政争议。前文所提到的"南门坝"拆迁案也就发生在 2008 年底。因此 2009 年 R 区政府工作安排中就专门强调"集中解决疑难信访案件，有效化解拆迁群访集访事件，维护社会和谐稳定。严厉打击刑事犯罪，加强社会面管控""逐步健全应急机制和社会预警体系，明显增强管理和处突能力""加强普法宣传教育，明显提高法律服务和依法行政水平"。

虽然在 2012 年行政强制执行法颁布实施后，拆迁的工作转给了法院，使得被拆迁人在一定程度上丧失了司法救济的机会，同时把矛盾暂时引向了法院，但这些被拆迁案件中的争议有很大一部分没有平息或者化解，由此成为反复起诉、循环诉讼的部分案件来源。

（4） 2010～2016 年依法行政提升阶段及其影响

①国家法治政府的提出及推进

2010 年 8 月，国务院召开全国依法行政工作会议，明确了法治政府建设的若干重要问题。2010 年 9 月国务院正式发布《关于加强法治政府建设的若干意见》，做出了建设法治政府目标的部署。自 2013 年 3 月启动起草工作，经过了近两年的时间，《法治政府建设实施纲要（2015～2020 年）》（后文简称纲要）于 2015 年经中央全面深化改革领导小组、中央政治局常委会会议审议通过，由中共中央、国务院正式印发。纲要首次由党中央统筹部署法治政府的建设，为解决问题提供整体战略策略的同时，中央政府以具体行动推动法治政府建设，各级地方政府也不断深化自身法治建设，推动地方经济与社会发展。在政府与法律的关系上，法律至上，政府活动在法律之内进行；在政府与公民的关系上，公民为重，政府实现和保障公民合法权益，不违法侵犯公民合法权益。为此，国家在依法治国方面进行了全面的顶层设计。

立法方面，制定修改法律、法规、规章多部，还出台了不少党内法规，有中国特色的社会主义法治体系形成并进入了一个"修法"的新时代。2015 年立法法修改后，全国设区的市普遍获得地方立法权，更是立法领域的跨越性突破。

行政方面，在中央，国务院终结了非行政许可审批，先后对行政审批事项取消、下放618项；在地方，31个省级政府公布了省市县三级政府部门权力和责任清单；政府法律顾问制度普遍建立，行政决策科学化、民主化、法治化水平进一步提高；"双随机、一公开"全面推行，事中事后监管不断加强；行政执法体制改革深入推进，严格规范公正文明执法水平明显提升；法治政府考核评价制度建立，[①] 各项督促检查以专项的方式逐步开展。

司法方面，新一轮司法体制改革全面推开。劳教制度被废除，司法责任制开始落实，采用员额制、省统管财物制、干预司法记录、通报和责任追究制度等先后制定实施。2014年行政诉讼法修订颁布后，立案登记、集中管辖、异地管辖等制度实施，使大量行政争议案件流入司法程序，法院审判公信力提升，公民诉讼救济权益得到保障。

②R区法治政府建设推进行政执法规范

在从中央到省、市的推动下，R区政府2010年开始不断完善政务环境，进一步优化政府职能，全面完成政府机构改革，并陆续出台了该区经济、社会、行政管理各方面从决策到实施的制度文件，修订完善了项目管理、廉租住房管理、产业园区管理、乡镇规划建设管理和城市道路、公共场所清扫保洁等各种具体行政管理事项的规范文件。随着城市建设的继续扩张，到2011年底就新增城市建成区面积10平方公里，城镇化率提高到76.2%。同时各种拆建过程的矛盾也涌现，R区坚持依法治区，不断提升执政能力，加强和创新社会管理，推进法治政府建设，保持社会和谐稳定。在2012年政府报告中就增加了大篇幅的总结：

> 认真贯彻落实国务院《全面推进依法行政实施纲要》，深入推行行政执法责任制，努力开展法治政府建设。加强公务员队伍建设，干部职工综合素质、能力水平不断提高。深入推进《廉政准则》教育，加强惩防体系建设，狠抓违法违纪案件查办。
>
> 完善政府工作规则，政府工作机制和议事程序进一步规范。加快电子政务建设，网上监督渠道进一步畅通。完善科学民主依法决策程序，

---

① 袁曙宏：《党的十八大以来全面依法治国的重大成就和基本经验》，《求是》2017年第11期。

决策跟踪反馈和评估得到加强。深入开展"六五"普法，行政复议、行政调解、法律援助工作实现提升。

完成近5年来政府规范性文件清理，完善重点工程建设、财税管理、土地流转等制度，新制定《还房安置及管理办法》《重特大疾病医疗救助暂行办法》等13件规范性文件，按制度办事、靠制度管人的工作机制得到加强。

推进行政审批权"两集中、两到位"工作，将29个具有行政审批职能的部门、207项政务服务项目纳入政务中心集中办理，全面实施并联审批；对重大投资项目、重点招商引资项目实行市区联动审批；深入开展投资软环境整治，完善行政效能电子监察系统，将医保、社保等公共服务办事大厅纳入监察范围；开展行政效能监察项目36项，行政效能问责7人。

认真开展"小金库"、公务用车、庆典论坛研讨会"三项清理"；规范财经、津补贴发放纪律，撤并财政专户8个；行政审批、财政资金分配、工程招投标等重点领域的管理得到加强，一批违纪违规案件得到及时查处，39名政府工作人员受到党纪、政纪处分。提倡厉行节约，公务接待费用压缩6%。发挥监察、审计职能作用，内部监管得到加强。[①]

随后，2013年、2014年越来越重视依法行政，各项制度越来越规范完善，行政执法程序规则也越来越细化。随着城市建设经济实力提升，R区2015年区域经济综合实力排名达到了S省前列，居全国中上水平，法治政府建设更上一个台阶：

脱贫攻坚，社会保障取得成效，政府机构改革、行政审批制度改革、"扩权强镇"改革和公务用车改革全面推进。开放政府建设，落实"三重一大"和重大决策公示听证制度，推进区、乡（镇、街道）、村（社区）三级政务公开标准化建设，构建政务微信、手机短信平台与政府网站建设一体化模式，重大事项公开发布。全面推进服务政府建设，

---

① 参见《R区政府2013年工作报告》，http://www.shunqing.gov.cn，2017年5月27日访问。

区政府工作部门由27个精简到23个，清理公布区级行政审批事项178项，项目审批实现"一站式"办结，政务督查与行政监察、效能问责有机结合，各项决策部署高效执行。全面推进廉洁政府建设，健全惩治和预防腐败体系，有效解决"四风"问题，一批违纪违法案件得到及时查处。

由以上材料来看，R区行政执法规范得到了全面的提升：从重视实务程序操作到实体理论的培训、重点监督政府机关执法，落实了采用网络新平台不断提升政府公务人员法治理念和依法办事能力。

③R区行政执法实践问题对诉讼案件类型的影响

孟德斯鸠指出，一切有权力的人都容易滥用权力，这是万古不易的一条经验。有权力的人使用权力一直遇到界限才休止。[1] 行政权力需要设置边界，在从中央到地方的各种规范文件中，各项行政职权越来越细化和明确，程序也越来越完善，在R区也是事无巨细先定规则，有多年公职的人员对此更加深有体会。前述接受访谈的冯律师、蒲律师都感觉："政府办事制度越来越规范，便民服务效率很高。"受访的民众也觉得"今天的政府及其官员都不敢像以前一样乱来"。然而在2015年后行政诉讼却出现了总量提升，案件类型比以往都多，几乎涵盖了行政执法的各个领域。将这几年的案件去掉因2010年以前拆迁等引发的案件后，发现房屋登记争议纠纷成为城建类案件的增点，劳动与社会保障中的工伤认定案件一直稳增。

对此受访的R区法制办常年聘请的顾问杜律师道出了肺腑之言来解释：

> 近几年，R区政府机关应诉案件中由在编公职人员亲力亲为的行为中出现大的程序问题几乎不可能，出现问题基本上都是外包购买公共服务或者临聘人员的问题。但是一些以前在公众视野不典型的机关，如人社局因为工伤认定无论如何都有一方会不服而常坐被告席，并非其行政不规范；交警大队一些交通处罚案件也不是执法不规范或者人员素质不高，主要于市政设施如交通灯、摄像头等的安置交警做不了主，而归市

---

[1] 〔法〕孟德斯鸠：《论法的精神》（上册），张雁深译，商务印书馆，1961，第154页。

政管理，取证出现问题却由交警承担，缺乏一种协调沟通对接机制；又如房管局因为近年房价升值快、房产交易多，涉及公民经济利益大而回到了公众监督的视野，权证办理的规范文件R区非常多，房管局自己也规定多。只是规定再多也要人执行。一旦落实到人，谁都怕担责任，就需要领导批，上级指示，在政务管理上是首长负责制，在公务员管理上是上级决定一切。实际解决问题的时候，总要有人拍板，有权才解决问题。

这就在某种程度上形成了基层行政执法的困境：制度规定再多再完善，那是给人做宣传的，实际处理并不用，内部是依据"权力"做出定论后，再用制度进行形式完善。因而"权大一级层层压"，最终就是最基层实际干活的公职人员最苦，成天应付上面各种监督各种材料形式的制作，还要处理具体事务，哪有精力去提升法律素质提高依法行政能力。整个考核制度对公职人员能动性的发挥考虑还不够，办一件业务，考核材料都是好多份，还要求从不同的角度准备。一个人做事，若干个领导若干人监督。而且做得多就有错得更多的风险：尽管公务行为是履行部门机关职能，但一出事就是做事的人直接担法律责任，领导、监督者没有直接法律责任，因为业务办理、材料制作、对外文书都是办事人署名，从法律上讲就叫"直接责任人"。

在T市2015年曾经发生了一起重要的事故责任，市里在R区打造的地下商业中心建设两年多后，涉及规划安全、建设质量低、资金断裂等问题，民众几亿商铺预购投资拿不回，开发商被判刑，而政府就只有直接负责的科室，尤其是办事的科员被判刑最重。因为所有的法定可采信证据都指向该科员违法。后来案发的T市一些领导岗位公职人员职务犯罪行为中并没有与此项目事故关联而是以前的职务犯罪案。

尽管在2015年S省、T市、R区均对"重大决策失误"追究有规定，但是排除掉"法不溯及既往"，决策失误也不好界定进行追究程序操作，而且还极大地影响了领导拍板的积极性。一项事务往往以前一个科长就能定的，层层报，层层征求法律意见和法律风险评估，报到最后领导集体开会研究多次，集体同意才有定论。在这种特殊事件的影响下，各级公职人员普遍开始降低做事的积极性，许多工作能外包的都外包，不仅风险转移,而且还可能会有各种中间过渡的挣钱门道。不能外包的,能不做就不做,甚至就等相对人起诉让法院来判应当怎样做,这样风险就转移到法官。这些基层公务员也是无奈之举。

从杜律师的叙述中,看出了孙立平教授所指出的"社会各阶层中存在一种普遍的弱势感。不仅是那些公认的弱势群体如此,就是那些通常被人们羡慕的群体,如公务员、警察、教师、民营企业家甚至领导干部,也都有明显的弱势感"。① "法大还是权大",在文字表述里"法大"是明确的,但是在实际执法中又要落实到人,落实到领导负责制,在基层还是靠权力的有序运转才解决问题。规范文件规定得越多越细,行政执法的话语权与执行权、人权与事权就分离得越清楚,遇到需要综合处理的问题或者交叉衔接的领域,"有利低风险都争","高风险、低利、无利都推诿"的现象在"弱势感"强的一些公职人员中出现。这也就引发了2015~2016年典型的一些不作为案件和起诉多阶段行政行为的案件。这些案件中,现代的智能办公大大提升了程序事项的处理效率,但是因为基层公务员缺乏履职积极性,只看材料不与相对人进行沟通,导致本来可以避免的争议或者可以化小的争议演化成诉讼案件。不仅"构建良性的互动机制对完善依法行政工作、塑造法治国家有不可忽略的推动作用",② 对基层行政执法争议的避免也具有积极作用。正如有研究指出:如何建立有效的机制,公正的程序保证自由裁量权在基层行政执法过程中得到正当、有效的实践是基层行政执法研究的一个核心课题。③

(三) 其他因素共同带来案件类型多样化

1. 立法调整带来案件类型多样化

黄宗智认为,中国法律今日的去向既不简单在于西方的形式主义权利法律,也不在于中国的实用道德主义传统的任何一方,而应寓于两者在制度上

---

① 孙立平:《走出两重陷阱实现公平正义》,《领导文萃》2014年15期。
② 陈佳琪:《基层行政执法人员与公众的互动关系研究——基于街头官僚理论》,硕士学位论文,东南大学,2015,第43页。
③ 宋华琳:《基层行政执法裁量权研究》,《清华法学》2009年第3期。

的长期并存、融合、竞争和相互影响。① 行政诉讼的立法也在这种立法中变化，除了行政领域立法的变化外，行政诉讼本身的变化也带来了案件类型的变化。从1982年民事诉讼法（试行）到2014年行政诉讼法规定的行政诉讼受案范围逐渐扩大，越来越多的不同类型的行政争议可以通过人民法院的行政审判来解决，从1987年开始到R区法院起诉的案件由每年几件到几十件再到上百件，案件类型从单一化转向多样化。在1990年行政诉讼法实施之前起诉到法院的主要是治安处罚案件，类型单一。1989年行政诉讼法规定的受案范围相比以前得到了很大的扩张，1990～2014年到R区法院起诉的案件从单一的治安处罚案件变为包括公安、城建、劳动与社会保障等十多种类型。2014年行政诉讼法进一步扩大了法院受理行政诉讼案件的范围，尤其是将拆迁领域焦点问题、行政协议、行政机关滥用行政权力排除或者限制竞争等都纳入诉讼管辖范围。在条文的规范逻辑关联层面上，还与第2条规定的授权行政主体行为可起诉以及第53条对规章以下的规范性文件可提出附带审查起诉相呼应，使得行政争议进入诉讼解决范围和种类都得到了前所未有的加强，出现了许多新型行政案件，类型更加多样化。

当然立法的调整有时也带来某种案件类型的消失，如全国人大2005年的立法解释将交通事故认定排除在行政诉讼之外，公证法颁布后，有关公证争议也不能作为行政案件起诉。

2. 公民的情况发生了转变

公民已经不是那种逆来顺受的顺民，会思考质疑，甚至会对抗地方政府的决定。中央的依法行政、法治政府建设和宣传给予公民明确评判的理想标准。基层行政行为要符合立法规定的条件和程序，经得起诉讼的检验、司法的监督才能让公民信服。而新媒体的普及使得基层执法随时可以被智能手机拍照，被自媒体传播形成舆论压力。民众监督通过新媒体传播更快更直接，据统计，目前手机用户超过10亿，网民超过6亿，微博用户超过5亿，微信的用户也已经超过3亿。②

---

① 参见黄宗智《中国法律的现代性》，《清华法学》第10辑，清华大学出版社，2007，第67～88页。

② 第38次《中国互联网络发展状况统计报告》：《网民规模破7亿手机网民超6.5亿》，http：//www.ccidnet.com/2016/0803/10165404.shtml，2016年7月1日访问。

在智能办公带来便捷的同时，公民通过智能新型媒体监督也为基层行政带来了新挑战。以前地方对国家法律进行宣传的时候加入自己的意识与目的，而新媒体的传输便捷使得中央的宣传直达公民，从而形成法律认知。但直接面对公民执法的是地方基层执法机关及其公务员，政治任务或者法治任务层层往下压，其带着地方治理意识和任务的操作就会有地方"特色"。当公民拿国家标准评判地方做法会产生误差，认为地方违法而产生争议。在 R 区曾发生过网民贴吧、微信公众号等不经意的传播影响了行政机关处理决定而发生争议，更有高校学生转播信息被公安机关处罚而起诉到法院的案件发生。

3. R 区基层行政问题变得复杂

受访的法制办周主任提到 R 区公务员实际在 20 世纪 90 年代是有亲民传统的，那时市长、区长骑个自行车，全城转，许多基层事务比办事员还熟悉，从来不用下面一遍又一遍地写材料；2003 年 R 区农牧局侯局长因为农民跟省里争取修高速路征地的赔偿，使得省里依法赔偿比预算多出几百万，被闲置到人大退休也无悔……然而他感觉近年来有两大变化：一是一些行政违法很复杂，比如城管局查处城市违建推不动，要联合纪委一起查违纪工作才开展得快；二是许多解决问题的行政举措推不动，比如 R 区城市交通很乱，以前老城的规划没有预想到今天的车流大是一个问题，但是新城规划交警的交通建议却不被采纳，新城的路虽宽但一样堵。疏堵重任落在交警，但是更改交通设施要市政招标，路口改造先得规划局批，动路边绿化还要绿化管理部门批，改变路边设置不当的停车位还要城管处理……这样下来，交警只能采取增加执勤人员"疏堵"，收效甚微，最后由市长亲自协调抓工作才出了成效。

类似行政执法问题并非单一的行政法律关系问题，涉及与民事、刑事问题的交叉，也涉及行政管理体制、机制非法律能解决的问题，但是都会通过行政争议的方式引发问题集中爆发。这些争议带来案件类型复杂化的同时，也往往反映出问题不是通过单一的判决能够解决。

特别需要强调的是基层司法实践的操作更加能直接影响案件类型的变化。除了通过诉讼程序支持或者不支持某种类型原告诉求，影响后续的同类起诉的"从众"以外，一些基层特殊的操作方式，比如不收案就可能使得某种类型的行政争议不会出现在诉讼案件中，相反如果反复立案、拆案等就会使得某种类型的案件统计数据会出现激增。这些情况在第二章第四部分有专题在相应操作诉讼程序中有说明，此处不赘述。R区行政起诉案件类型的变化，以政府为主导，兼具了其他多种因素共同作用才有了纵向数量变化和横向类型多样化。

四 R区行政诉讼率层级变化的因素

R区行政诉讼案件从起诉到上诉数据的层级变化，每一个环节都跟法院的操作息息相关。每一年的诉讼数据变化都是一个又一个案件处理结果变化的累积。1987~2016年从立案率、判决率、胜诉率、上诉率以及撤诉率的变化中，体现法院行政审判的变化。法院的审判又会受到哪些因素影响，怎样影响？在以往的学术研究中，往往着重考察政治对行政审判的影响。[1] 然而政治外延太大，并非法律术语能够直接做考察指标。行政诉讼率的层级变化就是对法院各个处理阶段的直接反应。法院在处理案件过程中受到立法变化、司法政策变化、实践主体多方博弈的影响，导致案件的处理结果各不相同，同时也使记载结果的数据产生了变化。因此，本部分主要从这几方面来分析影响行政诉讼率层级变化的因素及其影响形式。

（一）诉讼立法变化带来基层审判的方向变革

从1982年的民事诉讼法（试行）到1989年行政诉讼法再到2014年行政诉讼法，我国先后有三部诉讼法作为直接审判依据。这三部法律规定的变化，直接影响了R区行政审判实践的变化。

1. 立法目的变化带来行政审判功能改变

自1982年颁布的《民事诉讼法（试行）》第3条第2款规定"法律规定由人民法院审理的行政案件，适用本法规定"，行政诉讼审判实践有了完整的准用性规范。1983年全国开始有了行政案件审判，而西部基层法院R区法院于1987年才尝试依据该法进行行政案件审理。虽然没有显示出行政诉讼的独立功能，但是为行政争议的解决开辟了一条新的路径。

---

[1] 参见汪庆华《政治中的司法：中国行政诉讼的法律社会学考察》，清华大学出版社，2011；应星、徐胤《"立案政治学"与行政诉讼率的徘徊——华北两市基层法院的对比研究》，《政法论坛》2009年第6期；等等。

徘徊的困惑：R区行政诉讼率变迁研究（1987~2016）

1989年行政诉讼法颁布后，行政诉讼成为独立于民事诉讼和刑事诉讼的制度。该法第1条规定①了三个层次立法目的，即：第一，保证行政审判及时正确；第二，保护相对人合法权益；第三，维护和监督行政机关。由此，明显能看出该法规定行政审判的功能也为三个层次，即：保护相对人合法利益、维护合法行政行为、监督行政机关依法行使职权。也有学者认为其同时也建立了行政诉讼的平衡原则。②在R区实践该法的25年过程中，审判实践也随着行政立法和司法解释的不断扩充，发生了功能性改变：最开始的十年主要是宣传该法开拓业务，让行政机关和相对人都来用法，同时也将重心放在维护行政机关行使职权上；2000年最高人民法院司法解释颁布实施后，转向注重解决争议兼顾保护相对人合法权益；随着国家立法对依法行政调控的加强，到2010年③以后转向保障相对人的诉权，监督行政机关依法行使职权。改变基层法院过去维护行政机关的行政治理的形象。

2014年行政诉讼法经修改，其第1条规定④在1989年条文基础上添加了"解决行政争议"，删除了"维护"。强调行政诉讼解决争议的功能，同时明确法院的司法定位和行使审判职能监督行政机关的职能。改变过去注重维护行政职权行使的功能，转向全面保障公民救济权，保护利害关系人合法权益。R区这两年的新法实施实践进一步显示了行政诉讼在行政争议解决中功能的扩张。立法的变化以及自媒体等便捷的宣传，让公民在短期内了解新法内容的同时，对行政诉讼审判职能有了重新认知和定位，在行政争议解决中加大了选择诉讼的倾向。

由三部诉讼立法内容的改变带来审判实践法律适用的转变，同时直接影

---

① 1989年《行政诉讼法》第1条："为保证人民法院正确、及时审理行政案件，保护公民、法人和其他组织的合法权益，维护和监督行政机关依法行使行政职权，根据宪法制定本法。"
② 姜明安：《中国行政诉讼的平衡原则》，《行政法学研究》2009年第3期。
③ 最高人民法院于2009年11月9日发布了《最高人民法院关于依法保护行政诉讼当事人诉权的意见》，R区法院适用该规定产生的影响凸显在2010年，也为了十年周期好对比，以2010年起算。
④ 2014年《行政诉讼法》第1条："为保证人民法院公正、及时审理行政案件，解决行政争议，保护公民、法人和其他组织的合法权益，监督行政机关依法行使行政职权，根据宪法，制定本法。"

响基层行政审判定位从解决争议的辅助路径转变为主要路径，并且将功能从维护行政机关行使行政职权的重心转为解决争议、保障救济权益。30 年的基层审判实践实际在立法的变化引领中完成了方向的变革。

2. 受案范围的变化带来立案数量的增加

从 1982 年民事诉讼法（试行）到 2014 年行政诉讼法，行政诉讼受案范围在逐渐变大，越来越多的不同类型的行政争议可以通过人民法院的行政审判来解决，1987 年开始，到 R 区法院起诉的案件从每年几件到几十件再到上百件，立案的数量也在不断增加。

1987 年 R 区法院参照民事诉讼程序单独编号进行行政案件审理时，起诉案件的范围被限定为"法律规定"可以提起行政诉讼的案件。在当时行政立法并不完善的情况下，规定了可以提起行政诉讼进行救济是单行法规的个别规定，据统计，到 1989 年我国已有 130 多部法律和行政法规，采取个别列举的方式规定了可以提起行政诉讼,[①] 但在 1990 年行政诉讼法实施之前起诉到法院的主要是治安处罚案件，立案的数量较少。

1989 年《行政诉讼法》第 11 条采用了概括加列举式立法，规定了行政处罚等八项可以起诉的行政行为，并兜底"法律、法规规定"的可起诉案件也可以管辖。其后第 12 条则排除了 4 种不可诉行为的行政诉讼管辖权。由此从理论上确立了行政行为分类起诉的几项内容：（1）行政机关的具体行政行为可以起诉，单独的抽象行政行为不能起诉；（2）行政机关对外行使的外部行政行为可以起诉，内部行政管理行为如升职、福利等不能起诉；（3）起诉的标准不在于有实际证据证明行政行为侵权，而是以相对人的视角"认为行政机关和行政机关工作人员的具体行政行为侵犯其合法权益"就可以提起诉讼。这样就使得立法规定的起诉范围从以前个别单行法律的规定转变为可以普遍推演适用的一般规定。诉讼受案范围相比以前得到了很大的扩张，有学者将此评价为中国行政诉讼受案范围演变史上的一个飞跃。[②] 在 R 区实践该法进行 25 年行政诉讼立案的过程中，无论是从最初的"立案审查"严格模式

[①] 参见王汉斌在第七届全国人民代表大会第二次会议上所做的《关于〈中华人民共和国行政诉讼法（草案）〉的说明》，《中华人民共和国最高人民法院公报》1989 年第 2 期。

[②] 胡建淼、吴欢：《中国行政诉讼法制百年变迁》，《法制与社会发展》2014 年第 1 期。

还是后来的"立审分离"模式，立案数量都在不断增加。尽管经历过徘徊时期，但还是随着诉讼实践的推进，出现了立案数量五年一小涨十年一大涨的情况，不断增加诉讼解决行政争议的种类，提高对相对人救济权的保障。

经过总结以前审判实践经验，2014年行政诉讼法吸收了以往司法解释的一些内容，第12条采取了不完全列举式立法规定了12种可以起诉的行政行为以及兜底行为。该条款进一步扩大了法院受理行政诉讼案件的范围，尤其是将拆迁领域焦点问题、行政协议、资源权属确认、行政机关滥用行政权力排除或者限制竞争等都纳入诉讼管辖范围。在条文的规范逻辑关联层面上，还与第2条规定的授权行政主体行为可起诉以及第53条对规章以下的规范性文件可提出附带审查起诉相呼应，扩大行政争议进入诉讼解决的范围增加了诉讼解决行政争议的种类。同时立案登记制度的全面推行，使得立案难逐步在基层法院得到克服，确保公民救济权能得到全面保障。这也对监督行政机关行使行政职权提出了更高的合法性要求，确保行政行为的每一环节都能够合乎法律的规定。R区新法实施实践显示了立案登记制度下范围扩大带来的案件起诉量剧增的情况，同时也体现了一些如"诉权滥用"等问题影响立案的质量。

另外，2015年新行政法实施后，属于上级法院管辖的案件不能再交由下级法院审理。由于复议案件共同被告的增多，被告有T市政府的案件都由T市中级人民法院管辖，2015~2016年共有61件原来由R区法院管辖的案件转由T市中院审理。将基层行政争议的处理权向上级法院转移。

3. 审理方式的变化带来诉讼处理方法的不同

1983~1989年适用1982年民事诉讼法（试行）审理行政案件时期，诉讼条文法律并没有明确规定审判合议庭的组成、是否适用调解等。但最高人民法院通过司法解释[①]否认了调解在行政案件审判中的适用，并在1986年10月对治安行政案件提出了合议制审理方式以及"案情简单的，由审判员一人独

[①] 如1985年最高人民法院颁布的《关于人民法院审理经济行政案件不应进行调解的通知》；1987年最高人法院颁布的《关于审理经济纠纷案件具体适用〈民事诉讼法（试行）〉》的若干问题的解答》再次进行了重申。

任审判"的方式。① 1987 年 R 区法院开始行政案件的审理时就秉持不适用调解的原则，但认为责任重大时采用的是由法院审判人员组成的合议庭进行审理，并没有出现独任审判的方式。不过却采用了民事审判的庭审举证模式，以及法官主动调查结合书面审查的一人承办的方式处理案件。

1989 年行政诉讼法秉承了以前司法解释的精神，突出了行政诉讼审理方式的特点：比如，在第 32 条②中规定了"举证责任倒置"原则，由被告承担被诉行为合法的举证责任；第 46 条中明确规定由合议庭审理案件，③ 排除了独任制审判模式；第 50 条中明确规定"人民法院审理行政案件，不适用调解"；等等。由此，该法在文本上将行政诉讼视为一种源自民事诉讼但又不同于民事审判的特殊制度。该法在基层实践被变通执行，其中最典型的就是对案件的处理大量适用调解。为了规避法律条文，就采用调解使原告撤诉的方式来实现处理方式的合法化。后来 2007 年最高人民法院通过发布司法解释④从赔偿案件适用调解扩大到撤诉的普遍协调，除了换了一种文字的表述，实际已经肯定了实践的做法，而让第 50 条成为仅仅是文本中的规定。这种现象不被理论界所看好，认为"当调解而不是判决成为司法能力的表现形式，当撤诉而不是判决成为法院结案的主要方式，行政诉讼作为司法审查的方式，控制行政行为的功能将愈发孱弱"。⑤ 尽管理论与实践对此产生了分歧，但是行政案件的实际处理样态随着调解实践经验的推广而增强了调解的适用，导致行政诉讼法在修正时，对此经验进行吸收调整。

在理论和实践进行结合的立法文本中，2014 年行政诉讼法无疑是更倾向

---

① 最高人民法院 1986 年 10 月 24 日发布的《人民法院审理治安行政案件具体应用法律的若干问题的暂行规定》第 2 条规定："人民法院审理治安行政案件，实行合议制；案情简单的，由审判员一人独任审判。当事人如果不服人民法院的裁定，可在五日内向上一级人民法院申请复核一次。"
② 1989 年《行政诉讼法》第 32 条规定，被告对做出的具体行政行为负有举证责任，应当提供做出该具体行政行为的证据和所依据的规范性文件。
③ 1989 年《行政诉讼法》第 46 条：人民法院审理行政案件，由审判员组成合议庭，或者由审判员、陪审员组成合议庭。合议庭的成员，应当是三人以上的单数。
④ 2007 年 12 月 17 日最高人民法院审判委员会第 1441 次会议通过，自 2008 年 2 月 1 日起施行的《最高人民法院关于行政诉讼撤诉若干问题的规定》。
⑤ 汪庆华：《政治中的司法：中国行政诉讼的法律社会学考察》，清华大学出版社，2011，第 156 页。

实践的。其第 60 条用但书的方式规定了行政审判适用调解的范围和原则,①并通过第 82~83 条规定了适用"独任制"简易程序审理行政案件的便捷程序。从 2015 年开始新法实施,不再需要打擦边球"协调",可以依据新法规定公开进行案件调解。为了提高案件处理的效率,R 区法院规定法官对符合法律规定的行政案件都可先进行调解。对于以前经验丰富的老法官来说,无疑能提高案件效率。行政诉讼案件调解结案方式从逻辑推理上应该增多。但是除了还在处理案件的原任庭长外,R 区新上任的陈庭长以及其他两位近 3 年才考进法院的新任审判人员都是"学院派"法官,倾向认为调解会削弱审判的司法审查的功能,因而适用判决结案的时候更多,在行政案件调解方面的经验积累反而不足,造成了一些案件由于判前沟通协调不够引发判后不息诉带来系列执行困境的问题。

由此可见,三部诉讼法立法审判方式的文本内容出现了引领实践反而被实践改造的现象。从这个层面来看,法律文本的演进是与实践同行的。虽然 2014 年行政诉讼法修改过程中寄托了学术上认为可以通过行政诉讼司法审查的方式倒逼行政机关提高依法行政水平的希望,并为此设置了诸如强调行政机关负责人出庭应诉、复议机关维持原行为同做被告等制度,但是实际处理案件调解机制的确立却无疑更倾向实践经验的吸纳而非学术理念的吸收。

4. 执行措施的变化带来诉讼结果实现保障的转变

1983~1989 年适用 1982 年民事诉讼法(试行)审理行政案件时期,立法并没有明确规定行政案件诉讼结果强制执行措施。按照立法可以适用民事诉讼法(试行)的规定,可以在当事人到期不履行裁判时采取该法第四编执行程序的规定。但该法仅仅规定了对民事主体,尤其是对公民的强制措施,实际没有规定对行政机关到期不履行裁判的措施。在当时法制并不健全,"依法行政"还没有被提出的情况下,行政机关的权力约束是空谈,法院对行政机关是无法采取强制措施的,但是对于拒绝到期履行裁判的公民有权力采取措施。因而当时的法定执行措施能保障判决公民败诉的行政诉讼结果的实现,

---

① 2014 年《行政诉讼法》第 60 条规定:"人民法院审理行政案件,不适用调解,但是,行政赔偿、补偿以及行政机关行使法律、法规规定的自由裁量权的案件可以调解。调解应当遵循自愿、合法原则,不得损害国家利益、社会公共利益和他人合法权益。"

而对于行政机关败诉又拒绝到期执行的诉讼结果从立法上来看保障是空白的。由此在实践中 R 区法院受理的案件中没有出现判决行政机关败诉的结果。

1989 年行政诉讼法立法之初对此进行了充分的考虑，最终在颁布的条文中通过第 65~66 条规定了法院对生效裁判的强制执行措施。其中包括划拨（应当归还罚款或者给付赔偿金）、处以罚款、提出司法建议、构成犯罪的追究刑事责任①四个层次的强制措施。从立法文本上设置了对行政机关不执行生效裁判的保障措施。然而除第 1 项划拨款项以外，其余都是间接方式。其中司法建议没有强制法律效力，需要监察机关或者被告上级回应启动行政内部监督才能起作用，对行政机关罚款更是无法操作，追究刑事责任本身就是刑事诉讼法领域的专业问题，缺乏与其衔接的刑事立案标准和操作程序。因此该强制措施在 R 区法院 1990~2014 年行政审判实践中从来也没有适用过。从立法设计上完成了对诉讼结果实现保障的构想，但是在实践中也就仅仅是文本中的法律而已。

吸取以前实践中的教训，2014 年《行政诉讼法》第 96 条在 1989 年版本第 65 条的基础上做了增补和修订：第一，将生效法律文书扩展到调解书，补强调解结案的法律保障力；第二，增加了"将行政机关拒绝履行的情况予以公告""拒不履行判决、裁定、调解书，社会影响恶劣的，可以对该行政机关直接负责的主管人员和其他直接责任人员予以拘留"两项强制执行措施，既新设舆论压力催促执行，又增强司法拘留措施督促执行；第三，改"对行政机关罚款"为"对机关负责人罚款"，依据行政首长负责制，将责任落实到机关负责人，以确保得到"官"的足够重视。在立法文本的逻辑层次上看是层层相连并不断强化法院的监督权力，但实际对负责人罚款系督促而并非执行措施，对主管、责任人拘留，追究刑事责任似乎有威慑但没有相应立案标准

---

① 详见 1989 年《行政诉讼法》第 65 条规定：当事人必须履行人民法院发生法律效力的判决、裁定。公民、法人或者其他组织拒绝履行判决、裁定的，行政机关可以向第一审人民法院申请强制执行，或者依法强制执行。行政机关拒绝履行判决、裁定的，第一审人民法院可以采取以下措施：（一）对应当归还的罚款或者应当给付的赔偿金，通知银行从该行政机关的账户内划拨；（二）在规定期限内不履行的，从期满之日起，对该行政机关按日处五十元至一百元的罚款；（三）向该行政机关的上一级行政机关或者监察、人事机关提出司法建议。接受司法建议的机关，根据有关规定进行处理，并将处理情况告知人民法院；（四）拒不履行判决、裁定，情节严重构成犯罪的，依法追究主管人员和直接责任人员的刑事责任。

与管辖规定不具备操作性,公告被告拒绝履行也只是一种声誉影响,而不具有实质执行效果,况且拒绝达到何种程度可以予以公告、怎样公告也没有细则可依而无法在实践中落实。基于缺乏配套的实施细则,2015~2016年,R区法院出现了行政机关拒绝履行生效判决的个案,但仍然没能启动执行强制措施,最终通过检察监督的介入促成了执行和解,实现了部分诉讼结果。

由此可见,三部诉讼法对行政诉讼强制执行的措施立法逐渐在文本上进行了完善,强化了对行政机关的监督的司法措施。但是从实践来看,其效果并不理想,还需要进一步提升法院的影响力才能使实践便于操作。尽管如此,2014年行政诉讼法立法所体现出的强化司法监督行政的理念将引导实践走向完善,缩小法治理念与实践操作的差距。

(二) 司法政策变化影响基层审判操作

从基层法院审判行政案件引用的依据来看,案件的审理过程中必不可少的一个环节是法律与司法政策的适用。比起立法的抽象,司法政策对行政审判实践带来的是更直接的操作变化。从广义的角度看,司法政策是指国家司法机关为了实现一定的目的而采取的具体的、积极的司法策略和措施。① 从狭义的角度看,司法政策实际就是最高人民法院根据国家的政策,结合法院工作实际制订的工作方针、工作重点及一个时期审判工作的方向,是国家政策在司法领域的具体体现。② 从狭义角度来看,最高人民法院制定的司法解释、法院管理文件、司法改革文件等都是典型的表现形式。下文从司法解释、管理考核政策、司法改革政策三个层面来考察司法政策变化对行政审判实践的影响。司法政策的变化也反映着法院内外部管理的变化。对外,如果法院对其他机构和行为者所履行的政策义务有太多冲突之举,则会危及法院的政治健全③;对内,上下级法院关系的变化也体现在政策改变的细节中。

1. 最高法司法政策变化影响实践操作

布迪厄认为,法律的社会实践事实就是司法场域运行的产物,例如法律

---

① 参见江必新《构建和谐社会与司法政策的调整》,《人民论坛》2005年第11期。
② 左卫民等:《最高法院研究》,法律出版社,2004,第375页。
③ 左卫民:《法院制度功能的比较研究》,《现代法学》2007年第1期。

解释的性质和形式"表达了司法场域的整个运作过程，尤其是表达了法律规范体系总是要服从的理性化运作"。① 因此，最高法院通过规则制定来实际影响实践操作。

（1）通过适用司法解释初创审理方式（1987~1989）

被列入我国正式法律渊源的司法解释，对基层行政审判业务起到了直接指导作用。虽然1979年颁布的《全国人民代表大会和地方各级人民代表大会选举法》规定可以提起行政诉讼②，我国已经有单行法律法规规定了行政诉讼救济方式，但是直到1982年民事诉讼法（试行）出台才有了操作的准规范。基于当时立法并没有区分行政诉讼与民事诉讼，最高人民法院通过1985年制定的《关于人民法院审理经济行政案件不应进行调解的通知》、1986年制定的《人民法院审理治安行政案件具体应用法律的若干问题的暂行规定》、1987年《关于地方人民政府规定可向人民法院起诉的行政案件应否受理问题的批复》、1988《关于〈人民法院审理治安行政案件具体应用法律的若干问题的暂行规定〉是否适用于审理其他行政案件的批复》、1989《最高人民法院关于〈中华人民共和国行政诉讼法〉实施前行政审判试点工作中几个问题的答复》等司法解释，确立了行政诉讼审判不适用调解、严格立案审查的审理方式，为1990年正式实施行政诉讼法积累了审判经验。

R区法院是1987年开始依据司法解释进行行政审判试点。当时在1986年底得到S省法院转发的最高法指示"在有条件的基层法院筹建行政审判庭"的通知。于是很快就在民庭办公场所隔了一间单独成了行政审判庭的办公场所。在1983~1989年，全国行政案件主要是治安行政案件和经济行政案件。尽管当时已有不少单行法律规定了可以提起诉讼的经济行政案件，但在R区几乎没有人起诉。因此，R区法院并没有将经济行政案件从民事诉讼案卷编号里单列出来，只是将治安行政案件单独分出来依照行政诉讼司法解释进行

---

① 布迪厄：《法律的力量：迈向场域的社会学》，强世功译，载《北大法律评论》第2卷第2期，法律出版社，1999。
② 《全国人民代表大会和地方各级人民代表大会选举法》第25条规定："对于公布选民名单有不同意见的，可以向选举委员会提出申诉。选举委员会对申诉意见，应当在三日内作出处理决定。申诉人如果对处理决定不服，可以向人民法院起诉，人民法院的判决为最后决定。"

审理。从 1987~1989 年该法院审理行政案件援引的依据来看,《人民法院审理治安行政案件具体应用法律的若干问题的暂行规定》援引的频率高,当时办案人员在开工作汇报会时评价说"别看其字数不多,就几条,足以解决拿来就可用的问题"。由此可见,是司法解释直接指导了 R 区法院行政审判经验的初步创立。

(2) 通过司法解释确立审判制度(1990~1999)

1990 年行政诉讼法颁布实施后,最高人民法院响应国家政策号召,在调查总结的基础上,在 1991 年印发了《关于贯彻执行〈中华人民共和国行政诉讼法〉若干问题的意见(试行)》,并在其印发通知中提到,在试行中"有何意见和问题,请及时报告我院"。这一解释在被废止之前一直是各级法院行政审判依据的核心内容。R 区行政审判庭人员据此通过各种请示、报告等加强了在上级法院指导下对立法条文等的理解和应用,同时也形成了案件一审过程中,甚至是立案之前就向上级法院请示的司法惯例。

随后最高人民法院还发布了涉及受案范围的其他文件共计近 20 多件[1],使得基层法院逐步通过学习适用司法文件明确了受案范围和审判法律适用。1995 年国家赔偿法颁布以后,1996 年、1997 年最高人民法院先后出台了《关于人民法院执行〈中华人民共和国国家赔偿法〉几个问题的解释》和《关于审理行政赔偿案件若干问题的规定》等司法解释,以及通知、批复答复等 39 件,确定了赔偿案件的受案范围。R 区法院根据这些文件规定,在 R 区开展法制宣传,扩大了法律在该区的影响。

《最高人民法院关于人民法院立案工作的暂行规定》的出台,确立了"立审分离"的原则,R 区法院在内部改变行政庭收起诉材料的分工,尝试进行立案庭收案行政庭审查,并在日后形成了法院内部分工机制。

---

[1] 在《国家法规数据库》以 1990 年 1 月 1 日至 1999 年 12 月 31 日为起止进行搜索:最高人民法院所颁布的有关行政诉讼的司法解释、批复、答复、通知中,综合类的为 4 件,涉及受案范围的为 20 件,涉及管辖的为 5 件,涉及诉讼参加人的为 5 件,涉及证据的为 4 件,涉及起诉与受理的为 15 件,涉及审理与判决的是 18 件,涉及法律适用的为 30 件,涉及国家赔偿的为 39 件,涉及执行的为 7 件,参见李大勇《最高人民法院行政诉讼司法政策之演变》,《国家检察官学院学报》2015 年第 5 期。

为了强化司法解释等文件的推行，解决审判实践问题，最高人民法院还先后在1990、1993、1999年分别召开了全国法院行政审判会议，在1995年举行了行政诉讼法实施五周年座谈会。根据会议的讲话精神和总结，地方各级人民法院在行政审判工作中进行了统一思想认识的学习，为全国基层法院在审判工作中维护法制统一起到了示范作用。R区法院也在学习过程中缩小与全国的差距。

在司法解释的直接指导下，R区法院在1989年行政诉讼法实施的最初10年中走进社区、村组进行法制宣传教育，给行政机关举办培训班、专题授课讲解行政诉讼法知识和典型案例，提升该区官民对行政诉讼的认知，使得该区行政诉讼量开始逐年增加，出现了公安扣押财产、劳动教养、工商、卫生、交管、医药等多种类型案件，积累了较多的审判实践经验。尽管在实践中"强调整体性国家利益的至上性与绝对性"[1]"通过汇报请示等各种途径，向领导机关和领导同志宣传行政诉讼法，以取得党委、人大、政府的支持和配合""使行政审判工作真正为治理整顿和国家的稳定服务"，[2]通过诉讼协调法院与行政机关的关系，但还是基本确立了适合该区行政案件处理的审判制度。

(3) 通过司法解释发展审判制度 (2000~2014)

①通过司法解释完善了立法补充

2000年立法法制定以后，最高人民法院紧跟国家政策和立法趋势，先后制定了一系列重要司法解释对行政立法进行诉讼案件处理方面的补充，不断扩大行政诉讼受案范围，比如《关于审理反倾销行政案件应用法律若干问题的规定》(2002)、《关于审理反补贴行政案件应用法律若干问题的规定》(2002)、《最高人民法院关于审理行政许可案件若干问题的规定》(2009)、《最高人民法院关于审理政府信息公开行政案件若干问题的规定》(2011)等都及时地对基层实践在相关新法颁布后出现的新情况进行了规范。R区法院行政案件的审理也随后体现了这些司法解释适用的效果。避免了"行政争议往往同改革中出现的新问题交织在一起，呈现出复杂化的趋势，行政审判的

---

[1] 喻中：《从立法中心主义转向司法中心主义》，《法商研究》2008年第1期。
[2] 《坚决贯彻执行行政诉讼法努力开创行政审判工作的新局面》，《人民司法》1990年第9期。

难度加大,行政许可、行政征收、行政强制、行政程序等方面的立法滞后于形势发展的要求,使得法院在司法审查和作出裁判时缺乏必要的法律依据;法律规范冲突方面的问题还比较突出"[①]的问题。

②通过司法解释推动行政审判工作开展

从2000年《关于执行〈中华人民共和国行政诉讼法〉若干问题的解释》出台开始,最高人民法院发布了一系列对行政审判制度发展有重要推动作用的司法解释,如《关于民事、行政诉讼中司法赔偿若干问题的解释》(2000)、《关于行政诉讼证据若干问题的规定》(2002)、《关于规范行政案件案由的通知》(2004)、《关于行政案件管辖若干问题的规定》(2007)、《关于行政诉讼撤诉若干问题的规定》(2007)、《关于建立和完善执行联动机制若干问题的意见》(2010)等,通过这些文件,R区法院在实践中完善了行政诉讼案件证据审查、调解、管辖、执行等系列制度,使审判操作依据和经验越来越丰富。

③通过司法解释传导审判理念

1999~2001年连续三年的最高人民法院工作报告中强调了公正意识和效率意识,在随后执行诉讼法的解释以及证据等方面的解释就突出了程序正当、保障实体公正、提高效率的指导思想。2003年最高人民法院提出了"司法为民"工作宗旨,在当年召开的审判座谈会上围绕"学好理论、践行主题、司法为民"进行了探讨。经2005年提出"公正司法、一心为民"工作方针后,最高法于2007年发布《关于为构建社会主义和谐社会提供司法保障的若干意见》,提出"坚持能调则调、当判则判、调判结合、案结事了原则""探索行政诉讼和解制度",强调审判方式的多元化和纠纷解决的实质化。2009年制定了《关于进一步加强司法便民工作的若干意见》,再次确立行政审判的群众工作路线。R区法院在学习运用这些司法文件过程中,形成了与当地发展相适应的协调案件解决机制,使行政审判获得政治认同的同时争取民众认同。

(4)通过司法解释创新审判制度(2015~2016)

2015年新行政诉讼法实施后,最高人民法院《关于人民法院推行立案登

[①] 李国光:《在纪念〈中华人民共和国行政诉讼法〉实施十周年座谈会上的讲话》,载李国光主编《行政执法与行政审判参考》(总第1辑),法律出版社,2000。

记制改革的意见》《关于适用〈中华人民共和国行政诉讼法〉若干问题的解释》《关于行政诉讼应诉若干问题的通知》《关于审理民事、行政诉讼中司法赔偿案件适用法律若干问题的解释》先后发布,为立案登记制度、集中管辖、跨区域管辖制度创新做出了指导,R区法院在行政诉讼审判过程中进入了新的进程。

2. 管理考核政策变化影响司法数据

章志远教授认为司法政策是司法机关为解决一定历史时期司法活动中所面临的问题而制定的各种行动准则,[①] 法院内部的层级管理文件也是一种司法政策,同样其变化会直接影响行政诉讼数据的统计。

(1) 上下级法院业务考核变化影响判决率

根据《法院组织法》第17条,下级法院的审判业务受上级监督。2010年12月最高人民法院印发《关于规范上下级人民法院审判业务关系的若干意见》的通知,规定"上级人民法院监督指导下级人民法院的审判业务工作"。"中级人民法院通过审理案件、总结审判经验、组织法官培训等形式,对基层人民法院的审判业务工作进行指导。"T市中院对上诉案件的审理直接影响R区法院一审的考核,在2011年绩效考核正式实施前,R区法院并没有严格进行考核,后来严格进行考核后T市法院对上诉的处理结果直接影响办案法官待遇。由于撤诉的案件不能上诉,为了避免上诉的发生,又由于考核中撤诉率高得分越高,R区法院就采取多做工作让原告撤诉,减少判决率。到2015年新行政诉讼法实施,多判决又可以多得分,而上级法院的改判、发回重审影响减小,R区法院的行政判决率又提高了。

(2) 法院内部"立、审"管理变化影响立案率

在R区法院行政立案审查的分工中,立案庭的工作人员负责查看诉讼材料完整等形式审查,而案件本身是否符合行政诉讼受案范围等实质审查是转交行政审判庭工作人员完成的。在R区法院,立案庭只负责收材料、编案号,至于是否应该立案以及实际能否立案都是行政审判庭负责出决定。在1997年4月《关于人民法院立案工作的暂行规定》要求"立审分离"之前,R区法院就开始在程序上"立审分工"衔接:为了立案质量的提升,采取了审判人

---

① 章志远:《我国司法政策变迁与行政诉讼法学的新课题》,《浙江学刊》2009年第5期。

员实质审查，而立案庭负责材料形式和费用收取的变通操作方式。后来为了多收案件，直接由立案庭收案、立案。2003年最高人民法院提出"严把立案关""无明确法律规定法院受理的案件，一般不受理""依法属于法院受理的""敏感案件慎重受理"，[①] R区法院又采取立案庭收案、行政审判庭严格审查的方式使得立案的数量减少。到了2006年S省高院传达最高法多立案的要求，R区法院在完成T市中院定任务的基础上立案量破百。2015年立案登记制度全面实施又产生案件的剧增效应。这都印证了上级法院对"立、审"管理变化影响了R区法院的立案率。

（3）法院绩效考核管理变化影响统计数据

司法统计的自上而下的增长要求使得数据出现了运作的"摇摆"，而绩效考核的实施又使得诉讼数据出现了变化。R区法院内部绩效考核制度在2009年推行后，案件的数量、结案率等成为主要考核指标，共同诉讼、集团诉讼的分案编号直接导致R区法院案件数量变化。在2007~2009年，涉诉涉访各种"维稳"考核下，法院面临来自国家层面导向下诉讼原告实施的压力。2011年2月最高法提出上级法院对下级监督和风险评估机制考核[②]后，绩效考核又给法官带来了许多办案业务外的压力。R区许多涉众行政争议，法律关系多元复杂。以前在案件数量少的情况下，法官还会对这一些案件进行一点力所能及的协调，以促成解决。可是案件多的时候，就尽量不立案。这又减少了案件的数量。

在2000年以前，R区法院行政诉讼的司法统计数据全靠人工手写统计汇总，往上级法院层层报送。司法数据的统计并没有成为法院上下级考核的任务。2000~2004年，R区法院开始用法院的内部老系统进行案件数据登记并将案件主要法律文书录入电脑。从此，诉讼材料上网成为考核的内容。2005年后全面启用法院审判管理系统录入案件信息，案件的查询和司法统计都通过网络办公完成，从立案到执行都能全部查询。2014年底开始R区法院实行裁判文书上网公开的考核。2016年又进行了系统更新，使得案号的编辑与分

[①] 参见沈德咏《坚持改革创新规范立案职能努力开创立案工作新局面》，《人民法院报》2003年2月22日，第1版。

[②] 参见2011年2月15日《最高人民法院关于新形势下进一步加强人民法院基层基础设施的若干意见》规定。

类相关联，统计更加便捷。网络智能办公及其相关考核带来了R区法院行政诉讼数据统计方法的变化。

法院内部工作量计算的政策变化造成内部计算工作量的案件统计数量异于司法统计数据。比如R区法院2012年收案看似很多，其实按照档案记载的法院内部折算方式，欧某等53人涉及的212件合并成基数4件再乘以不超过2倍的系数，即8件，再将99件分案编号但合并审理的赔偿案件进行折算后为53件，再加上其单独的案件，在R区法院当年年底的工作量记录的档案中，该年办理的案件以68件为计算基数，相比以前，增长并不多。但是从立案编号和向上级法院报送的统计数据来看，2012年出现了诉讼数量的"大爆发"。T市中院行政审判庭和R区法院领导为了鼓动"士气"，也就将该年行政审判工作作为典型写进当年的T市行政审判工作总结和向R区人大做的报告中。

3. 司法改革政策变化带来发展机遇

1999年开始启动司法改革时，正值R区行政诉讼普遍得到民众认可，经过前三次的改革后第四次司法改革强调司法职业的专业化。法官员额制为R区法院带来审判专业化，集中管辖试点经最高人民法院批准后，R区法院将是T市集中管辖行政案件的首选基层法院。只是由于T市法院院长于2015年底新换，考虑R区法院案件总量太多，可能重新报请其他法院集中管辖，R区法院也有不再审判行政案件的可能。正如杰弗瑞·A. 西格尔等人指出的那样，司法改革政策是一个在各种不同诉因（cause of action）中的选择，且该选择对受制于政策制定者权威的人具有约束力，更为准确地表述是政策制定者富有权威性地分配资源。[①]

（三）基层法院审判操作的变化影响诉讼结果

法律制度的设计，不仅在于一种刚性规则的建立，还在于一种方向理念的引领。这种方向理念的引领应当与现实的需求相呼应，并且基于现实而内生会有更深的天然逻辑联系。国家法律制度在基层的实施，需要有配套的培

---

① 〔美〕杰弗瑞·A. 西格尔、〔美〕哈罗德·J. 斯皮斯、〔美〕莎拉·C. 蓓娜莎：《美国司法体系中的最高法院》，刘哲玮、杨微波译，北京大学出版社，2011，第2页。

植措施，才能被基层接受，融入当地民众社会生活得到发展，否则在基层问题的解决方面就很难产生作用而被实践排斥，成为仅仅是"文本中的规定"，产生不了实践行动的指引作用。

比如，1989年《行政诉讼法》第50条规定"人民法院审理行政案件，不适用调解"，但是司法解释从赔偿案件适用调解扩大到撤诉的普遍协调，只是换了一种文字的表述，实际已经肯定了实践的实际做法，让第50条仅仅成为"文本中的规定"。2014年行政诉讼法吸取实践经验，第60条将其明确规定为："人民法院审理行政案件，不适用调解，但是行政赔偿、补偿以及行政机关行使法律、法规规定的自由裁量权的案件可以调解。调解应当遵循自愿、合法原则，不得损害国家利益、社会公共利益和他人合法权益。"该条明确了调解适用的原则和范围以及禁止性规定。符合法律规定的行政案件可以公开在实践中进行调解，不需要再打擦边球成为"协调"。

从理论推导来看调解结案的数量应该增加，但是R区法院2015年、2016年通过行政调解结案的撤诉案件比例明显降低了，以行政诉讼调解书结案的案件也没有出现，反而是立法规定不能适用调解时调解撤诉率更高。两部法律文本规定的应然效果与实然效果都产生了误差，是什么因素的介入产生了更为明显的作用？这是学术研究需要从实践出发才能解答的真问题。如果文本本身没有会导致实然背离的逻辑矛盾，那么问题可能就产生于法律适用的地域差异和法律实践操作的变化。再好的法律制度也需要人来执行，考察R区法院30年的行政审判操作实践应该可以找到误差产生的原因。

随着不同时期适用不同的诉讼法程序，R区行政审判实践的风格有所不同。从最初只有一位庭长办案，需借民庭审判人员才能组成合议庭，到如今三位入额法官（包括一正一副两位庭长）、两位审判辅助人员（原助理审判员）、一个专职书记员，审判队伍得到了扩充，行政案件的处理方式也有了很多改变。

1. 1987~1989年审判实践及其解决争议效果

R区行政审判实践始于1987年，最初办案人员林庭长从民庭抽调。虽然林庭长在1986年底就开始关注学习行政法律、法规和司法解释，但仍然采用民事案件审理的操作模式处理案件。当时国家没有单独行政诉讼立法，也就没有人将其看成独立的诉讼程序。虽然1982宪法恢复了1954年宪法关于行政诉讼的原则规定，但仍然只是在当年颁布的民事诉讼法（试行）中的一款适用民事诉讼法的规定。① 尽管 1986 年最高人民法院颁布了一些司法解释，如《人民法院审理治安行政案件具体应用法律的若干问题的暂行规定》等，在 1987 年实际审理的过程中，林庭长还是按照民事案件的审判程序，和民庭的两位审判人员一起组成了合议庭，开庭审理了该院受理的 4 个治安案件，从庭审笔录来看也并没有过多涉及被告举证责任担当问题，而是双方依次说完自己的意见，从合议庭合议笔录来看，都是林庭长依照之前的阅卷笔录和审理报告的结论说出意见后，其他两位审判人员均无异议。在开庭当天就采用判决的方式进行案件处理结果的公布，均是维持被告的行政行为。只有一个案件的原告当庭表示上诉，后二审维持原判后也就息诉了，没有再找过法院以及被告公安机关，同时也没有去信访过。

在林庭长看来，虽然当时是按照民事诉讼程序审理，但是司法解释规定行政案件审理不适用调解，② 因此在他承办行政案件的 3 年里严格依照规定对案件没有进行调解，除了 2 件不受理、1 件不交费按撤诉处理，立了案的 6 件都是判决原告败诉结案，只 1 件上诉，某种层次上来看，说明名当时大多数原告还是服判的。

从 6 个开庭审理案件档案的阅卷笔录、审理报告、合议笔录以及当庭宣判的判决内容可以看出：实际在还没有开庭之前，案件的承办人林庭长已经从书面审理过程中对案件做出了定论。开庭也就是让双方说出各自意见，将程序走完，印证承办人的定论而已。这 6 个案件中没有一个案件是上了审委会讨论或者是由法院主管的副院长做过请示、批示。而唯一通过审判委员简单讨论的一起案件是不受理的一起拆迁案件。这起案件的处理是承办的 9 起案件中涉及被告级别最高的（为市政府）。这种采用民事程序审理方式，在庭审举证方面没有更多地突出被告举证责任的担当，主要主持双方在庭审现场说出各自意见，这其实类似协调的过程，而采用判决的结果来结案，可以看

---

① 1982 年 3 月 8 日通过的《民事诉讼法（试行）》在第 3 条第 2 款规定："法律规定由人民法院审理的行政案件，适用本法规定。"
② 如 1985 年最高人民法院颁布的《关于人民法院审理经济行政案件不应进行调解的通知》；1987 年最高人民法院颁布的《关于审理经济纠纷案件具体适用〈民事诉讼法（试行）〉的若干问题的解答》再次进行了重申。

作民事诉讼审理程序的转换适用。在当时没有独立程序制度的情况下,基层法院实践尚在萌芽阶段,为后续独立诉讼制度的开启奠定了基础。

2. 1990~2014年行政审判实践及其解决争议效果

1989年行政诉讼法颁布以后,R区法院于1990年初正式将行政审判庭进行独立设置,组成人员为庭长、一位审判人员(合议庭由一名是民庭法官挂名)、一名专职书记员,后在2000年时增加了一名审判人员编制,即为庭长、两位审判人员、一名专职书记员,组成了完整的合议庭。在25年期间有三任庭长:王庭长(1990~1995)、胡庭长(1996~1999)、李庭长(2000~2014)。

①1990~1999年的情况

在1990~1999年,R区行政审判庭的任务除了审判案件还要进行法制宣传。在提升行政机关应诉认知方面采取了以下举措。

主动到行政执法机关召开座谈、联席会,了解行政机关的工作特点,了解行政管理的法律需求帮助行政机关整理行政法律规范;通过培训班、讲座、讲课,向行政公务人员讲解诉讼知识。函送当年的行政审判司法解释文件以及典型案例,让行政机关公务人员了解行政诉讼的积极作用和受案变化等;向行政机关提供法律咨询和司法建议。为了对行政执法活动给予必要的帮助,还常应邀到行政执法现场进行法制宣传教育劝导工作,支持行政合法行为。据年鉴材料记载:1994年R区法院协助技术监督、卫生、交通、劳动、拆迁安置、水电等执法部门现场执法,排除大量干扰障碍。协助金台、华风、新建等乡镇政府催收少数农民拖欠1990年以来的农业税提留款,协助T市技术监督局查处并依法执行重庆海庆实业总公司T市分公司销售不合格钢材案。[①]1999年R区法院除认真审理行政诉讼案件外,还注意开展行政诉讼法律法规宣传工作,派出宣传车下乡巡回宣传,邀请区属各行政执法部门进行座谈征求意见,派人到环保、稽征、港务、卫生等部门走访帮助其规范执法行为和行政法律文书。对非诉案件认真审查行政法律文书的合法性、有效性,使该执行的及时受案执行。仅区稽征处非诉执行案就收回各种车辆欠款20多

---

① 参见《1995R区年鉴》,S辞书出版社,1997,第114页。

万元。①

法院的以上活动得到了该区行政机关的认可。1995年开始陆续有行政机关公务人员在进行行政管理活动中，向行政相对人提及"可以去法院起诉"等，在送达给相对人的具体行政行为法律文书上也会附上"可以起诉"的程序告知事项。由此，也在一定程度上达到了给相对人行政诉讼普法的效用。

在提升公民诉讼认知方面取了以下行动。

派人随市司法局、区司法所组织的"二五"（1991～1995）普法活动走进社区、村组进行法制宣传教育，讲解行政诉讼法知识和典型案例，主动帮助有困难的行政相对人，尤其是行政诉讼费用尽量进行减免。在不确定该如何处理的情况下，为了解决纠纷采用调解的方式，甚至更像人民调解员，即使对不予立案的案件也帮助协调处理。从道义上解决诉讼，而不是从法理上进行审判。这是根据民情进行的过渡，完成法制逐渐融合人情道义，产生消解争议的作用，让民众实实在在体验到"法不外乎人情"，在帮助处于弱势地位的行政相对人的同时也维护行政机关合法权威，从而使民众接受法律、自觉用法。法院的宣传使得起诉的案件逐渐增加，出现了公安扣押财产、劳动教养、工商、卫生、交管、医药等新型的行政诉讼。

然而在当时以"政府官员为大"的环境中，行政机关是不能败诉的。在当时R区"熟人社会"的人情道义观念下，法官有同为国家机关公务员的身份认同感，同样有管理者思维的责任心，会跟行政机关一样：先从行政行为中相对人有何法律责任的角度去审查案件，而不是把重心放在审查行政行为本身在实体和程序上是否合法。因而，有时开庭之前就出现了法院为了给行政机关面子，顾虑与政府官员的关系维护，主动与行政机关沟通的情况。开庭之时就出现一种现象：被告与法院一起审原告。审判主题变成了"原告你有何法律责任，为何不服从行政管理"，并不是"原告你为何起诉""被告你的行为是否合法，为什么"。在这种类似刑事审判模式的影响下，原告很难赢，传到民众那里就变成法院与行政机关官官相护，来法院告行政机关的还是不多。

---

① 参见《2001R区年鉴》，S辞书出版社，2003，第119页。

在这种情况下，法官们觉得行政审判经验积累不足，加上法律本身从抽象文本到基层实践需要许多相关知识辅助才能落地，R 区审判人员常常外出参加专题学习班、专业培训，不断提升审判业务能力。

②2000~2014 年情况

2000 年《关于执行〈中华人民共和国行政诉讼法〉若干问题的解释》出台，明确释放出扩大行政诉讼范围的信号。此时李庭长任职，加上两位助理审判人员以及一名专职书记员组成行政审判庭，继续进行案件审理，并努力协调与行政机关的关系，解决行政争议。在初期案件不多时，继续传承"多立案，照顾被告不败诉'面子'但力求解决问题"的 R 区法院行政审判风格。这在 2005 年以前该院行政审判总结中有所体现：

> 2001 年行政审理中既维护行政执法机关的权威支持其正确执法，也依法保护行政相对人的合法权益纠正不规范的行政行为；同时开展各类延伸服务，开展法制法律咨询，帮助行为执法机关规范行政执法程序、文书的做出等行为。2003 年为支持政府依法行政，与计生局在芦溪镇展开征收（执行）社会抚养费试点工作；在瀿溪镇开展专项执行工作。运用审理执行职能，在 20 多天时间里为政府收取社会抚养费 45 多万元，收到较好的法律效果和社会效果。审判监督工作中，严肃执法和严格执法，对错误的判决坚决纠正，切实维护了当事人的合法权益，保证法律实施的严肃性。2005 年共支持和监督行政机关依法行政；为党政机关依法当好参谋，适时提出司法建议；即时纠正违法行政行为，保护公民、法人或者其他组织的合法权益。

由此可见，2005 年 R 区法院开始从维护行政机关合法行为逐渐转向保护相对人合法权益的审判方式。2006 年开始响应最高法"大调解""维护稳定""创建和谐社会"的政策号召，审判方式转向注重协调结案，做工作劝说原告撤诉，以少判多撤诉为工作导向。这在 2006 年以后的审判工作中有体现：

> 2007 年依法审查行政机关行政行为的合法性，审结土地审批、土地

征用、城乡建设和资源配置、区域性产权交易市场改革等行政争议案件，以案件的协调处理支持城乡统筹发展。针对案件审理发现的问题，及时向有关单位提出司法建议并被采纳，帮助堵塞管理漏洞。市工商局根据法院司法建议及时防止一批劣质柴油流入市场。2008年坚持保护合法权益，促进依法行政，切实加强对涉及城市建设、社会治安、社会保障、自然资源和环境保护等行政案件的审理，妥善审结行政争议。围绕和谐政务探索行政案件处理新机制，强化行政诉讼和解工作，和解结案行政案件比例高，原告撤诉"案结事了"。保障国家法律实施，维护行政机关执法权威。积极推进依法行政，与行政机关保持工作联系，23次指导、帮助行政机关改进工作，提高行政执法水平，积极推动行政机关负责人出庭应诉，增强行政首长依法行政意识，撰写专题调研文章，加强行政审判和依法行政的理论实务研讨。2009年努力通过案外协调和解了结行政争议。积极服务项目建设，6次组织法官深入漾华工业集中区、南门坝社区，开展征地拆迁法制宣传，配合政府化解重点工程建设中的征地补偿、拆迁安置等群体性行政争议。

2010年由于T市政法委牵头T市中院，以R区为试点开展行政诉讼的诉前调解工作，并给R区行政审判庭下了任务。R区行政审判庭进一步强化了案件的协调处理力度，在审判工作总结中突出进行强调：

> 2010年积极通过案外协调的方式化解"官民"矛盾，典型案件被《T日报》、S法制网等媒体广泛报道。开展"百项司法建议"活动，及时调研分析行政执法存在的问题，主动向政府及相关部门提出司法建议14项，帮助行政机关提升执法水平。2011年大力促进行政争议协调解决，成功协调处理团结宾馆不服市人社局工伤认定等行政案件，产生良好的社会效应。在维护合法行政行为、纠正违法行政行为的同时，建议行政机关完善、变更行政决定或者补偿行政相对人损失等。2012年对群体性行政争议耐心疏导解释，促成大多数居民撤回起诉，没有激化矛盾和引发社会不稳定。2014年依法保障相对人合法权益，依法监督行政机关合法行政，注重案件审理的协调，将社会意见融入裁判活动，支持下

中坝拆迁工作，经过多方协调让被拆迁人主动搬迁，在多次劝说无果的情况下组织了拆迁，保障下中坝建设顺利推进。

在以上工作总结中可以看出，随着R区法院行政审判的工作不断推进，协调比判决更加受到重视，对该区行政案件处理的影响较大。从2003年开始在R区法院内部工作量计算的指标上，将行政案件的协调工作计入案件量增加系数比，比如在2003年，一件行政案件协调结案就增加为1.1件，该系数比逐渐增加，到2008年增加到1.3。一直维持到2015年才进行了相应改变，转向以判决结案增加相应系数比，2016年实施法官员额制后不再计算系数比。因此，协调工作的开展使得案件的撤诉率高而判决率低，并且采用判决结案的案件中判决原告败诉的多。为了争取法院内部的救济以及对上级法院的期待，这部分案件的原告不服判决提起上诉的比例大。

在这十年期间，随着法律规范文件越来越多，起诉案件数量增多，种类增多，法律关系也变得复杂，难办的案件越来越多，R区形成了行政审判的独特操作惯例：对于涉及国家安全和地方治理的案件，无论是立案还是审判都先在法院内部进行个人汇报，审判庭讨论，审委会决定，仍得不到解决就向上级（包括法院、政府）请示。虽然这种案件并非年年都有，但还是形成了操作套路：涉及法律解释和适用问题的书面请示，其他通过当面汇报、电话等口头请示；估计会上诉的案件得先向T市中院汇报请示进行"预告"沟通；涉众、涉及当地政府大事的案件，由于法院无法解决，收案后立案前就向政府请示，并指出其中的法律问题，提请政府出面处理。这种案件经常出现在政府进行大型建设或者"专项治理"之后，尤其在2005~2012年严抓涉诉涉访风险评估和考核时操作相对较多。这种请示就使得案件承办人实际对某些承办案件没有决定权，引发了较高的上诉率，又是极低或者仅为零的改判率，也避免了在判决做出后会与被告进行对抗的执行问题。

3. 2015~2016年行政审判实践及其解决争议效果

新行政诉讼法实施后，R区全面实行立案登记制度。2016年R区法院实行法官员额制以后，是否立案由承办法官自己决定，自己承担责任，实在觉得是疑难案件可以提交审委会讨论，咨询上级法院或者提请上级法院管辖。案件数量计件对入额法官待遇基本不影响。立案登记编案时严格按照一诉讼标的一案号,具体到个案中,就是只要是一个行政行为,不管当事人有多少,都立为一案。有当事人先诉先立案后其他人再起诉时,都是视情况并案或者出具文书说明前案审判情况建议暂缓起诉或中止诉讼。这样案件在立案时已经进行了新旧诉讼、共同诉讼等的分类,案号减少案件数量也就减少,减少了审判人力的重复投入和诉讼材料的重复制作。

R区法院受访的现任审判人员都感觉2015~2016年,按照法律规则和司法解释,案件的处理规范多了,法官找到了是审判案件而不是调解员的角色定位,而且也吸收理论知识作为参考,甚至在有些案件中"理论批评什么,操作实践就尽量杜绝。法官回归到就诉讼材料判断法律问题,看起来是跟过去不一样了"。2015年开始没有正式就立案问题向政府写过书面请示,只是判案过程中写的司法建议增加了,并且在审判中突出对相对人合法权益的保障,这些在2015、2016年R区行政审判工作总结中得到体现:

> 2015年认真落实修改后的行政诉讼法,依法保障行政相对人合法权益,撤销或确认违法行政案件,促成相对人主动撤诉。监督支持行政机关依法行政,依法支持政府对土地集中收储、管理,依法审查区铁办拆迁申请,配合做好铁路拆迁户工作。向行政机关提出司法建议7项,均受到高度重视。扎实开展行政审判,积极助力法治政府建设。
>
> 2016年保护当事人正当诉权,依法监督行政行为,依法判决原告胜诉案件增多,维护行政相对人和利害关系人的合法权益,对行政机关认定事实清楚、证据充分、适用法律正确、程序合法的行政行为依法予以维持。依法促成行政案件原告与行政机关达成和解协议多件,确保行政争议得到有效解决。积极推动行政机关负责人行政诉讼出庭应诉,行政机关负责人行政诉讼出庭应诉率50%以上。建立与行政机关良性沟通机制,受邀到行政机关举行法治讲座11场次,针对在行政审判中发现的问题,向行政机关发出司法建议13份,得到市、区政府领导批示肯定。

由此可见,2015年新行政诉讼法实施后,R区行政审判的风格出现了转变。三位入额的法官都通过司法考试、具有正式大学本科学历。法官经过新法实施的行政培训,在实践操作中更倾向以审判方式结案。然而判决原告胜诉的概率还是低，这其中有以下三方面的原因。

其一，国家对行政机关的执法规范要求更严格，R区、T市的行政执法在法定程序履行上越来越完善。

其二，原告容易胜诉的案件量减少。市、区政府及其机关近几年网站建设发展很快，网络化办公方便，使服务质量提升，信息公开程度提高，申请信息公开的案件减少。加上经济下滑，房地产建设放缓，因为环保等部门严格执法，很多企业关闭，工伤发生的数量减少了，工伤认定的案件也在减少。

其三，原告的举证能力弱。原告期望再高的案件也受证据和法律约束，法院也很难满足其诉求。

在国家法律对行政机关约束越来越严格的趋势下，判决原告胜诉的案件会更增加。但胜诉了并不能完全解决问题，R区一起判决原告胜诉的不作为案件，法院与被告"周旋"了近两年，直到检察监督机关和人大监督机关都介入了才促使被告履行了职责，却又引发了原告要求1亿元的赔偿。被告履职查处的第三人提起行政诉讼状告当地政府等行政机关的系列诉讼，使更多诉讼解决不了的诸如政府招商引资的行政问题进入诉讼程序，R区法院陷入了更大的审判困境。行政诉讼化解行政争议的能力还需要提升，这是当下R区行政审判的客观事实。这对已起诉的原告本身是一种打击，对那些对行政诉讼怀有高期望的相对人也有降温作用，使其减少了诉讼选择意愿，转而采用其他方式进行维权。

另外，随着2016年S省律师收费指导价格大幅上涨，R区以及T市代理行政案件的律师大量增加。随着房产争议诉讼标金额的增大，行政诉讼代理的专业化趋势出现。一些新出现的行政案件，体现了公民权利保障向既定的行政模式挑战，诸如车检捆绑交罚款案的案件，复杂且涉及行政法理知识，很难用以往单独的法律关系去进行评断，这给法官判案带来了挑战和将理论紧密联系实际的机遇，需要法官提升理论积累来支撑实践的"衡平"操作。

（四）多元博弈导致实践变化呈现徘徊趋势

"天下熙熙，皆为利来"[①] 法律在某种程度上就是利益的分配规则。现代

[①] "天下熙熙，皆为利来；天下攘攘，皆为利往。"参见西汉司马迁《史记》的第129章"货殖列传"。

博弈理论为人们理解法律规则如何影响人的行为提供了非常深刻的洞察力。[①]博弈理论的引入，为观察法律实践在一定社会、政治、经济环境中的样态提供了一种观察视角。早在2003年罗豪才教授就撰文提出了从博弈论考察行政诉讼，指出："就行政诉讼过程而言，原告、被告以及其他诉讼参与人为了最大化自身利益，通常都会积极研究对策，预测对方的行为，并通过法律规则所提供的程序作出理性选择。理性的当事人在寻求博弈均衡的过程中有利于推动作为博弈规则的行政法制的平衡发展。不仅如此，它还有力地推动司法公正原则的全面实践，使得司法公正不限于停留在原则标准之上，而且还可以直接付诸实践。就此而言，将博弈论引进行政诉讼具有非常重要的意义，它有可能在司法审查过程中作为基础性机制而发挥传统诉讼机制所不可比拟的独特功能。"[②] 汪庆华教授也提出了从多中心主义司法解释行政诉讼实践。[③] 左卫民教授在阐述刑事诉讼制度的实践变迁时指出："变化并不完全源于国家宏观层面的统一部署实施，也不纯粹来自于立法机构或司法机构的独立行动或单线推进，而是多种主体的互动博弈与合力推动。"[④] 这同样也适用于分析行政诉讼实践。为了方便找寻和描述引发基层审判实践变化的主体及其行动的变化，本研究并不关注博弈在某个时期对基层行政审判中运用的细节，而是侧重从博弈变化特写来呈现年代变化的留影，以此找寻不同时间阶段数据背后诉讼实践徘徊的"前因后果"。

在R区法院行政案件的处理过程中，被告、原告（有时包括第三人）都在围绕诉讼标的，通过各种行动影响法院做出有利于己方的处理；法院也在围绕诉讼案件的处理对内将立案庭、执行庭的分工进一步明确，并与上级法院的沟通；对外与原告交流，与被告协调等。在这样一个内外结合处理案件的过程中，根据不同案件的情况或多或少出现不同的交叉博弈。随着各方角力在不同社会时期和背景下的进退与衡平，行政审判实践处在徘徊的发展进程中。虽然到R区法院在处理行政案件过程中直接出现的主体主要是

---

① 〔美〕拜尔等：《法律的博弈分析》，严旭阳等译，法律出版社，1999，导论第1页。
② 罗豪才：《行政诉讼的一个新视角——如何将博弈论引进行政诉讼过程》，《法商研究》2003年第3期。
③ 汪庆华：《中国行政诉讼：多中心主义的司法》，《中外法学》2007年5期。
④ 左卫民：《刑事诉讼制度变迁的实践阐释》，《中国法学》2011年第2期。

当地原告、被告、法院,但从 R 区行政起诉的长期变化来看,同样受到了宏观层面的中央与地方、司法与行政博弈的影响,甚至还有立法与司法博弈的影响。

1. 中央与地方的博弈

中央将相当一部分权力下放,地方从而获得了一定的自主性,某种程度上的"联邦主义"已在中国形成。这种变化带来的后果一方面增强了地方的自主性,地方形成了强烈的发展动力;另一方面也使得权威开始从中央向地区或地方转移,地方分享了部分政治权力。[①] 这种前提下,中央又有监督地方政治权力使用统一于中央的必要。在 R 区 2000 年以前"熟人社会"尚未解体之前,中央以国家的名义通过普法宣传等向公民传导法律规则,推行法律规则调整地方官民关系,改变地方公民对法律的认知,鼓励公民以法定的权利去监督地方行政的合法合规执行情况,从而达到了促进地方行政与中央要求统一的目的。然而地方 T 市政府、R 区政府及其部门通过变通贯彻法律的方式达到地方行政治理目标,让公民产生了"法律也是维护'官威'的一种工具"的理解误差,排斥自上而下贯彻的法律规则,仍然沿用当地的"人情""关系"来解决问题,极少选择行政诉讼,从而使法律出现了在实践中的形式"装点"而实际约束失效的现象。

2000 年后随着城镇化进程,R 区"熟人社会"逐渐解体,国家普法才在一定程度上逐渐替代了当地的"人情""关系"来调整地方官民关系。公民行政诉讼的认知提升,到法院起诉的行政案件增多,但是地方政府利用自己对 R 区法院人、财、物的控制权,使得 R 区法院在处理行政争议的过程中大量采用协调结案而减少了法律的刚性适用,减弱了法律对当地社会生活的影响。

直到 2015 年新行政诉讼法实施,与之配套改革的法院人、财、物统归到省级法院管辖,地方政府对 R 区行政审判的影响才开始有所转变,适用法律判决结案的案件增多,但是又出现了判后被告因其行政职权无法替代而"走形式"拒绝履行判决的现象,使得法院陷入执行困境而谨慎适用该类判决,影响了法律在当地行政争议处理中的适用。

[①] 参见王绍光、胡鞍钢《中国政府汲取能力的下降及其后果》,《二十一世纪》1994 年第 1 期。

由此可见，中央与地方的博弈对 R 区的行政诉讼实践造成了很大程度的影响，进而导致公民选择行政诉讼解决争议的意愿依然未有效提升，公民作为相对人在 R 区行政诉讼的演绎中根本无法与被告抗衡。

2. 立法与司法的博弈

韦伯指出，从来没有任何支配关系自动将其延续的基础，限制在物质、情感和理想的动机之上。每个支配系统都企图培养与开发其"正当性"。[①] 相应的立法实际也是受到行政影响为行政运行提供正当性支持，寻求政治合法性的新基础成为过去多年中国改革的主题之一。[②] 依据行政管理的需要或者是国家层面的调整而改变立法的内容，也是立法会出现的情况。比如交通事故责任认定案件由于全国人大常委会的解释而从行政诉讼领域消失，公证案件因公证法的颁布而不能纳入行政诉讼范围等，这些都是立法对司法的限制。然而 2014 年行政诉讼法的颁布，从很大程度上显示了来自国家层面立法对司法的支持。然而行政主体也有立法权，而且有更广的执法权，这在一定程度上会影响立法的权衡。R 区法院所管辖的涉及 T 市行政机关的案件，就涉及 T 市作为 2015 年获得新立法权颁布的法规尽量支持 T 市机关而更多约束公民权利而引发的争议。法院对地方法规无司法审查权也就无法全面处理此案而采取协调处理。

---

① 〔德〕马克斯·韦伯：《经济与历史·支配的类型》，康乐等译，广西师范大学出版社，2004，第 299 页。
② 郑永年：《全球化与中国国家转型》，郁建兴等译，浙江人民出版社，2009，第 56 页。

第四章 R区行政诉讼率变迁启示

在对R区行政诉讼率变迁进行现象描述和原因分析后，本章将要对相应现象和解释进行总结和提炼。在对R区行政诉讼率变化进行学理评价的基础上，提炼出30年基层实践变化对相关学术研究带来的理论启示，再针对当前R区行政诉讼率增势下产生的新法实施问题、应用启示去探寻司法改革背景下基层行政诉讼实践完善的一些路径。

一 R区行政诉讼率变化的评价

从1987~2016年，R区行政诉讼量从无到有到徘徊渐增再到快速增加又回落，走过了整整30年的时间。这30年的行政诉讼实践中，经历了三部诉讼法律制度的实施，受到了地方经济发展变化带来的影响，见证了行政法治从启蒙到高度发展的变迁。然而，即使历经30年的实践成长，行政诉讼也是R区行政争议解决路径中的一种。其在多元主体践行中产生了行政争议解决效能的变化，并且这种变化在聚合多因多果的现象下还在持续发生，是一种值得学术进行深究和探讨的社会实践问题。

（一）反映基层诉讼解决争议的效能变化

在R区传统解决争议的路径中，诉讼并非首选，确切来说在二十世纪八九十年代的熟人社会中，"人情""关系"主导下实际还有过"厌讼"的时期。随着地方经济的发展和国家立法的推进，行政诉讼实践能在R区从无到有，自1987年开启，逐渐推进，从信访、复议、和解、协商等多种行政争议解决路径中，演变为一种刚性权威而被公民认可的法定路径。从多方面反映了争议主体的变化以及法院解决争议效能的演变。

1. 起诉量的变化反映出公民诉讼认知的变化

案件数量增加越多，行政诉讼率的增幅就越大。行政诉讼案件数量的累加，是一个又一个案件形成过程的累加。一个行政争议转化成行政诉讼的连接点在于原告起诉。因此起诉量的多少应该直接可以反映公民诉讼认知的变化。

在1987~1996年，尽管已经从民事诉讼程序过渡到独立的行政诉讼程序，R区公民仍在熟人社会的影响下对行政诉讼的认知水平有限，提起的行政诉讼少。在1997~2006年，随着R区地方经济发展以及城镇化进程的推进，R区的熟人社会逐渐解体，法律规则逐渐取代"人情""关系"成为调整社会关系的共同准则，公民对行政诉讼的认知得到提升，选择行政诉讼解决争议的意愿逐渐增强，提起行政诉讼的量逐渐增加，到了2006年破百。2007~2016年随着依法行政的逐步深入推进和网络媒体的普及，国家普法效果提升，R区初步形成了法治市民社会，公民对行政诉讼的认知得到较大增强，选择行政诉讼解决争议的行动较为积极，2014年行政诉讼法实施后提起行政诉讼的量出现了"爆发"后又回落平稳。R区行政起诉的量反映出了该区公民从排斥行政诉讼到接受再到应用的整个认知变化过程。

2. 案件类型的变化反映出行政机关执法的变化

一个行政诉讼案件被原告起诉到法院之前，实际其行政争议的类型已经有定论，也就是说行政案件的类型是在行政管理领域中形成的。统计R区1987~2016年行政诉讼案件，发现搜集到的共1477个案件中，有1468个案件的被告都是T市、R区政府部门及其派出机构，即行政机关。因而R区行政诉讼类型的变化反映的是行政机关行政执法的变化以及行政主体行政管理活动的变化。而行政机关的行政管理活动变化随着地方经济的发展而进行调整，同时随着国家依法行政的推进而产生行政执法规范的变化。

1987~1996年，基于法制的不完备，多种行政争议不能纳入诉讼处理，加上公民"不知""不敢"起诉，导致该阶段仅有治安案件作为行政起诉的典型种类，但数量也不多。

1997~2006年，随着国家各项改革的推进，R区经济急需城镇化建设带动起来的地产增值来缓冲。政府在进行国企改革整顿的同时逐渐加快了征地拆迁扩大城区建设的步伐，这不仅引发了相关国企改革系列问题的行政争议，城建类行政争议案件也开始增加。相应公安、城建、国企改革管理的行政起诉案件增加，反映出 R 区行政执法规范随着国家行政法制的建设处于初步发展阶段，执法人员将国家自上而下传导的依法行政作为一种理念引导而尚未完全付诸实践行动。

2007～2016 年，R 区进入了高速的地产经济发展时期，政府大量的征地拆迁等相关管理活动引发了城建、资源、治安等典型行政争议不断进入诉讼。虽然 R 区行政机关随着国家依法行政的深入推进和法治政府、服务政府的建设，不断提升行政执法规范水平，建立行政争议化解机制。

在 2014 年行政诉讼法实施后，行政起诉案件却出现了总量提升，案件类型比以往都多，几乎涵盖了行政执法的各个领域，尤其一些新类型如不作为、多阶段行政行为案件等的出现，又反映了新的执法问题。其一，综合执法效率低甚至出现执法"真空"。法治政府建设更上一个台阶后，规范文件越来越多。行政执法的话语权与执行权，人权与事权就分得越来越细，遇到需要综合处理的问题或者交叉衔接的领域，基层执法就出现了"都难依法定职责管"的执法"真空"问题。其二，行政管理人员与相对人缺乏有效沟通。现代智能办公大大提升了程序事项的处理效率的同时，基层公务员受到各项监督制约，缺乏履职互动的积极性。办理行政业务中只看材料不与相对人进行沟通，行政执法中只讲程序不顾虑相对人感受，导致本来可以"人性化"避免的争议或者可以化解的某些争议又"程序化"演变成诉讼案件。

3. 诉讼处理的变化反映法院解决争议能力的变化

当行政争议起诉到法院以后法院怎样处理案件变成诉讼的中心任务，行政诉讼率的层级变化就是对法院各个处理阶段的直接反应。法院在处理案件过程中受到立法变化、司法政策变化、实践主体多方影响，导致案件的处理结果各不相同，同时也使记载结果的数据产生了变化。R 区行政诉讼案件从起诉到上诉数据的层级变化，每一个环节都跟法院的操作息息相关。每一年的诉讼数据变化都是一个又一个案件处理结果变化的累积。

1987~2016年立案率、判决率、胜诉率、上诉率以及撤诉率的变化中，体现法院行政审判的变化，反映了法院解决行政争议的功能和效力的变化。

在1987~1996年，R区行政诉讼起诉量少，后来随着R区法院采取各种法制宣传对行政机关公务员和当地公民普及行政诉讼知识发生了一定效用，缓慢增加的案件在诉讼程序处理过程中，判决原告败诉率高、撤诉率高，反映出R区法院处理诉讼以维护行政机关执法权威为主的功能取向，以及采用类民事的调解和近刑事的审判来处理案件的风格。

在1997~2006年，随着R区国有企业改革以及城镇化进程的推进，提起行政诉讼的量逐渐增加，类型也在不断增加，立案率虽然高但判决原告的胜诉率仍没有明显增加，这反映出R区法院仍秉持依法维护合法行政行为的功能优先，兼具独特行政案件协调模式形成，原告撤诉率有了明显增长，说明R区法院的处理方式发挥了一定作用使"案结事了"。然而高裁判上诉率则在一定程度上反映了当事人不服判，裁判解决争议的能力有限。

在2007~2016年，随着R区房产经济的发展，城建类案件、工伤类案件等起诉量继续高增，其他类型案件也越来越多，案件中的法律关系也越来越复杂。在2006~2011年"大调解"的影响下，案件撤诉率继续保持较高比例而判决结案率未明显增加则反映出R区法院处理行政案件的方式和能力没有较大改变。2012年以后判决结案的比例上升，尤其是2015年以后全面实施立案登记制度，判决原告胜诉的比例增加，则反映出法院将诉讼功能转向保障相对人合法权益及监督行政机关依法行使职权方面。功能的转变并没有明显提升"案结事了"的能力，判决后出现的执行问题反映出R区法院从协调转向依法判决刚性处理方式效果的不足。在司法改革配套措施的推进下，R区法院化解行政争议的能力还有待进一步提升。

（二）印证多元实践主体成长

当前行政诉讼制度迎来了前所未有的变化。这变化来自国家层面的宏观部署以及地方各主体的互动博弈与合力推动。在R区行政诉讼实践的变化过程中无疑显现了博弈与合力的聚合，演绎着基层实践的发展进路，同时印证了多元诉讼实践主体的不断成长。行政诉讼实践主体会基于立场、资源、技术的不同，对实践的影响形式各有侧重。

1. 立法主体

尽管实践的蓝本呈现多样化，但最初都是出于对文本的执行。文本内容的变化将带来实践的变化。而文本变化虽然是立法过程中各方主体博弈的结果，但最终的主导权在立法主体的手中。因此，立法主体通过立法文本的变化必然影响实践的变化。从国家层面来看，全国人大自改革开放以来行政立法的质量不断提升并逐渐形成特色立法体系，从1989年行政诉讼法到2014年行政诉讼法内容的大修，带来了基层行政诉讼实践和法院功能的转变。从地方上来看，各级人大，到2015年后还包括T市人大不仅通过地方法规的制定支持行政诉讼，还可能由于在一定历史时期下，法院意见征求（比如立案请示等）直接影响一个诉讼案件是否可以开启行政审判实践。

2. 行政主体

行政主体不仅在诉讼实践中以被告的角色影响诉讼，而且其在诉讼产生之前，就是争议行为中规则的制定者和执行者。其制定的规则将是诉讼审查被诉行为的依据之一，其执行的过程是诉讼审理的标的，这都会直接影响诉讼实践。从1987年开始，T市、R区行政机关随着国家法制建设的进步，逐步提高依法行政的认知和行动能力，在行政应诉中总结经验教训，使行政执法越来越规范，取得了法治政府建设的成效。从以前对R区法院人、财、物的统管来实际形成对其产生审判压力到2016年实现人、财、物收归省法院统管后，两级行政机关对法院的制约能力减弱，在一定程度上带来了如今一些个案判决被告败诉的可能性增加。

3. 司法主体

法院通过各级机构对行政案件的审理成为诉讼实践的主导者。最高人民法院通过制定司法解释创设行政审判规则，通过典型案例规范标准，对R区法院30年的审判业务实践产生直接指导作用。S省法院、T市法院通过业务指导和考核管理产生法院内部机制的影响，使R区法院行政诉讼实践从民事审判模式转向独立行政诉讼审判模式。R区法院30年的行政审判实践也从20世纪维护当地行政机关合法行使职权的功能取向逐步转变到以保障相对人合法权益的功能为首要的取向，处理诉讼案件的方式也产生了从共同审判原告到替被告协调、为化解争议协调再到倾向依法判决结案的转变，体现了地方基层法院在行政审判实践中逐渐不受行政干扰依法独立断案的发展过程。

4. 民间主体

1987~2016年，R区民间主体（包括公民、法人和其他社会组织）在国家法律规则的不断变化和当地生活的影响下，随着R区的城镇化进程从熟人社会到市民社会，不断提升法律认知和适用水平，成为R区行政诉讼实践自下而上变化的推动者。其与行政机关以及法院的博弈和互动合力，不仅对当地自下而上的行政治理实践产生了影响，而且对R区行政诉讼实践变化产生了积极作用。

首先，作为原告的民间主体直接参与诉讼实践。行政争议中的相对人或者相关人，通过诉讼救济选择到法院起诉并参与诉讼。从20世纪被动接受审判而受制于行政机关，到近几年用自己的方式在诉讼活动中影响诉讼，采用信访诉讼结合施压、媒体曝光争取舆论支持等方式促使诉讼结果有利于己方，与被告乃至法院形成博弈彰显权利，直接产生对诉讼实践变化的影响。

其次，作为普通民众的民间主体关注诉讼实践动态。普通民众从最开始对R区行政诉讼典型案件街头巷尾的"龙门阵""摆谈"，到近几年采用互联网、自媒体等进行沟通、传播，寻求舆论导向和事件处理的话语权表达，突破了过去信息封锁的限制，成长为具有法律知识的行政执法以及行政审判的监督者。R区行政机关在这种自下而上的监督与国家自上而下的改革紧逼下大幅提升执法规范能力，R区法院也在2014年开始裁判文书上网主动接受监督的方式下提升行政审判质量。这更加带来了行政诉讼实践的快速转变。

（三）聚合多因多果的社会现象

从社会发展视角来看，行政诉讼实践的变化受到经济发展、人口变化、制度变迁的影响。从社会主体视角来看，不同时期立法主体、司法主体、行政主体和民间主体的实践变化带来了行政诉讼实践的变化。从博弈论的视角来看，行政诉讼率的变化是一定时空条件下权力（利）相互衡平或异化的呈现，这其中包括了公民权、行政权、司法权、立法权在不同时间不同背景下的相互博弈变化，也包括了这四者在一定情况下转化成国家"自上而下"和

"自下而上"行政法治进步的推动合力。

1987~2016年R区地方经济发展，尤其是城镇化进程的推进，带来了社会生活的转变，使得法律在熟人社会解体后成为调整社会关系的准则，公民法律认知提升，采用诉讼解决行政争议的选择增加，行政诉讼量也逐渐增加。而这期间R区人口的不断增加也为诉讼量带来了增加的可能性。这30年国家层面的诉讼立法、司法政策、行政管理等制度也经过了从无到有、从起步到完善的发展变化，自上而下的普法推进和改革推行，对R区的行政审判实践产生了巨大影响从而带来了行政诉讼率的变化。

从地方层面来看公民、行政机关、法院的实践变化也直接影响了R区行政诉讼率的变化。第一，公民的诉讼认知水平直接与行政诉讼的起诉量成正相关关系。在20世纪R区公民诉讼认知水平经历了从无到有到逐渐提升的过程，R区的行政诉讼量也经过了从无到有到逐渐增多的过程。到2000年后，R区公民的诉讼认知水平随着社会的变化逐渐增强，R区的行政起诉量也随之大幅上涨。

第二，其他争议化解路径与行政诉讼起诉量成负相关关系。30年中其他争议路径，尤其是信访、复议等对行政争议的分流和化解削弱了公民的诉讼选择意愿。信访的传统影响以及其成本低不受实效限制的优势，使得其比诉讼更容易被公民选择，而复议的上下级制约优势以及诉讼前救济手段穷尽的考虑，尤其是2014年行政诉讼法规定复议维持"双被告"后，在通过复议实现提级诉讼管辖的驱动下，复议也成为公民积极的选择。其他路径的选择意愿越强烈，诉讼选择就越弱，行政诉讼率就会降低，因此两者在原理上成反比关系。但在实践中存在交叉适用的反复和互相影响。

第三，行政机关的执法规范与行政诉讼起诉量成负相关关系。1987~2016年，T市、R区行政执法随着依法行政的发展越来越规范，由规范水平的提升减少了相对人对行政行为的不满从而减少了行政争议的发生以及提起行政诉讼的可能性。然而R区的行政诉讼率显示的结果却并非如此，这其中掺杂了其他因素的干扰以及当地行政执法效果（诸如"问题是否有效实际解决"）的影响，因而引发了诉讼内外的多种现象发生。

第四，法院对原告诉求的支持与行政诉讼起诉量成正相关关系。原告通过法院达到诉求的数量越多,到法院起诉的行政案件就越多。然而从 R 区法院 30 年处理的 1477 个案件的结果来看,法院判决原告胜诉的案件只有 170 件,即使加上如访谈中所说撤诉的 538 个案件中约有 1/3 的原告实现了诉求,折算为 179 案,概算总共有 10% 左右的原告实现了诉求。由此来看,R 区法院对原告的支持比例并不高,但随着新行政诉讼法的实施,其案件的处理也转向以保障相对人合法权益为先的功能和价值选择,以及司法改革深入对行政干扰的减少,对原告支持的比例会有提升,因而会伴随公民诉讼选择意愿的增强而有更多行政争议流入诉讼程序进行解决,行政诉讼率也就将会增大。

综上所述,R 区行政诉讼率的变化反映的是该区行政诉讼实践的变化。这 30 年的变化并非单一的因素影响的结果,而是不同时期多种因素影响的结果,这种结果不单单是原告胜诉与否,更是原告、被告、法院在处理争议中互相影响,分别产生了各自的变化,同时也促进了当地行政法治的发展,产生了多种诉讼内外的效应。

二 诉讼率研究的理论追问

顾培东教授指出一种"法学理论研究对于法治现实的'失焦''失距'现象",即"法学理论研究中的问题,往往不是法治实践中的问题,甚至可能是法学人想象或虚构的'伪问题',与法治实践不具有对应性或回应性",[1]希望法学研究能着力于法治实践的"真问题"搭建起理论与实践的桥梁。基于此思路,下文从 R 区行政诉讼率变迁的现象描述和因素分析中提炼出值得理论探讨的主要"真问题"。虽然有些问题似乎是老问题,但是能做出新反思也有探讨意义。

(一) 如何正视诉讼立法与基层实践客观存在的差距

立法与实践问题的差距,常被学者称为理想与现实的差距。[2] 这个问题并

---

[1] 顾培东:《法学研究中问题意识的问题化思考》,《探索与争鸣》2017 年第 4 期。
[2] 参见龚祥瑞《法治的理想与现实——〈中华人民共和国行政诉讼法〉实施现状与发展方向调查研究报告》,中国政法大学出版社,1993。

非新问题,但在行政诉讼领域更加明显。仅以诉讼调解结案为例,对此进行探讨。

1989年《行政诉讼法》第50条中明确规定"人民法院审理行政案件,不适用调解"。对此条文的理解是立法希望以判决结案的方式显示出行政诉讼的刚性特点。然而基层法院的行政审判庭的审判人员基本上都来自民庭,其处理案件的风格多以调解为长。后来2007年最高人民法院通过发布司法解释①从赔偿案件适用调解扩大到撤诉的普遍协调,除了换了一种文字的表述之外,实际已经肯定了实践的做法,而让第50条成为仅是文本中的规定。这种现象不被理论界所看好,认为"当调解而不是判决成为司法能力的表现形式,当撤诉而不是判决成为法院结案的主要方式,行政诉讼作为司法审查的方式,控制行政行为的功能将愈发孱弱"。② 尽管理论与实践对此产生了分歧,但是从R区的近30年的行政诉讼实践来看,调解解决问题往往比写判决断是非更加考验法官的能力。

2014年行政诉讼法修改考虑到实践中调解对"案结事了"的作用,在第60条用但书的方式中规定了行政审判适用调解的范围和原则。③ 从2015年开始新法实施,对符合法律规定的行政案件可以公开进行调解。但在R区法院除了还在处理案件的李庭长外,R区新上任的陈庭长以及其他两位近3年才考进法院的新任审判人员都是"学院派"法官,认同学者们所提出的调解会削弱审判的司法审查的功能,因而适用判决结案的时候更多,在调解行政案件方面的经验积累反而不足,引发了一些案件由于判前沟通协调不够引发判后不息诉,带来了一系列执行困难。而2017年李庭长退休后,R区行政审判庭原来调解结案经验传承出现断裂。

立法规定不能调解时,R区的调解实践由于审判人员经验的丰富实际解决了一些诉讼问题,而当立法规定能调解时,R区的调解实践由于审判人员

---

① 2007年12月17日最高人民法院审判委员会第1441次会议通过,自2008年2月1日起施行的《最高人民法院关于行政诉讼撤诉若干问题的规定》。
② 汪庆华:《政治中的司法:中国行政诉讼的法律社会学考察》,清华大学出版社,2011,第156页。
③ 2014年《行政诉讼法》第60条规定:"人民法院审理行政案件,不适用调解。但是,行政赔偿、补偿以及行政机关行使法律、法规规定的自由裁量权的案件可以调解。调解应当遵循自愿、合法原则,不得损害国家利益、社会公共利益和他人合法权益。"

经验的缺乏实际引发了一些诉讼问题。这不得不让人反思：今天立法与实践的客观差距与以前的客观差距产生的原因实际已经发生改变，以前是立法制度及其配套措施是主因，而今天的主要因素却来自适用法律的审判者发生了改变。由此看来，如何提升审判者认知增强相应能力，发挥好审判者主观积极能动作用是新法实施后基层实践如何缩小与立法差距回避不了的"真问题"。

（二）如何实现"自上而下"与"自下而上"的融合

改革开放至今，全国与地方、地方与地方之间在不断发展中呈现出各个时期的客观条件差异。行政立法文本是一种来自中央高层的资源，尽管随着时代变化不断调整，但从未间断以国家的名义"自上而下"的输出，以达到促进地方行政与中央要求统一的目的。但无论是通过21世纪之初采用的竞赛考核和频出调整法规的方式，还是2010年后数字化管理考核和频繁修法的方式，行政诉讼还是未被R区底层民众所普遍接受。

在R区2000年以前"熟人社会"尚未解体之前，T市政府、R区政府及其部门通过变通贯彻法律的方式达到地方行政治理目标，让公民产生了"法律也是维护'官威'的一种手段"的理解误差，导致公民在"熟人社会"排斥"自上而下"贯彻的法律规则。2000年后，R区"熟人社会"逐渐解体，法律才在一定程度上逐渐替代了当地的"人情""关系"来调整地方官民关系。公民行政诉讼的认知提升，到法院起诉的行政案件增多，但是地方政府利用自己对R区法院人、财、物的控制权，使得R区法院在处理行政争议的过程中大量适用"协调结案"而减少了法律的刚性适用，减弱了法律对当地社会生活的影响。

直到近几年随着网络媒体的兴起与普及，法律意识才在公民中普及。然而有些公民采用网络兼及私力救济的方式，"自下而上"带着功利化或者功用化的方式起诉，将行政诉讼变成了工具而非通过法律解决问题的途径。

由此可见，行政诉讼的"自上往下"传导和"自下往上"适用之间存在的某些差异，并且"冰冻三尺非一日之寒"。在当今社会分层愈加明显，差距不断加大的情况下，社会成员法治共识的缺乏，是当代中国法治进程中最值得关注的问题之一。① 如何能够有效融合行政诉讼法治"自上而下"与"自下而上"的认知和实践是一个迫切需要探讨的问题。

（三）如何能让基层诉讼实践达到实质化解争议

行政诉讼只是行政争议化解方式的一种，但也是最重要、最权威的一种。法律制度的设计将其放在复议之后，意味着行政诉讼是争议救济的最后一种方式，并且争议会随着诉讼的时效要求，无论是否达到原告诉求都会有终结。但 R 区 30 年的行政诉讼审判实践中，尤其是国家法治发展进程快速推进的近十年，却出现了多起循环诉讼、反复诉讼，2015 年后还出现了多阶段行政行为的连环诉讼。在诉讼的处理过程中甚至是已经处理完毕后，原告又采用信访等方式让争议"没完没了"，诉讼失去了其效率的刚性约束。如何让其他行政争议化解方式达到与诉讼的合理分流与有效衔接，如何坚守法律底线让基层诉讼实践达到"案结事了"？在环境发生了变化后，这样的老学术问题在新法实施过程中成为需要继续深思的基本问题。

问题提出后就需要寻求解决问题的有效思路或方案，左卫民教授指出："经验，往往只是数据的残缺形式。法学，不是一门难以精确的科学。"② 基于实践问题的法学研究意识有望落脚于问题的解决。这是本研究后续需要努力的方向。

三　R 区行政诉讼率增势预判

从前文分析影响诉讼率的因素来看，R 区 2016 年以后的行政起诉讼量还会持续上升，结合回访 R 区法院了解到的 2017 年案件情况分析预判依据如下。

（一）立法范围扩大后新增案件进入诉讼

2014 年《行政诉讼法》第 12 条采取扩大了法院受理行政诉讼案件的范

---

① 顾培东：《当代中国法治共识的形成及法治再启蒙》，《法学研究》2017 年第 1 期。
② 左卫民：《一场新的范式革命？——解读中国法律实证研究》，《清华法学》2017 年第 3 期。

围，尤其是将拆迁领域焦点问题、行政协议、资源权属确认、行政机关滥用行政权力排除或者限制竞争等都纳入诉讼管辖范围。在条文的规范逻辑关联层面上，还与第 2 条规定的授权行政主体行为可起诉以及第 53 条对规章以下的规范性文件可提出附带审查起诉相呼应，使得行政争议进入诉讼解决范围和种类都得到了前所未有的加强。2017 年就陆续有各种房地产、公共项目建设等行政协议案件由民事起诉转为行政起诉，随着经济放缓，资金紧张，该类案件将增多。

（二）基层行政运转低效引发诸多行政争议

R 区的房地产经济发展形势不容乐观，许多政府城镇化建设进程中的房地产开发遗留问题集中出现，其中涉及系列行政管理的争议陆续出现，而随着国家立法改变（如房产双证合一）以及 T 市作为 S 省城市综合管理体制试点，市、区两级行政机关的职能进行大调整，履行新职能的机关与前机关有关工作衔接，如档案管理等进度缓慢，基层办事的效率降低，不作为频繁引发相对人诸多不满。如在 2017 年就出现了房产确权涉众案件，该类案件多是由于对开发商的相关行政监管存在一定问题以及房管局与国土局工作衔接的低效，导致整个楼盘或者整个小区无法办证。而形势更严峻的是，由于以前历史遗留问题和档案保管不善的原因，许多确权法定依据遗失而不可逆，被告的工作机制和进度并没有在诉讼后得到很好的改善，陆续有更多同类问题出现。

（三）公民诉讼意识增强

随着国家法治宣传的深入，依法行政得到公民普遍的认可，而引导行政争议流入诉讼解决的导向又进一步提升了公民对诉讼救济的期待。公民通过诉讼来解决纠纷的意愿更加强烈。R 区法院截至 2017 年 8 月底的收案总量比 2016 年同期增加了近 20%，而原来归 R 区法院管辖"复议维持"案件因新法规定变为"双被告"转为 T 市中院一审的案件，相比 2016 年增加了近 1 倍，增幅很大。

（四）司法改革案件集中管辖

由此可见，据以上旧问题加上新案源，还有其他领域如环保督查整治、违建综合查处等各专项执法的陆续开展，R区行政争议及其诉讼的增加趋势明显，加上已经明确2018年R区法院将集中管辖T市城区及郊县行政诉讼的案件，T市每年一审60%以上的案件将纳入R区法院管辖，R区法院的行政诉讼量将会有大幅增长，甚至可能出现"井喷"。

四 新法实施后案件"入"和"出"问题探讨

在诉讼率增长趋势预判下，有必要探讨新法实施后行政诉讼自"入"法院立案到审判后如何"案结事了""出"法院的问题。

（一）"入"：立案登记制产生的压力及其消解

1. R区法院立案登记制度实施情况

由于法院内部分工的调整，R区法院在2012年以前主要是由行政庭收案、立案；而2012年就开始由立案庭收行政起诉材料，行政庭实质审查立案。后来到2014年底R区法院的民事案件膨胀迅速，立案庭收案压力巨大。R区法院又在内部分工上进行调整，将行政案件的收案工作全部移交行政庭。2015年5月1日《最高人民法院关于人民法院登记立案若干问题的规定》生效后，R区法院由行政庭全面实施行政案件的立案登记制度。在收案操作上，来案都收并编案号，而在立案审查操作上明显比以往更宽松：案件以"立案为原则，不立案为例外"；有起诉状和真实身份都先立案；其他问题后面的程序再解决。

在这种"来案都收"的操作下，2015年行政案件涨幅达到60%，2016年虽然出现了下降，但2017年8月比上年同期增加近20%，2018年进行集中管辖后案件明显会更多。数量一增加，原来案件与法院的工作人员比例的"案多人少"情况就会更加严峻。

2. 立案登记制度实施产生的压力

（1）"诉权保障"与"权威维护"价值两全的压力

最高法在法律宣传上是保障相对人诉权为先，解决立案难问题。但是原告（相对人）认知并非全都理性或者具备良好的法律素养，目前基层的公民法律素质参差不齐。原告"如果法治观念薄弱，就易滥用诉权，即便法官善意劝阻，有人也会一意孤行。在我国公民现有法律意识、国家法律制度水平上，实行登记立案，滥诉、恶诉将大量系属于法院，无理缠诉、缠访将重归司法程序"。① 这必将影响法院后续审判工作的开展和法院司法裁判的权威。因此在2016年法院的内部庭长培训会议上强调的是"准立案登记"，② 并非来案都收，收案都立。R区法院陈庭长在行政审判庭内部会议上将培训内容重申如下：

> 为了维护司法权威，需在立案登记操作中注意：第一，对于一些当事人滥用诉权重复起诉、反复起诉的情况，要有所鉴别，不能让行政庭成为接访部门；第二，对于"不该管""管不了"的问题，法院还是要采取慎收材料慎重立案，避免流入法院无法审理，或者审理后仍难"案结事了"，引发"循环诉讼"等导致法院审判权威、公信力受到影响；第三，对于当事人的合法诉权要尽量充分保障，为诉讼解决行政争议开启方便大门，提升案件审判质量。

由此可见，法院诉权保障与法院权威维护两者要不产生矛盾，就需要增强公民法律维权认知尤其是行政法律知识、行政诉讼常识等，否则公民不认同法院处理，缠讼闹讼，纷争无限延续无定论，最终公民的权益保障未能全面实现，而法院权威受到公众质疑，司法公信力受损，两败俱伤，对行政机关的司法监督职能也无法实现。因此，如何既充分保障当事人诉权，又合理维护好法院司法权威？这给R区法院的法官带来了两种价值保全的压力。

(2) "立案登记"与"立案把关"技术权衡压力

价值的选择终归是要体现在实践的操作层面。保障诉权实行立案登记是要解决立案难的问题。"有案必应"的具体操作是否解读为"凡（起）诉都收""凡收都立"？不仅当事人的理解与法官的理解不同，连R区法官之间的理解都有差异，如2015年就发生过同一个小区的不同业主分别起诉房管局不

---

① 参见姜启波《人民法院立案审查制度的必要性与合理性》，《人民法院报》2005年9月21日，第B01版。
② 参见黄先雄、黄婷《行政诉讼立案登记制的立法缺陷及应对》，《行政法学研究》2015年第6期。

作为的案件分到不同的法官手里就有立案又有不立案的,有原告就对R区行政庭产生了异议还去纪检部门投诉。

后来该院就一律采取"有起诉状和真实身份都先立案",又避免不了有法院已经出现的"只要当事人递交诉状的,就登记立案,对起诉条件不作审查,导致大量不符合行政诉讼起诉条件的案件进入了法院",[①] 依法不该由法院来管辖的案件也流入诉讼程序,带来了立案质量的下降。如果再照理推及"凡立都审""凡审都判",成为基层操作的"冒进主义",将极大浪费紧张的司法资源,为后续的审判工作开展带来不利影响。

践行立案登记制度的同时对起诉的案件进行初步筛查,不是诉讼管辖、行政起诉范围的案件排除,实际需要查看起诉材料的真实性、完整性,对材料涉及的事实进行预判,这又回到了"立案审查"环节的任务,演绎成立案登记制形式下的实质立案审查制。立案难的问题实质还是不会得到基本解决。如何在基层操作技术上实行"立案登记"又把好"立案关"。在司法责任追究落实到法官自己定案而没有了过去集体定案(如审委会讨论决定)缓冲高压的情况下,对于R区行政审判庭的法官来说,有一种处于"形式核查"与"实质审查"衔接难同步的抉择压力。

(3)"集体讨论"过渡到"独立办案"的责任压力

而当时行政审判庭总共就陈庭长、李庭长和另外2个助理审判员加1个书记员共5个人。李庭长已经"退居二线",而另外两个审判员系原来的军转干部,一直没有取得审判员资格,就主要负责收案登记,审查立案的重任就主要由陈庭长担当。到2016年R区法院实行员额法官办案制,考虑到T市中院已经在2015年经S省高院获得最高法批准将由R区法院集中管辖T市城区行政案件案,R区法院行政庭入额3个编制,分别是陈庭长以及另外从民庭调来的2位法学科班出身的法官,原2位审判员成为审判辅助人员。但2016年初由于T市中院新上任院长顾虑R区法院民事、刑事案件已经较多,尤其是民事案件在立案登记制后短短一年涨幅近2倍,暂缓了由R区法院实施行政案件集中管辖的批复。R区法院的立案登记制度实施工作本来会相对宽松,

---

① 杨翔等:《落实立案登记制,保障当事人诉权——湖南高院关于行政诉讼案件立案登记制实施情况的调研报告》,《人民法院报》2015年7月2日,第8版。

但是3位入额法官对是否"凡（起）诉都收""凡收都立""凡立都审""凡审都判"发生了分歧，各自理解不同操作收案就不同，也就产生了一些负面影响，或者一个案件收了以后是否立案，合议庭讨论总难统一，最后谁承办谁决定谁担责，没有了以前审判庭讨论、审委会研究决定集体形式定夺，法官独立承担立案带来的风险压力，需要时间调整适应。

由此可见，由于R区法院随着立案登记收案工作量的大幅增加带来了相应的压力，这种压力并非来自立案登记制度本身，而是来自其立案后的审判处理等工作开展的压力。随着复议维持案件以复议机关为共同被告发生案件管辖权转移，这种压力也转移到中级人民法院。

3. 建立分类分层机制消解压力

随着司法改革的不断深入，为更好地回应公民通过诉讼解决纠纷的司法需求，提高基层法院的办案效率，需要进一步完善立案工作分类分流机制，形成类型分流、繁简分层的案件过滤模式。

（1）坚持保障诉权的基本价值取向

在20世纪初，有学者明确指出"中国有着数千年的'官本位'意识形态的传统，要在这样的土壤中移植一种'民可以告官、民可以告倒官'的行政诉讼制度，更需要培植和彰显关于该制度是合法正当的理念，因为它与民众的合理预期有巨大的反差"。[①] 虽然行政诉讼制度已实施多年，但连全国人大法工委也曾坦言"该走司法程序的纠纷走不了，形成了'信访不信法'的局面"，[②] 公众对行政诉讼的认知需要理性引导，其在行政管理程序中的弱势需要设置救济渠道来保障其合法权益不被侵犯。"一切法律之中最重要的法律既不是铭刻在大理石上，也不是铭刻在铜表上，而是铭刻在公民们的内心里"，[③] 诉权能得到的保障是维护公民合法权益的重要环节，而公民的起诉能进入诉讼进行立案是第一步。新行政诉讼法的颁布实施，以力求解决立案难、审判难、执行难为亮点提升了公众对诉讼的期望。近几年，行政诉讼数量的快速增长就体现了立案登记制下原告对通过行政诉讼保护合法权益的高期望。国

---

① 马怀德、王亦白：《行政诉讼目的要论》，《行政法论丛》2003年第6期。
② 刘茸：《行政诉讼法修改针对"立案难"着力解决"信访不信法"》，http://news.xinhuanet.com/legal/2013-12/23/c_125903944.htm，2016年8月1日访问。
③〔法〕卢梭：《社会契约论》，何兆武译，商务印书馆，2003，第70页。

家实施司法改革，试点异地管辖、集中管辖等都是为了能够保障公民的诉权得到实现。因此在进行立案登记工作机制改进时，首先要注意全面保障公民的诉权。避免变相以登记形式掩盖严格审查制度，让公民继续觉得立案难，对新法以及司法改革失去信心。

（2）分类过滤防范诉权滥用

立案登记制度的严格实施，需要对提交到法院的行政诉讼起诉材料先进行形式审查，看起诉状是否完整和身份是否真实，如果符合条件就收案登记，否则不收。收案后由审判辅助人员进行分类过滤。

第一步，查重过滤旧案。这是要过滤出起诉过的一些案件原告又来重复诉讼的情况。在2015年R区法院的这类案件约占起诉案件的20%，这种案件将浪费司法程序资源。对于这种重复诉讼的起诉材料，需要进行分类核查以前是否已经有生效的裁判文书约束。对有法律文书约束的旧案进行隔离，告知已有裁判文书约束，不立案，避免旧案新诉。第二步，归类过滤循环诉讼。核查起诉材料中是否存在相同原告基于同一个争议反复起诉多个被告，过滤出循环诉讼案件。第三步，合并过滤共同诉讼。进一步核查是否存在多个原告分别起诉同一个被告，采用这种方式可以过滤出可以合并处理的案件，尤其是集团诉讼。

通过以上简单的过滤，不仅可以防范"诉权滥用"进入审判程序，而且能够挑选出真正的新起诉，从而有利于下一步针对性的繁简分层。

（3）分层处理实现繁简分流

新行政诉讼法规定了行政诉讼审理的普通程序和简易程序，分别针对复杂和简单的案件。为了进入立案程序的案件能够合理使用审判资源，需要对案件进行繁简分流，有效解决审判的效率问题。2016年9月12日发布的《最高人民法院关于进一步推进案件繁简分流优化司法资源配置的若干意见》对此做出详细规定，特别强调简易程序适用，明确规定"对于已经立案但不符合起诉条件的行政案件，经过阅卷、调查和询问当事人，认为不需要开庭审理的，可以径行裁定驳回起诉。对于事实清楚、权利义务关系明确、争议不大的案件，探索建立行政速裁工作机制"。[①] 对于复杂的案件，采用专业的合

[①] 参见《最高人民法院关于进一步推进案件繁简分流优化司法资源配置的若干意见》第6条规定。

议庭进行针对性审理,可探索发挥庭前会议功能,进行证据交换、调解等相关工作,提高庭审的效率。

(二)"出":"案结事了"新检视及其改进

"案结事了,息诉罢访"是最高人民法院提出的"司法为民"的理念的一种体现,也曾是法院的工作指导方针。有学者曾批判性地指出"现阶段我国行政审判中强调'案结事了',最根本的原因就在于制度资源和思想资源的匮乏,导致行政诉讼的判决与相对人的目标最佳化相去甚远,判决的作用局限在达致表面稳定实为负和博弈的无效率状态,相对人也只能对此消极无为并容忍一定程度的己不利,因为这在目前的境况下是合算的。尽管这种有限理性下的选择可以理解,然而如果制度缺乏的状况长期得不到改善,它会助长对群体团结的侵蚀,助长不安全感和权利丧失感,并导致社会财富的损失,这可谓更深层次的'案结事不了'",[①] 然而自 2014 年行政诉讼法将调解写入法律后,媒体报道的法院实践中关于"案结事了"是一种基层法院所推崇的目标,如有报纸报道铁路法院转为行政案件集中管辖法院后,法官调解解决争议,"案结事了,群众心平气和"是司改"获得感"。[②]"案结事了"再次在新法实施的过程中被基层法院作为目标进行强调,同时也在相关司法改革中引起践行者的重视。

1. R 区法院协调、判决与"案结事了"的变迁

(1) 2014 年前协调结案为主的经验传承

然而在基层法院行政诉讼开展之初,在法院自身没有在地方国家机关中受到政府重视,法制还不健全的情况下,法院要去审判行政机关遇上的困境正如美国学者提出的司法功能的"悖论":"最需要司法保护和法律赋予权利的,往往发生在那些最难以实施司法保护的情境当中。"[③] 这个悖论

---

① 王学辉:《制度经济学视野下行政诉讼受案范围的扩大——兼论对"案结事了"的经济学回应》,《广东社会科学》2009 年第 4 期。
② 简工博:《司改"获得感":案结事了,群众心平气和》,《解放日报》2017 年 04 月 1 日,第 2 版。
③ 〔美〕尼尔·K. 考默萨:《法律的限度——法治、权利的供给与需求》,申卫星、王琦译,商务印书馆,2007,第 187 页。

用于概括形容当初行政诉讼在基层法院开展之初的困境并不为过。从 R 区法院 1987 年开始行政审判实践开始，R 区法院一直努力通过诉讼平台以及延伸的普法宣传维系与行政机关的关系，这也是一种"曲线救国"的策略。在这种不"得罪"行政机关的周旋中，既要提高法院行政审判地位和影响力，又要实现对合法权益受损的原告进行扶助，协调行政机关听取法院意见实际解决问题达到"案结事了"，对于行政审判庭的法官是一种严峻的考验。

因为从司法独立的价值评判来说，法院在诉讼领域不应当与政府机关有关联、被干涉，而法院还主动与政府机关"搞好关系"，这是被理论界一直所批判的地方法院行政审判难以公正的症结所在。但从 R 区法院 30 年的实践来看，正是由于历任法官在与行政机关关系维护上进行承接和提升，行政机关才愿意听取法院的意见去实际有效地解决问题，正如几位庭长所指出的：

> 我们也知道理论批评的是个方向引领，但是那只是看到诉讼裁判环节的那一项功能，没有全面权衡基层法院在"定分止争"化解矛盾解决问题整个过程所在的处境、所能采取的有效方式、所要达到的目标，基层要管用管服管道理，管不了高大上的理念。若我们真能像西方那样法官说话管用，我们也不会放下身段委屈自己去跟行政机关搞好关系，我们还是盼望着法院就下判决，政府就执行的那一天快到来，但是现实的案件处理问题摆在面前，那天没有到来之前，我们的工作还是要推动，当事人的问题要去解决。

尽管这种关系维护带着无奈的实用主义取向，但其是 R 区法院为行政诉讼"案结事了"的一种经验传承。从 1989 年行政诉讼法颁布后的案例档案中都能看到法官运用这种经验，主动与双方当事人进行充分沟通，以诉讼为平台促进问题解决的积极性，这些案例包括 1994 年不立案也主动走村串户协调解决（案例二）、1996 年免除诉讼费协调被告归还原告违法被扣押半年多的船舶并使其获得维修赔偿（案例三）、1996 年及 1998 年判决支持原告（案例四、案例五）、2005 年促成药品监督管理局与第三人共同赔偿因违法更换药店经营者给原告造成的损失（案例六）、2012年为重视公共安全不限于规范文件标准而主动学习、了解建筑混凝土质量标准的实际运用，协调被告降低处罚幅度原告接受处罚（案例十）等。

从这些案例可以看出1989年行政诉讼法颁布后的不同时期，R区法院在解决行政争议的诉讼平台上，为"案结事了"协调工作开展的变化和延续，使得行政审判在一些个案中获得政治认同的同时也争取到了民众的认同。在旧行政诉讼法不允许调解的规定下，通过原告撤诉实现了协调的结果，通过运用在最高法的司法政策①探索行政诉讼和解制度后，形成了与当地发展适应的协调案件解决机制。

（2）2015年后判决结案的改变

到2015年新行政诉讼法实施时，国家法律规范越来越完备，已经形成了有中国特色的法律体系，行政机关的执法规范也发生巨大改变，而随着司法改革举措的深入推进，司法独立与诉讼裁判的公平正义被国家给予了高度强调。R区法院2014年新上任的行政审判庭成员在这种国家法治发展背景下开始推进新法在基层的实施实践。尽管新法规定可以公开进行行政案件调解不需要再打擦边球像过去那样称为"协调"处理，R区法院行政审判却转向判决结案而不再像以往一样去发挥积极性，主动与双方进行沟通，选择调解处理案件。这其中除了国家层面法律变化、法治进步、司法独立和公正提升的背景外，在R区还基于以下三个原因导致了这种情况的发生。

第一，行政机关管理依据充分，程序操作规范也在提升，制作的证据材料完备，通过开庭认定案件事实证据和确定法律适用并不十分困难，而司法改革提倡"以审判为中心"的庭审实质化改革，通过开庭审判程序依法判决结案成为法官顺改革之形势的选择，甚至在某种程度上判决被告败诉率的提高成为行政审判质量和法院行政审判独立提升的参照。而且他们认为"法律

---

① 如2007年发布《关于为构建社会主义和谐社会提供司法保障的若干意见》指出"坚持能调则调、当判则判、调判结合、案结事了原则"，以及《最高人民法院关于行政诉讼撤诉的若干规定》。

和法律推理能使法官得到终局性而和平且被证明为正当的纠纷解决结果",[1]因而觉得判决是展现法院权威的最主要体现。

第二,近几年,R区的一些原告更倾向于利益最大化,变得不再像以往那样相信法官和政府机关了,而是通过各种方式把事情闹大,动静越大好像越能得到好处,不愿意在没有满足高要求的情况下接受调解,法院的调解效率没有以前高。

第三,现在案子多,责任比以前大得多,还要错案终身追究,法官压力太大了,新来的审判人员认为判决才是行政审判应该正常采用的结案方式,同时更多细致而麻烦的协调工作免不了多说会有"不慎"言语,他们怕被误认为与行政机关拉关系影响裁判公正承担法律责任,同时与原告沟通要接地气,能力相当高才能稳得住原告,不是简单讲法理就能看到成效的。而R区法院在2016年已经实行员额制,协调、调解均不再像以往有计入行政案件绩效系数比的工作量考核。法律没有规定必须依法调解的,就不如多开几次庭,程序推进看得见,依照证据和法律判决结案,总不会出现错案。

这种仅仅依据案件证据材料依法做出裁判结案,从法律程序上是没有任何问题的。但是正如美国社会学家唐·布莱克指出的:"几乎所有地方的人一直都认为纠纷的社会结构是其解决方式的基础。他们几乎一直认为把案件的社会特征考虑在内是正确的、合理的。他们很坦然地将社会结构考虑在内,而没有丝毫的难为情。如果不考虑案件中的各方是否有社会结构的其他关系",[2]纠纷很难合理处理。在某些特殊的案件中,法官不主动了解案件发生的全貌以及充分结合当地现实行政机关执法与公民的认知的情况去考虑裁判能否达到"案结事了",判决后的问题就容易出现在执行环节。

2. "判后事不了"的案例呈现

2015年R区法院就遇上了近30年以来发生的第一起涉及行政履职判决强

---

[1] 参见〔美〕史蒂文·J. 柏顿《法律和法律推理导论》,张志铭、解兴权译,中国政法大学出版社,1998,第8页。
[2] 〔美〕唐·布莱克:《社会学视野中的司法》,郭星华等译,法律出版社,2002,第112页。

制执行的案件。

案例一：某驾校诉道路运输局不查处第三人异地招生案

（1）基本案情

原告某驾校诉系经批准在 T 市 X 县办学多年的驾校，发现经营执照招生地域不在 X 县的 T 市驾驶员培训有限公司（第三人）与当地考试中心 X 县联合采用不正当竞争手段大量招生，[①] 导致其学员流失，于 2014 年 10 月 30 日向被告 T 市道路运输管理局递交了《请求严肃查处严重违法行为的情况反映》。被告收到后在局里内部开了 3 次会议，并于 2014 年 12 月 11 日制作了内部报告向省运管局进行报告，同时将该报告复印，函送原告签收。而此后第三人在 X 县的招生培训规模还在大增，被告也没有采取任何措施。

2015 年 1 月 19 日原告将被告诉至法院认为被告没有履行查处违法经营行为的法定职责，系不作为。而庭审中被告认为其多次开会进行了工作安排，并呈报上级，没有拒绝查处违法行为，已经在履行职责，不是不作为。审判过程中合议庭成员也认为被告已通过开会、写报告着手工作安排，进入履职程序，不能视为不作为。后经审判长坚持并取得被告基本认同后，法院最终认定被告工作安排系内部准备行为，在有主管能力且无不可抗力情况下，没有在法定期限内履行查处违法经营行为的法定职责，于 2015 年 5 月 21 日判决被告在一个月内履行职责。

判决生效后，被告在 2015 年 6 月期间约谈了第三人等违法招生人员，同时开展了市、县联合行动实施辖区"专项综合整治"，对第三人等所有查处违法情况进行罚款。第三人将在 X 县的招生广告拆除，报名点"报名"电话改为"联系"电话，与考试中心联合收取"学费"发票改为场地"练习培训费"发票，但招生行为一直没有停止。

---

① 我国《机动车驾驶员培训管理规定》第 4 章第 28 条规定："机动车驾驶员培训机构应当在注册地开展培训业务，不得采取异地培训、恶意压价、欺骗学员等不正当手段开展经营活动，不得允许社会车辆以其名义开展机动车驾驶员培训经营活动。"

经受理原告执行申请，法院分别于 2015 年 7 月、2015 年 10 月、2016 年 2 月三次向被告送达了执行通知书，但其仍没有采取措施有效制止第三人违法招生，只提交了 2015 年 6 月"专项综合整治"的书面材料，认为自己已经查处过违法招生行为，执行了判决内容。

(2) 法院内部分歧

此种情况下法院内部产生了分歧，争议的焦点在于被告在判后一个月内所做的"专项综合整治"行动是否已经达到判决书中履行职责的要求。承办案件执行的法官认为被告有管理权限也依法可以采取强制措施制止违法招生行为，但被告只罚款一次后没有采用其他强制措施，使得第三人违法招生一直存在。被告明显有能力采取强制措施制止第三人，在没有任何不可抗力等合理事由情况下未及时、全面履行责任，没有依法实现查处制止违法招生目的，仍然要视为不作为，即没有履行判决内容，应当适用新行政诉讼法第 96 条规定采取强制措施。

法院执行业务主管领导认为在行政判决生效后，被告于 2015 年 6 月对辖区的驾校违规招生情况进行了"专项综合整治"，应当视为积极履行了行政职责，执行了判决。现实中行政机关查处违法行为不是一步就能到位的，其虽然未能完全杜绝违招现象的发生，但已经取得了一定成效，不能认定为不作为，更不能适用新行政诉讼法第 96 条规定。在此分歧之下，截至 2016 年 7 月案件承办人数次对被告负责人的罚款等报告未能获得主管领导签发，法院未能依据第 96 条采取强制措施。该案承办人主动邀请检察院介入进行检察监督。

(3) 法院外部质疑

自法院判决后第三人仍继续违法招生一年多，使原告在 X 县招生优势已经大减，合法招生权益受到巨大损害，在当地产生了"判决也保护不了合法经营者"的流传。原告多次组织多人围堵被告大门，引发治安案件，也引起了网络媒体对案件执行的关注以及对问题的扩大报道，[1] 被告向法院电告了对

---

[1] 《4 亿元假投资搅乱驾校市场 X 巨额财政补贴乱象丛生》，http://www.china.com.cn/legal/2015-08/10/content_36267720.htm，2016 年 8 月 30 日访问。

执行通知的不满，要求法官从全局上把握此案而不要盲目追求个案效果。原告法定代表人也多次到法院，强烈表示：违法经营不制止，要组织校内数百人上访，将"访了又告""告了又访""告了又告"坚持到法院实现维护合法经营的"公道"。有网民公然在网络上评判该院"没有用"，法院面临被当地民众质疑及舆论声讨的危机。

（4）执行困境的评析

本案在审判阶段审理的被告行为，系典型的内部行为是不对外产生效力的不作为，而履行期间系"形式作为而实质不作为"的行政不作为。[①] 随着十八届四中全会提出依法行政要求后各地加大法治政府与依法行政建设步伐，目前行政机关在实践中明显违法拒绝履行职责的情况已经逐渐减少，更多采取"形式作为而实质不作为"方式怠职或拖延。这类不作为典型表现为：行政机关看似采取了行动，但这些行动在法律实体上对外不产生实质意义，实际也未完全达到履职目的。其与履职不能的明显区别在于后者是行政机关采取了行动但由于自然灾害等不可抗法定事由导致履职目的不能实现，而前者是没有为法律实体作为或者应当并且有能力但没有采取实质行动致使履职目的没有实现。

该行为在实践中的判定以及具体案件处理涉及诸多理论知识，如对行政外部行为与内部行为、事实行为的认定与区别；行政程序与行政实体的关联与阶段区分；行政不作为的界定与典型分类；行政履职判断标准等。虽然理论上学者对于"形式作为而实质不作为"认知已经比较清晰，[②] 最高人民法院指导案例更是将理论用司法语言进行了形象表述，但司法实践中个案呈现出来的并非单一理论知识所能涵盖的现象，个案解决过程中各主体对理论以及相关立法、指导案例的理解产生差别，甚至也有掌握案件处置权力及话语权的主体不知理论的情况。类似这种需要理论辅助理解立法条文才能定案的行政不作为案件，当法院做出履行判决后就容易出现强制执行陷入

[①] 该术语的提出及学术判断标准，详见黄学贤《形式作为而实质不作为行政行为探讨——行政不作为的新视角》，《中国法学》2009年第5期。

[②] 余晓芸：《对行政不作为案件履行判决的思考——基于形式作为而实质不作为行政行为的视角》，http://www.chinacourt.org/article/detail/2010/09/id/426446.shtml，2016年7月27日访问。

困境。

由此可见，双方涉及争议标的看似简单，从证据材料来看起诉时被告不作为成立，审判人员判决被告履行职责是完全合法的，在判决后依法启动行政诉讼法规定的强制措施也是符合法理的。然而履行出现的问题在于以下几点。

第一，法院不能代替被告履行职责。

行政判决执行难一直是困扰审判实践的顽疾，[①] 而行政履行判决执行难更是难上难：当行政机关在判决生效后没有在法定期限履职时，法院不能以司法举措直接实现判决中涉及的行政职能，行政诉讼强制执行措施只能间接促使其履职而不能直接代替其履职。不同于民事诉讼当事人及行政诉讼原告，行政诉讼的被告尤其是行政机关都有一定的行政职权，担负一定的社会公共管理职能。其拥有的职权某种程度上在某些方面会影响法院，基于此，基层法院行政庭审判法官往往在判决前就会充分与被告沟通，让被告认识到存在的违法问题并主动改正，即使不在审理期间改正也能在审理后服判及时履行判决。这除了不愿"得罪"行政机关之外，更多的是考虑到履职判决的诸多难处：行政机关给付义务，尤其是财富给付义务可以通过划拨实现，但是职能的履行义务却不能由法院代为执行（比如，前述案例中，法院就不能直接去查处违法招生者）。无论是提出司法建议还是向上一级机关、监察机关予以控告，最终都要通过行政机关内部管理监督促使行政机关自己实现履职功能和目标。而一旦行政机关无视判决生效后法院发出的执行通知书或者催告书，其就会将不履职长期拖延下去，其上一级主管部门或者监察机关若对司法建议或者控告不重视，法院即使做出对机关负责人的处罚也使判决得不到执行，反而使行政机关更加与法院抵触不执行判决。

第二，法院还没有足够的权威可以震慑被告。

新行政诉讼法第96条规定了法院可以采取的五种强制措施，但是对于被告达到何种拒绝程度，也就是在怎样的不作为情况下可以采取怎样的措施没有细则规定。对于被告没有明示拒绝但实质没有履责是否也能采取，从法条

[①] 薛刚凌：《行政诉讼法修订基本问题之思考》，《中国法学》2014年第3期。

和司法解释中也找不出具体规定,基层法院在实施过程中依赖于法官的裁断,法官的裁断受主观影响大而各有不同。况且该条规定除第1项划拨款项以外,其余四项都只具有间接强制作用,无法获得如行政领域代执行的直接效果,各自都有局限且没有其他相应配套制度。比如,对负责人罚款系督促而并非执行措施;对主管、责任人拘留,追究刑责似乎有威慑但没有相应立案标准与管辖规定不具备操作性;司法建议没有强制法律效力,需要监察机关或者被告上级回应启动行政内部监督才能起作用;公告被告拒绝履行也只是一种声誉影响,而不具有实质执行效果,况且拒绝达到何种程度可以予以公告、怎样公告也没有细则可依而无法在实践中落实。

由于现行办案机制在对法官错案终身追究责任压力下,对于有争议的执行案件常常采用合议讨论后经呈报审委会讨论决定。当合议存在争议、审委会委员也存在争议不能达到一致,通过内部呈报、审批、决策程序未能做出决定时,案件就会久拖不决。例如前文案例,由于法院科层管理方式的运行,承办法官执行意见呈交后半年多过去了,管理层也未对意见采纳与否做出决断,因而不予签发处罚文书,使得该案执行强制措施的启动一拖再拖,不但不能及时督促被告履责反而助长了被告对法院的敷衍。法官办案不能断案,其再正确的认定和决策得不到院方的支持,哪一个法官都不愿意冒着问责和丢掉饭碗的风险而贸然采取对被告负责人罚款或拘留的执行强制措施。

在宪法对国家机关的体制设定中,行政机关掌握着国家全面而具体的管理权与执法权。随着法治体系下法治政府建设重要性与紧迫性的突出,司法通过个案合法性审查对行政权力运行的监督和纠错显得十分重要。但是在地方治理过程中,行政机关在级别地位、职权范围与执法资源配备等方面都比同级法院高。即使在人财物都实现收归省高院统管的前提下,法院的用地建设、公用设施配备、法院干警日常生活办公环境等还是会受制于地方行政机关。地方法院尤其是管理者[①]更多地倾向于从发展地方经济、维护行政机关权

---

① 法院管理者尤其是院长更倾向政治家,参见左卫民《中国法院院长的角色实证研究》,《中国法学》2014年第1期。

威的角度去执行法律和行使司法权,而不是着眼于国家法制的统一性和严肃性。① 由此在履行判决强制执行过程中难免顶不住来自被告及其他关联行政机关的干扰压力而让步,难于采取强制执行措施抗衡被告。

第三,法官没有充分了解当事人之间的本质矛盾。

法官判前判后未充分与被告沟通,不了解案件背后还涉及第三人与政府招商引资的协议及其履行的事实,以及原告与其所在地政府还有其他土地征用争议尚在谈判的事实。法官也未充分了解原告起诉真实意图是要政府同意批准划拨用地扩校及进行开发,也未与被告充分沟通了解而遗失了被告行为背后的政府治理手段的考虑等重要信息。因而未能全面分析该案涉及地方发展、基层管理、政绩工程等复杂法律关系交叉,起诉的行政行为只是其中一个抽取的断面而已,就将这个断面的法律事实单一抽取出来判决,并请检察监督介入来要求被告履行查处职责,后来演化到T市人大出面进行权力监督。最终又引发了第三人诉被告执法案及X县招商引资协议不履行案,涉及的诉讼标的近2亿元,以及导致由第三人与政府合作开发建设2000亩驾驶人考试一条龙产业基地大量工程停工等问题引发的系列行政诉讼,而该案原告又对提出要求赔偿1亿元事项进行"缠讼",产生了R区法院2017年行政审判工作开展的一些"管不了""下不了台"的困难。当李庭长说起此案时,就提醒到:

> 行政审判真不是一判就能了,走完程序就是质量高,要用心了解案件的全面事实,有时候还得有一定的政治敏感,很多敏感问题,不主动去调查分析,原告、被告都不会告诉法官真实、全面的信息,如何能够搭建一个平台,让双方解决好问题,这也是基层法院行政审判无论采用裁判还是调解来"定分止争,解决问题"的基本职能所在。无论是让政府败诉还是胜诉,都是让政府依法干好行政管理为百姓服好务。如果能够有一种解决纠纷的操作方式能让双方在解决问题后实现双赢社会效果的追求,而不是让双方只有非胜即负的一种结果,那么就最好选择这种方式来共同解决好问题,避免要么输要么赢的僵持。因为相对人和行政机关还会在行政管理活动中重逢,以后还会继续在一个社会空间里更好

---

① 马骏驹、聂德:《当前我国司法制度存在的问题与改进对策》,《法学评论》1998年第6期。

相处，这比法院仅仅断好个案的是非，更能带来行政管理水平的提升和百姓生活的改善。

在国家法律对行政机关约束越来越严格的趋势下，判决原告胜诉的案件会更多些。但胜诉了并不能完全解决问题，可能牵引出更多诉讼解决不了的行政问题进入诉讼程序使法院陷入更大的审判困境。行政诉讼化解行政争议的能力还需要提升这是当下R区行政审判的客观事实。这对已起诉的原告本身是种打击，对那些怀有高期望的相对人也有降温作用，减少了诉讼选择意愿，转而采用其他方式进行维权。

另外，随着2016年S省律师收费指导价格大幅上涨，R区以及T市代理行政案件的律师大量增加，随着房产争议普及诉讼标的金额增大，行政诉讼代理的专业化趋势出现。一些新出现的行政案件，体现了公民权利保障向既定的行政模式挑战，诸如车检捆绑交罚款案类似的案件，复杂且涉及行政法理知识，很难用以往单独的法律关系进行评断，这给新入额办案的法官带来了挑战和将理论紧密联系实际的机遇，需要法官提升理论积累来支撑实践的"衡平"操作。

3. 基层"案结事了"操作改善方向

本研究限于篇幅，难以进行详尽阐述，仅以破解方向探寻作为简短的结语。

第一，出台《行政诉讼法》第96条的配套制度，设置相应保障机制。通过司法解释或者发布强制执行指导案例的方式，细化新《行政诉讼法》第96条的具体实施细则，增强其司法实践的操作性。同时从中央到地方配套设置落实制度，比如在行政机关考评体系中，将行政诉讼的处理尤其是行政判决执行情况纳入法治政府考评系数并提高占比；在考评中以法官对涉案行政机关执行情况的打分或者评价作为评定依据，采用实际能起到制约行政机关及其公职人员的措施才可能使该条规定得到尽快落实。

第二，充分运用法定监督机制，增强对行政权力的制衡。基于在现实运行中行政机关的职权的独特与强大，立法设立了对行政机关的多重监督机制。除了行政体制内上、下级监督、行政监察监督以外，还有人大对行政机关运行制度监督及工作人员履职监督，更直接的是检察院对行政案件的个案监督。法院可以根据新行政诉讼法规定向被告行政机关的上级提出司法建议，在抄送监察机关的同时,当地人大及检察院积极加强沟通、交流与合作,引监督之合力共同有效抗衡行政机关。当然抗衡并非是终极目标,监督行政机关依法行政,切实履行职责,提升管理水平和执法规范才是基层法院和相对人都希望看到的。如果能通过法官的充分沟通协调,与当事人达成共识,共同解决好纷争,这些法定监督机制也就是员额制法官办案后维护法院权威的强大保障。

第三,加强理论学习与经验积累,提升行政审判人员专业素质。行政审判工作需要法律理论充实,尤其是基层行政审判人员及管理人员更加需要理论积累。通过定期的专题培训提升行政审判法官行政法原理、法律条文理解及应用等能力,加强法院内部人员对行政审判相关理论知识的积累,并通过制定地方法院指导意见及建立典型案例库的方式,尽量统一不作为尤其是形式作为而实质不作为的判定标准,减少法院内部分歧,增加原被告双方尤其是被告方服判率,减少判决执行内部阻碍的产生。但是更关键的是需要法官积累经验,充分了解案件的全面事实和案件背后的行政管理问题,甚至还需要培养一种政治敏感思维去主动调查分析案件事实全貌。一审法院的主要功能中查明事实是基础而又非常重要的实践环节。在全面了解事实后,才可能抓住主要本质争议而对案件的审判进行掌控,从而能够搭建一个沟通平台,让双方共同解决好问题,采用裁判或调解都能有针对性地"定分止争"体现基层法院行政审判的基本职能。

第四,加大审判法律阐释与法治宣传教育,引导公众理性认知行政诉讼。法院在增强判后执行力度的之前,在案件处理的全过程中向当事人进行充分的阐释说理,即行政诉讼中的起诉权、审判程序、审判依据及执行依据等都考虑在当事人不明确时予以说明,让当事人全面认识诉讼法律知识与局限,预防诉权滥用,避免循环诉讼。通过法院及媒体的宣传平台及活动等,对案外民众进行正面引导,加大案件事实通报与法治知识宣传教育,避免感性民众的认识偏差,增强法治理念的传递与宣传,树立法院的公正形象,提升法院公信力。

结　语

"法律不能在一个封闭的不可知的容器中健康成长，而且我们也不能把法律同其周围的，并对它无害的非法律生活隔离开来"。[①] 行政诉讼率是行政诉讼法在不同时期实施的数据呈现。而诉讼数据需要放在特定的社会发展背景中才能发掘出数据反映的实践样态和形成机理。R 区行政诉讼率 30 年的变化，实际反映了"自上而下"的行政诉讼制度在基层实践的发展势态。在地域不变的观察视角下，随着 30 年时间的推移，诉讼率的高低变化记录着三条研究主线的变迁痕迹：第一，从行政起诉讼量的变化可以去追寻公民诉讼认知和诉权行使的变化痕迹；第二，从诉讼类型的变化可以去发现不同时期行政机关管理重点和执法规范发展的痕迹；第三，从诉讼不同阶段处理的层级变化可以去探索法律在基层实践中贯彻的力度和效果的演绎痕迹。

这些痕迹的产生并非单一因素使然，而是多元实践主体成长下多因多果的社会现象。首先，受到传统文化的影响以及信访、复议的削减，公民对行政诉讼从排斥到逐渐接受而使用的进度较慢，其中律师起到了一定的"刺激"作用。更重要的是经济发展促使"熟人社会"转变为"市民社会"后，法律规则逐渐替代"人情""关系"成为调整 R 区社会生活的准则，而网络"普法"的便捷传播较快提升了公民诉讼认知水平，立法的修改和诉讼便民服务的开展为公民行使诉权提供了方便。其次，公民起诉的行政行为类别是行政机关在行政管理领域的行为，其在不同时期有不同的侧重点。这些类别受到地方经济发展中政府的管理活动变化以及国家依法行政

[①] 〔美〕E. 博登海默：《法理学：法律哲学与法律方法》，邓正来译，中国政法大学出版社，1999，第 201 页。

推进发展的影响，而同时体现地方治理过程中"变通"适用法律产生的后果。最后，这些起诉的处理结果变化，受到立法变化、司法政策变化、基层法院操作变化的影响，其中在原被告之间的对抗和法院处理的过程中留下了国家和地方、司法和行政、立法和行政互相博弈而又形成过合力共同推进的印记。

但最终承受变化后果的还是普通公民，因而在新一轮司法改革中应该基于基层"自下而上"的行政争议解决需求和"自始到今"诉讼操作实践经验承接，更有力地全面保障公民诉讼权利，使基层法院能在诉讼率增长的趋势下更加重视法官主动性的发挥和履职保障，更好地显示出诉讼"定分止争，案结事了"的争议化解优势，让公民感受到司法正义和社会公平，同时提升法院行政审判公信力。

然而，也应该看到诉讼只是目前解决行政争议多元机制中的一种路径，公民对诉讼的认知还需要进一步提升，行政诉讼对行政机关权力行使的监督还需要进一步加强，而基层法院的行政审判更要靠基层法律实践者的合力推动。对基层了解越多，对实践发掘得越深，越发对法律的基层落实者充满钦佩，是无数个他们的贡献才让法律真正"活"在现实中，并一步一个脚印地镌刻着法治的进步。

如R区法院行政审判庭1987年的第一任林庭长，无论是在开启该地行政审判实践、创立与行政机关协调解决问题的审判经验，还是到退休后转为拆迁诉讼中反复起诉的原告一员，都是为了促使地方政府能依法行政，汲取教训，担当起应有的重任。2017年初林庭长联合T市老一辈退休老干部联名提出的"保护地方文化遗产恢复南门坝遗迹"的规划议案得到了T市领导重视。在T市经济发展放缓而暂时不能继续扩城的情况下，市政府会考虑尽快转向城市路面改造和文化遗迹复建公共项目的启动，被政府拆掉的"南门坝"有望重建，但愿遗失的文化和断裂的"乡土"归属感能在重建后找到寄托。

又如R区法院行政审判庭第四任李庭长，历经民诉以及新旧行政诉讼法实施期间的审判实践，自一个百货商场售货员考进法院当书记员开始，坚守行政审判庭30年，见证了基层行政审判从无到有到发展变化的酸甜苦辣，将"协调"结案经验传承发扬，等到法律公开认可为"调解"时却发现后继者已经没有继承"协调"经验的积极性,困惑的她在退休之后备战司法考试,决心改变老一辈法官"断得了案""考不过关"的评价。

再如现任陈庭长以及众法官对法治的坚信和践行,基于实践的学术研究也要肩负起推动实践进步的使命,一直坚持下去,即使徘徊也不能中断,终究能聚合成持续支撑基层行政审判实践发展的理论动力。

参考文献

一 中文参考文献

(一) 著作类

[1] 龚祥瑞:《法治的理想与现实——〈中华人民共和国行政诉讼法〉实施现状与发展方向调查研究报告》中国政法大学出版社,1993。

[2] 冉井富:《当代中国民事诉讼率变迁研究——一个比较法社会学的视角》,中国人民大学出版社,2005。

[3] 姜明安:《中国行政法治发展进程调查报告》,法律出版社,1998。

[4] 汪庆华:《政治中的司法:中国行政诉讼的法律社会学考察》,清华大学出版社,2011。

[5] 林莉红:《行政法治的理想与现实(行政诉讼法实施状况实证研究报告)》,北京大学出版社,2014。

[6] 范忠信:《官与民:中国传统行政法制文化研究》,中国人民大学出版社,2012。

[7] 宋智敏:《从行政裁判到行政法院:近代中国行政诉讼制度变迁研究》,法律出版社,2012。

[8] 张树义:《寻求行政诉讼制度发展的良性循环》,中国行政法大学出版社,2000。

[9] 何兵:《现代社会的纠纷解决》,法律出版社,2003。

[10] 章志远:《个案变迁中的行政法》,法律出版社,2011。

[11] 朱苏力:《送法下乡:中国基层司法制度研究》,中国政法大学出版社,

2000。

[12] 丁卫：《秦窖法庭：基层司法的实践逻辑》，生活·读书·新知三联书店，2014。

[13] 费孝通：《江村农民生活及其变迁》，敦煌文艺出版社，1997。

[14] 左卫民等：《中国基层纠纷解决研究》，人民出版社，2010。

[15] 杨光斌：《政治学导论》，中国人民大学出版社，2007。

[16] 朱苏力：《法治及其本土资源》，中国政法大学出版社，1996。

[17] 费孝通：《乡土中国》，中华书局，2013。

[18] 汪庆华主编《中国基层行政争议解决机制的经验研究》，上海三联书店，2010。

[19] 王学军主编《学习贯彻〈中共中央国务院关于进一步加强新时期信访工作的意见〉百题解读》，人民出版社，2008。

[20] 郑杭生主编《社会学概论新修》，中国人民大学出版社，1994。

[21] 李志杰等：《T市民间传统文化概论》，S人民出版社，2016。

[22] 左卫民等：《最高法院研究》，法律出版社，2004。

[23] 杨光斌：《政治学导论》，中国人民大学出版社，2007。

[24] 郑永年：《全球化与中国国家转型》，郁建兴等译，浙江人民出版社，2009。

[25] 应松年：《中国行政法之回顾与展望》，中国政法大学出版社，2006。

[26] 西汉司马迁《史记》。

[27] 强世功：《法制与治理：国家转型中德法律》，中国政法大学出版社，2003。

[28] 应松年等：《走向法治政府——依法行政理论研究与实证调查》，法律出版社，2001。

[29] 〔美〕布莱克《社会学视野中的司法》，郭星华等译，法律出版社，2002。

[30] 〔美〕布莱克《法律的运作行为》，唐越、朱苏力译，中国政法大学出版社，2004。

[31] 〔法〕莱昂·狄骥：《公法的变迁：法律与国家》，郑戈、冷静译，辽海出版社、春风出版社，1999。

[32]〔美〕拜尔等:《法律的博弈分析》,严旭阳等译,法律出版社,1999。

[33]〔美〕E. 博登海默:《法理学:法律哲学与法律方法》,邓正来译,中国政法大学出版社,1999。

[34]〔美〕尼尔·K. 考默萨:《法律的限度——法治、权利的供给与需求》,申卫星、王琦译,商务印书馆,2007。

[35]〔美〕史蒂文·J. 柏顿:《法律和法律推理导论》,张志铭,解兴权译,中国政法大学出版社,1998。

[36]〔美法〕唐·布莱克:《社会学视野中的司法》,郭星华等译,法律出版社,2002。

[37]〔德〕伯恩·哈特彼得斯:《法律和政治理论的重构》,载〔美〕马修·德夫林编《哈贝马斯、现代性与法》,高鸿钧译,清华大学出版社,2008。

[38]〔美法〕贾恩弗朗哥·波齐:《国家:本质、发展与前景》,陈尧译,上海世纪出版集团,2007。

[39]〔法〕皮埃尔.布迪厄、〔美法〕华康德:《实践与反思——反思社会学》,李猛、李康译,中央编译出版社,1998。

[40]〔美〕塞缪尔·亨廷顿、琼·纳尔逊:《难以抉择:发展中国家的政治参与》,汪晓寿,吴志华、项继权译,华夏出版社,1989。

[41]〔法〕孟德斯鸠:《论法的精神》(上册),张雁深译,商务印书馆,1961。

[42]〔法〕卢梭:《社会契约论》,何兆武译,商务印书馆,2003。

[43]〔美〕杰弗瑞·A. 西格尔,哈罗德·J. 斯皮斯,莎拉·C. 蓓娜莎:《美国司法体系中的最高法院》,刘哲玮、杨微波译,北京大学出版社,2011。

[44]〔美〕拜尔等:《法律的博弈分析》,严旭阳等译,法律出版社,1999。

[45]〔德〕马克斯·韦伯:《经济与历史·支配的类型》,康乐等译,广西师范大学出版社,2004。

[46] 1987~2016年各年《中国统计年鉴》。

[47] 1987~2016年各年《中国法律年鉴》。

[48] 1987~2015年各年《T市年鉴》。

[49] 1987~2015年各年《R区年鉴》。

（二）论文类：

[1] 应星、徐胤：《"立案政治学"与行政诉讼率的徘徊：华北两市基层法院的对比研究》，《政法论坛》2009年第2期。

[2] 何海波：《困顿的行政诉讼》，《华东政法大学学报》2012年第2期。

[3] 陈聪富：《法院诉讼与社会发展》，台北：《"国家科学委员会"研究汇刊：人文及社会科学》2000年第10卷第4期。

[4] 冉井富：《现代进程与诉讼——1978~2000年社会经济发展与诉讼率变迁的实证分析》，《江苏社会科学》2003年第1期。

[5] 朱景文：《中国诉讼分流的数据分析》，《中国社会科学》2008年第3期。

[6] 贺欣：《我国经济案件近年意外下降的原因考察》，《现代法学》2007年第1期。

[7] 汤鸣、李浩：《民事诉讼率：主要影响因素之分析》，《法学家》2006年第3期。

[8] 韩波：《民事诉讼率：中国与印度的初步比较》，《法学评论》2012年第2期。

[9] 何海波：《行政诉讼受案范围：一页司法权的实践史（1990~2000）》，《北大法律评论》2001年第2期。

[10] 何海波：《行政诉讼撤诉考》，《中外法学》2001年第2期。

[11] 包万超：《行政诉讼法的实施状况与改革思考——基于〈中国法律年鉴〉（1991~2012）的分析》，《中国行政管理》2013年第4期。

[12] 马清华：《行政诉讼撤诉二十年考量——淄博市法院行政诉讼撤诉情况调查》，《山东审判》2009年第2期。

[13] 应星、徐胤：《"立案政治学"与行政诉讼率的徘徊——华北两市基层法院的对比研究》，《政法论坛》2009年第6期。

[14] 吴卫军、李倩：《基层法院行政诉讼受案情况的历史、现状与进路》，《重庆大学学报》（社会科学版）2013年第4期。

[15] 黄启辉：《行政诉讼一审审判状况研究——基于对40家法院2767份裁

判文书的统计分析》,《清华法学》2013年第4期。

［16］崔威:《中国税务行政诉讼实证研究》,《清华法学》2015年第3期。

［17］胡建淼、吴欢:《中国行政诉讼法制百年变迁》,《法制与社会发展》2014年第1期。

［18］林莉红:《中国行政诉讼的历史、现状与展望》,《河南财经政法大学学报》2013年第2期。

［19］熊文钊:《中国行政诉讼制度实施二十年的反思》,《南京大学法律评论》2009年第2期。

［20］应松年:《中国行政法学60年》,《行政法学研究》2009年第4期。

［21］应松年、薛刚凌:《行政诉讼十年回顾:行政诉讼的成就、价值、问题与完善》,《行政法学研究》1999年第4期。

［22］姜明安:《从人治走向法治——中国行政法十年回顾》,《求是学刊》1997年第6期。

［23］马怀德:《预防化解社会矛盾的治本之策:规范公权力》,《中国法学》2012年第2期。

［24］江必新:《完善行政诉讼制度的若干思考》,《中国法学》2013年第1期。

［25］赵大光:《六十年行政审判工作发展历程与基本经验》,《法律适用》2009年第12期。

［26］罗豪才:《行政诉讼的一个新视角——如何将博弈论引进行政诉讼过程》,《法商研究》2003年第3期。

［27］解志勇:《行政诉讼撤诉:问题与对策》,《行政法学研究》2010年第2期。

［28］顾培东:《法学研究中问题意识的问题化思考》,《探索与争鸣》2017年第4期。

［29］顾培东:《当代中国法治共识的形成及法治再启蒙》,《法学研究》2017年第1期。

［30］左卫民:《一场新的范式革命?——解读中国法律实证研究》,《清华法学》2017年第3期。

［31］姜启波:《人民法院立案审查制度的必要性与合理性》,《人民法院报》

2005 年 9 月 21 日，第 B01 版。

[32] 黄先雄、黄婷：《行政诉讼立案登记制的立法缺陷及应对》，《行政法学研究》2015 年第 6 期。

[33] 杨翔等：《落实立案登记制，保障当事人诉权——湖南高院关于行政诉讼案件立案登记制实施情况的调研报告》，《人民法院报》2015 年 7 月 2 日，第 8 版。

[34] 马怀德：《王亦白. 行政诉讼目的要论》，《行政法论丛》2003 年第 6 期。

[35] 王学辉：《制度经济学视野下行政诉讼受案范围的扩大——兼论对"案结事了"的经济学回应》，《广东社会科学》2009 年第 4 期。

[36] 简工博：《司改"获得感"：案结事了，群众心平气和》，《解放日报》2017 年 04 月 1 日，第 2 版。

[37] 黄学贤：《形式作为而实质不作为行政行为探讨——行政不作为的新视角》，《中国法学》2009 年第 5 期。

[38] 薛刚凌：《行政诉讼法修订基本问题之思考》，《中国法学》2014 年第 3 期。

[39] 左卫民：《中国法院院长的角色实证研究》，《中国法学》2014 年第 1 期。

[40] 马骏驹、聂德：《当前我国司法制度存在的问题与改进对策》，《法学评论》1998 年第 6 期。

[41] 田传浩、李明坤、郦水清：《土地财政与地方公共物品供给——基于城市层面的经验》，《公共管理学报》2014 年第 4 期。

[42] 林莉红：《信访对行政诉讼的影响分析》，《江苏行政学院学报》2013 年第 3 期。

[43] 沈德咏：《坚持改革创新 规范立案职能 努力开创立案工作新局面》，《人民法院报》2003 年 2 月 22 日，第 1 版。

[44] 郑涛：《司法改革背景下法院立案制度改革的反思——以土地补偿款分配纠纷诉讼为切入点》，《西安电子科技大学学报》（社会科学版）2016 年第 3 期。

[45] 左卫民：《刑事诉讼制度变迁的实践阐释》，《中国法学》2011 年第

2 期。

[46] 郑永流、马协华、高其才等：《中国农民法律意识的现实变迁——来自湖北农村的实证研究》，《中国法学》1992 年第 1 期。

[47] 徐忠明：《传统中国乡民的法律意识与诉讼心态——以谚语为范围的文化史考察》，《中国法学》2006 年第 6 期。

[48] 郭星华、郑日强：《励讼：当代中国诉讼文化的变迁》，《广西民族大学学报》（哲学社会科学版）2005 年第 4 期

[49] 秦强：《转型中国的法律意识变迁》，《黑龙江社会科学》2014 年第 6 期。

[50] 汪燕：《行政诉讼观念现状及其对诉讼行动的影响探析——以中部某自治州为例》，《湖北民族学院学报》（哲学社会科学版）2013 年第 6 期。

[51] 赵衡：《中国法理学研究会副会长卓泽渊教授认为：普法有成效，方式仍待更新》，《检察日报》2013 年 12 月 4 日，第 3 版。

[52] 顾大松：《行政诉讼中的律师与律师眼里的行政诉讼——〈行政诉讼法〉实施状况调查报告·律师篇》，《行政法学研究》2013 年第 03 期。

[53] 吴超：《信访制度 60 年发展历程的回顾与展望》，《社会科学管理与评论》2011 年第 3 期。

[54] 李忠辉：《为党分忧，为民解难——改革开放 30 年信访工作成就综述》，《人民日报》2008 年 12 月 26 日，第 14 版。

[55] 欧阳梦云：《国家信访局：全国网上信访信息系统年底开通》，《经济日报》2014 年 4 月 12 日，第 1 版。

[56] 张泰苏：《中国人在行政纠纷中为何偏好信访？》，《社会学研究》2009 年第 3 期。

[57] 陈聪富：《法院诉讼与社会发展》，《深圳大学学报》（人文社会科学版）2001 年第 2 期。

[58] 贺欣：《行政复议对行政诉讼的制度性侵蚀》，载汪庆华、应星《中国基层行政争议解决机制的经验研究》，上海三联书店，2010。

[59] 李大勇：《最高人民法院行政诉讼司法政策之演变》，《国家检察官学院学报》2015 年第 5 期。

[60] 周佑勇、钱卿：《构建诉讼与非诉讼相衔接的多元化行政纠纷解决机

制》，《江苏行政学院学报》2009年第5期。

[61] 黄启辉：《行政诉讼一审审判状况研究——基于对40家法院2767份裁判文书的统计分析》，《清华法学》2013年第4期。

[62] 刘作翔、张洪明：《行政执法与公平理论——法制现代化进程中的执法公平问题研究》，《法制现代化研究》1995年第00期。

[63] 许雄：《在法律与行动之间：基层行政执法的自由裁量权及其治理》，《海南大学学报》（人文社会科学版）2013年第2期。

[64] 任仲平：《让法治为现代中国护航》，《人民日报》2014年12月3日，第1版。

[65] 袁曙宏：《党的十八大以来全面依法治国的重大成就和基本经验》，《求是》2017年第11期。

[66] 孙立平：《走出两重陷阱 实现公平正义》，《领导文萃》2014年15期。

[67] 宋华琳：《基层行政执法裁量权研究》，《清华法学》2009年第3期。

[68] 黄宗智：《中国法律的现代性》，《清华法学》第10辑，清华大学出版社，2007，第67~88。

[69] 姜明安：《中国行政诉讼的平衡原则》，《行政法学研究》2009年第3期。

[70] 江必新：《构建和谐社会与司法政策的调整》，《人民论坛》2005年第11期。

[71] 左卫民：《法院制度功能的比较研究》，《现代法学》2007年第1期。

[72] 布迪厄：《法律的力量：迈向场域的社会学》，强世功译，《北大法律评论》第2卷第2期，法律出版社，1999。

[73] 喻中：《从立法中心主义转向司法中心主义》，《法商研究》2008年第1期。

[74] 《坚决贯彻执行行政诉讼法努力开创行政审判工作的新局面》，《人民司法》1990年第9期。

[75] 李国光：《在纪念〈中华人民共和国行政诉讼法〉实施十周年座谈会上的讲话》（2000年9月26日），载李国光主编《行政执法与行政审判参考》（总第1辑），法律出版社，2000。

[76] 章志远：《我国司法政策变迁与行政诉讼法学的新课题》，《浙江学刊》

2009 年第 5 期。

[77] 罗豪才:《行政诉讼的一个新视角——如何将博弈论引进行政诉讼过程》,《法商研究》2003 年第 3 期。

[78] 汪庆华:《中国行政诉讼:多中心主义的司法》,《中外法学》2007 年 5 期。

[79] 张保生:《审判职能、说服责任与"案结事了"》,《证据科学》2009 年第 6 期。

[80] 王绍光、胡鞍钢:《中国政府汲取能力的下降及其后果》,《二十一世纪》1994 年第 1 期。

[81] 姜爱林:《论律师收费的原则及其负担》,《云南大学学报》(法学版) 1989 年第 4 期。

[82] 吴琪:《中国当代行政诉讼研究》,硕士学位论文,苏州大学,2015。

[83] 左才:《经济发展、地区经验与行政诉讼——影响中国农民行政诉讼偏好的地区因素分析》,硕士学位论文,北京大学,2008。

[84] 陈佳琪:《基层行政执法人员与公众的互动关系研究——基于街头官僚理论》,硕士学位论文,东南大学,2015。

[85] 刘茸:《行政诉讼法修改针对"立案难"着力解决"信访不信法"》,http://news.xinhuanet.com/legal/2013-12/23/c_125903944.htm。

[86] 《4 亿元假投资搅乱驾校市场 X 巨额财政补贴乱象丛生》,http://www.china.com.cn/legal/2015-08/10/content_36267720.htm。

[87] 余晓芸《对行政不作为案件履行判决的思考——基于形式作为而实质不作为行政行为的视角》,http://www.chinacourt.org/article/detail/2010/09/id/426446.shtml。

[88] 黄卉:《影响各地行政诉讼案件数量的那些要素~26 年的数据分析》,http://www.sohu.com/a/159867466_611053。

[89] 李新华:《现阶段中国信访制度创新的问题与改革取向》,中国选举与治理网,http://www.chinaelections.org/newsinfo.asp?newsid=106880。

[90] 施付阳:《信访制度:去留两徘徊》,中国法院网,http://www.chinacourt.org/2008-6-15。

[91] 《CNNIC 发布第 38 次〈中国互联网络发展状况统计报告〉》 网民规模破

7 亿 手机网民超 6.5 亿》, http：//www.ccidnet.com/2016/0803/10165404.shtml。

二 外文参考文献

［1］Hurst, J. Willard, "Introduction" in Francis W. Laurent, *The Business of a State Trial Court*, Madison: University of Wisconsin Press, 1959.

［2］Jose Juan, Toharia., *Cambio Socialy Vida Juridica en Espana*, Madrid: Edicusa, 1974.

［3］Friedman, Lawrence M. & Robert V. Percival, "A Tale of Two Courts: Litigation in Alameda and San Benito Counties," *Law & Society Review*, 1976, (10).

［4］McIntosh, Wayne, "150 Years of Litigation and Dispute Settlement: A Court Tale," *Law & Society Review*, 1980 - 1981, (15).

［5］F. VanLoon & E. Langerwerf, "Socioeconomic Development and the Evolution of Litigation Rates of Civil Courts in Belgium, 1835 - 1980," *Law & Socirty Review*, Volume24, mumber2 (1990), pp. 283 - 295.

［6］Christian Wollschlager, "Civil Litigation and Modernization: The Work of the Municipal Courts of Bremen, Germany In Five Centuries, 1549 - 1984,", *Law & Society Review*, Volume24, mumber2 (1990), pp. 261 - 282.

［7］Xin He and Yang Su., "Do the 'haves' Come Out Ahead in Shanghai Courts," *Journal of Empirical Legal Studies*, 2013 (01).

［8］Vago Steven, *Law and socirty*, Prentice Hall, 1991 (7).

［9］Donald Black, "The Mobilizationg of law" *Journal of Legal Studies*, 1973 (2), pp. 125 - 126.

［10］Ginsburg, Tom & Glenn Hotter "The Unreluctant Litigant? An Empirical Analysis of Japan's Turn to Litigation," 35 J. of *Legal Studies* 31, 2006.

［11］Eisenberg, Theodore, Nick Robinson & Kalantry Sital, "Litigation as a Measure of Well-Being," Cornell Legal Studies Research Paper, No. 12 - 28, 2012,

［12］Ji Li, "Suing the Leviathan—An Empirical Analysis of the Changing Rate of

Administrative Litigation in China," *Journal of Empirical Legal Studies*, Volume 10, Issue 4, 815 – 846, December 2013.

[13] Christian Wollschlager, Civil litigation and Modernization, "The Work of the Municipal Courts of Bremen, Germany, in Five centuries, 1549 – 1984," *law&Society Review*, Volume 24, Number 2 (1990), pp. 261 – 282。

后 记

书稿（博士毕业论文）收笔，回忆前半生，字未打泪先下。多少往事，点点滴滴，且忆且记且思，文不留泪点，愿能现理性，为后半生作指引。

一 成长

出生在一个被传为"十里山，十个指头磨穿穿"的村里的我，因为是长孙女而非长孙，爷爷不愿按照村里的习俗为我取名。我爸一急，就将他和我妈的姓后加个"新"字就成了我的大名。村里别的女孩都是"萍""艳"等，就我的名字拗口得赛过男名。从此爸就把我当儿养，看不顺眼就是皮带伺候。甚至在小两岁多的妹妹出生后，我争着要挨着妈睡，被爸半夜丢到地板上枕着鞋子睡了一宿。

年幼的记忆除了数次被爸"打"的惊恐，还有好多次雨后草棚下柴灶锅里全是水，肚子饿；还有没有鞋子穿，光着脚丫满山跑，不怕刺扎虫咬，带着妹妹田边逮"蒜瓣"鱼、捉小泥鳅，然后弄到树林里，寻几朵蘑菇，从家里灶上偷来火柴，点燃枯叶烧了打牙祭，好开心。

到了5岁多上幼儿园，妹跟我一起。每天路过村头的那家时，那家的大黄狗总追赶着我们狂吠。妹跑不快，我只有背起她跑。经常跑不动就一起摔到高坎下的地里，从地垄里边躲边爬。一到幼儿园，一身土的妹靠着一身土的我就睡着了。老师想帮忙抱她，她就咬。从此妹就像小尾巴总甩不掉，她闯祸、掉东西、意外受伤……通通全是我挨打，时不时还被咬几口也只能忍，忍着忍着就上小学了。

在小学二年级时，因为没有白胶鞋，在选拔中跑得最快的我，没能参加全县比赛。当时我在心里怨：如果不是超生的妹被罚款，就有钱买鞋了。我气但是没说也没哭，可我妹哭了。十年后，我读高三参加校运动会前，我妹拿着她发传单挣的工钱买了双白色运动鞋跑到教室里。我当即就把她幼儿园咬我、小学赖我、初中烦我的事全忘了。那年我穿着那双鞋刚跑了1500米又接着跑800米，居然跑过了学校的体育特长生，连得了两个全校第一。只可惜那双鞋天天穿，常常洗，常常补，很快再不能穿。又过十年，我妹家变、失业穷得一分不剩，我把工作两年多攒下来准备买房付首付的钱全给了她，此后再没有机会凑齐首付，亦无悔。因为明白了我爸那时打我是为了教育我应有家庭担当，换成他的"理"就是：喊一声姐，就要有所依；喊一声女（儿），就要有所敬；顶着个拗口的名，就要比全村的男孩有出息；将来国家有天喊到你，你要来得起。

在我爸的"理"下，我从小学到初中，家里的农活样样干：挖地、播种、施肥、扯猪草、背玉米、打谷子、挑水……出门上下坡扛圈28的"永久"牌自行车，上学骑车搭我妹，假期载萝卜海椒等各种菜去卖，甚至自行车坏了也自己修……练了一身力气，就痴想着可以像电视上的运动员那样为国争光。可是小学到初中，没有体育老师教，体育课都是自己活动或者被文化课占。到高中才遇到了体育老师，已经晚了。况且，当时我们那所重点高中，一个年级四五百人里就只有十几个来自农村，体育老师顾不上没有基础的苗子。后来我的痴想被我妈"只有读书才能有出息"的念叨给淹没了。因为我妈不仅念，还节衣缩食，任劳任怨感化我。虽然小时候总跟男生打架，但是没有继承我爸的暴力，我想，全靠我妈教我实干，用自己的努力改变生活才磨断了遗传链。

犹记那年初中毕业跟人到城里做冰棍，等挣了高中第一学期学费回家才得知：为了能交我走后才通知的90元军训费，我妈砍了全部慈竹，凭着70多斤重、150厘米高的身板和我爸一起扛到10里外的收购站，整整扛了7天卖了3000斤竹子才凑够。我毅然决定高中不住校，因为住校吃住都要交钱。每天早上六点起，晚上11点回，写作业到一两点睡，来回扛自行车、骑自行车赶去学校，再冷再热的天都坚持风里来雨里去，即使手、脚、脸、耳都长满冻疮也没有放弃努力。

于是我就成了村里第一个上师大的女生。不过当时村里还有男生考上了更好的重点大学，后来我又读了研究生。可惜等我毕业准备成为村里第一个硕士时，我们村不存在了，被拆迁得七零八碎，村小学也被拆了，初中被城里的学校收编了。亏我还痴想过"荣归故里"：一定为小学、初中请到专业体育老师。太多空想，再努力也赶不上时事变化快，这也许就是"80后"成长的现实。

二 求学

（一）本科

1999年从未离开过家乡的我独自一人到异地报道、入学，开始了忙碌的大学生活。由于当时被调剂学法律，交不起转专业的费用，在学法学专业课的空当，全是蹭听喜欢的文学和英语专业课。印象最深的是教俄语的谭老师总给我比专业学生更多的练习机会，鼓励我去俄国留学（因为他认为法学教材是从俄罗斯抄回来的）。大二却愧疚地将俄语、文学、英语专业都放弃，原因都还记得。

第一，因为无钱买书。三个专业的老师都叫买书，列出的清单图书馆借不到或者不能借出，法条我还可以一本一本地抄写，可是文学、英语的那些著作抄不到也确实抄写不完。节衣缩食也没能买，完不成阅读写作，无脸再回课堂。

第二，因为没有时间。三份家教和一份勤工俭学占去每周时间大半。有时补课晚了赶不上公交，还得连夜跑上一两个小时翻学校小铁门才能回宿舍。家里凑学费已经入不敷出，在挣钱吃饭和学习时间冲突之下，得有所放弃。

第三，因为发现学业不专。一天中午从食堂回宿舍，碰到有小混混欺负以前的女同学，大喊引来路人将其吓走。随后知道她已在校外被骗，还被跟踪到校内，可是每期拿奖学金的我，竟无法帮她找到不让她再受伤害又能惩治坏人的方法，只有默默陪她学会走出阴影。

从此我想当然地立志要"学以致用"惩恶扬善，后来报考了刑法学硕士。我想如果不是身高差了2厘米，我应该会成为一名警察，因为曾经无畏：

大一，向小偷要回了被偷的8元，小偷笑，才8元，我说8元也是有主物，你不能非法占有；大二，小偷伸到兜里掏20元钱，被我逮个正着，一脚将其踢溜；大三，阻止小偷偷旁边卖菜大嫂的钱，小偷威胁，看怎么收拾你。我说，谁怕；大四，在新疆乌鲁木齐南站等晚上回川的火车，好心带刚认识的"老乡"去坐大巴，被其要求送一程上了车，不小心听到其电话里"交代"别人说要将我卖个好价钱，假装向乘务员问站，趁大巴驾驶员下车拿东西时跳出车门疯跑。后来迷了路，在雪天里徒步5个小时才返回火车站；研三毕业，揣着档案信封在公交车上被小偷盯，几个人围过来就把手往我包里伸，我索性拿出信封：都是纸，你以为百元大钞，啥眼力？说得他们一伙人一哄而散……

很遗憾，这些"遇险"未能将任何一人绳之以法，也许是学了法，莫名中将"违法行为人（犯罪嫌疑人）的权益保障"进行了前置，但也备感幸运，还好都有惊无险，感叹天佑善者。

（二）硕士

2003年9月开始自费读硕士，还好当时能助学贷款，不愁学费。唯需挣生活费以及适当扶持在外打工的妹。为此，我每周外出给独立学院的本科生上课从未少于10节，最多的时候达到40节。3年基本上都是在备课上课的过程中闪过。3年里只有每年春节回家待3天。整整有4个学期，每个工作日晚上备课到凌晨1点，早上5点起去坐车赶到外地上课。唯暑假有一个月时间可以好好在图书馆看书。虽然毕业论文顺利完成，但法学理论的积累太薄弱。所幸通过课堂教学的融会贯通，练就了站讲台的气场。

在找工作的时候，眼看人事处合同一签就能被某政法大学司法文书教研室招聘。2006年5月校方突然实行本科不是"985""211"的一律不准聘请。风尘仆仆冲到了其主管人事的校长办公室，我站在那里大言不惭地说："我虽二本毕业，但不比北大的差，一个讲法律的大学不该以歧视标准选人。"可是校长仅说完一句，"学校政策对事不对人，校方有权制定自己的标准选优秀的人"，就非常不客气地"赶人"。退出校长办公楼，我想着要去告这个学校：自己都不是"985""211"还突然一出规定就立即生效，程序上至少要"听证"……想着走着天突然就下大雨了，直浇得"窝火"成了透心凉……幸好6月得以到现在的单位任教。现在想起来该感谢校长没说"不知天高地厚"。挫折中的成长，总是要回味才知深刻。

（三）博士

2006 年 7 月到单位任教，担任商法学、行政法与行政诉讼法学、法律逻辑学三门陌生而跨度大的课程教学以及其他自考函授课程若干，带了一个年级的班主任，兼任学院会计、出纳，还有各种琐碎任务。每天不停往返于学校的各校区之间，人真的累得快吃不消，偏偏带的学生出了很多状况：有个乖女生得骨癌无钱医治，我想尽各种办法帮其募捐持续两年；有个说逃学去当和尚玩失踪的男生，我每晚熬夜在 QQ 上给他写信写了一个多月，将其劝回；有个痴情的男生精神分裂，跳楼不成扬言杀同班前女友，我组织学生干部防他到毕业……

各种杂乱还没理清，2008 年 "5·12" 地震袭来，守着学生，冒雨搭帐篷、值夜班、上课等，整整九天十夜每天合眼不到两小时，累到虚脱时就想起了与清华读博同学的考博之约。于是在单位领导的引荐之下拜见了恩师左卫民教授。

见过恩师才知师门里有一位硕士认识的彭美师姐。与之联系、见面做了很深的交流。她带我见了师门里好几位热心的学长，让我成了恩师衷心的粉丝，意志坚定地连考 5 年得以进了师门。这个七月彭师姐不幸因癌去世，惋惜之余不忘像她一样成为"师姐"助后辈续同门情，也是一种纪念。

读博以后，单位的工作量没有减太多，读博学校的课程又不少，而我的单位与家异地，老人留守老家，夫则在省外谋职，我一个人托儿带母，奔走在单位、家、学校、老家之间，经费紧张之外，只恨没有分身术。其间又逢常年被抑郁所困的婆婆两度到华西开颅除瘤，奔波未能换来治愈，其远驻天堂，唯有宽慰家人：生命会逝，爱会延续；生者活得有质地，亡者人间少留憾。

读博期间，幸得单位领导协调及恩师照顾，得以跟着恩师学习从调研到写作的整个研究过程。在跟着恩师调研以及带着同门后辈调研的过程中，不免有唐突、浅显、疏漏、不慎等，幸得恩师极大宽容、同门前辈等相助、实务部门人士接纳，在学术方面尝试打开视野去寻找实践中的真问题，然而这条长路还远，行进异常艰辛，愿能有欣慰。

三　致谢

半生已过，经历了许多事，得到了许多人的帮助，收获的善意成为人生财富，需要感谢的人很多很多，以文代言，先感谢读博期间相助的人。

感谢恩师左卫民教授在读博期间不仅给予了学业指导，也给予了学术成长发展的机遇。在毕业论文的选题、开题、调研以及写作过程中，得到恩师的悉心指导、支持和把关，我得以从田野调查开始，用了三年时间独自完成档案整理、深入访谈、文稿写作、回访等系列工作。在单位工作开展过程中，也得益于恩师多次相助。其间，不仅能在听我"八卦""埋怨"后，言简意赅引导我打开思路，做单位"拿得出手"的人，而且鼓励我抛开专业局限，于2015年底承担起单位"地方立法研究中心"业务开展的重任，使我能在参与地方立法实务的过程中，深入了解地方机关基层的实际运转，意识到地方高校以及高校教师社会责任担当的迫切。恩师博大精深、高瞻远瞩、果敢有为、"读万卷书行万里路"等大家风范，弟子崇拜且此生不可及，铭记恩情暂无以回报，唯有余生不断成长，尽心教学，务实治学，努力将所学用于社会担当，不忘师门精神传递，为法律行进之路尽到绵薄之力。

还要感谢马静华教授的细致开导，让我看清了自己的许多不足，得以针对性地弥补修正；感谢郭松教授的数次救急相助，罗文禄老师、刘海容老师等的日常帮助；感谢唐继尧、郑泰安、鲁篱、何进平等教授在开题报告中的指教；感谢李文军博士（后）、苏境详博士、王路生博士、林喜芬博士在毕业论文调研、写作过程中的答疑；感谢白国华、朱同江、纵博、段路平、付琴、贺玲、吕国凡、程龙、李文军、洪凌啸等同门博士以及硕士学妹学弟的相伴，学习之路不乏逸趣。

感谢R区法院等调研单位以及所有接受访谈、提供帮助的人，基于学术伦理和对你们的承诺，不能列出名单，但是铭记在心，感谢你们让我真切地看到了基层实务的流程和变迁，让我看到了你们的坚守，看到了未来改变的希望。

感谢单位两任院长对我的理解，第一任院长刘永红教授给予的栽培、包容、帮助，使我终身受益；第二任周建军教授给予的支持使我能在读书和工作之间找到发挥空间；感谢单位朱仕金博士曾帮助搜集文献资料，感谢诸同

后 记

事让我在工作中不感孤独。

　　感谢家人，给我成长、求学、工作强大支撑。感激爸妈养育、扶持之恩，尤其是妈在我儿出生后，一直帮忙照顾家务，随我成为"流动老人"，我得以能在多点多线中挤出时间读博。但愿守了老宅地基 10 年的黄狗还活着，能陪妈去喂它几顿饱饭，弥补妈离老家不能带走它的遗憾；感谢两位老爸的"留守"，让老家还有"根"；感谢妹的辅助，使我不在家时少忧；感谢爱人体谅，不惜放弃多年发展，辗转多地，终回到川内支持我读博，一起成长、担当；感谢儿，虽然早产体弱，但在"流动儿童"与"留守儿童"切换中努力健康成长，即使曾在 3 岁病了通宵吐，也只问"妈妈啥时回"而没有哭喊……在家熬夜敲完这些字，儿就挨在旁边静静睡……

罗苟新

2017 年 9 月 7 日

图书在版编目(CIP)数据

徘徊的困惑：R区行政诉讼率变迁研究：1987-2016/罗苟新著.--北京：社会科学文献出版社，2018.9
 ISBN 978-7-5201-3456-9

Ⅰ.①徘… Ⅱ.①罗… Ⅲ.①行政诉讼-研究-中国-1987-2016　Ⅳ.①D925.304

中国版本图书馆CIP数据核字（2018）第210106号

徘徊的困惑：R区行政诉讼率变迁研究（1987～2016）

著　　者 / 罗苟新

出 版 人 / 谢寿光
项目统筹 / 李　晨
责任编辑 / 李　晨　王蓓遥

出　　版 / 社会科学文献出版社·社会政法分社（010）59367156
　　　　　 地址：北京市北三环中路甲29号院华龙大厦　邮编：100029
　　　　　 网址：www.ssap.com.cn

发　　行 / 市场营销中心（010）59367081　59367018
印　　装 / 三河市尚艺印装有限公司

规　　格 / 开　本：787mm×1092mm　1/16
　　　　　 印　张：19　字　数：309千字
版　　次 / 2018年9月第1版　2018年9月第1次印刷
书　　号 / ISBN 978-7-5201-3456-9
定　　价 / 79.00元

本书如有印装质量问题，请与读者服务中心（010-59367028）联系

版权所有 翻印必究